Antología crítica del cuento hispanoamericano
del siglo XX
2. La gran síntesis y después

José Miguel Oviedo:
Antología crítica del cuento hispanoamericano
del siglo XX
2. La gran síntesis y después

Selección, introducción, comentarios,
bibliografía y notas de
José Miguel Oviedo

El Libro de Bolsillo
Alianza Editorial
Madrid

®

© de la selección y preparación: José Miguel Oviedo, 1992
© Alianza Editorial, S. A., Madrid, 1992
   Calle Milán, 38; 28043 Madrid; teléf. 300 00 45
   ISBN: 84-206-0586-7 (Tomo 2)
   ISBN: 84-206-9839-3 (O. C.)
   Depósito legal: M. 32.697/1992
   Compuesto e impreso en Fernández Ciudad, S. L.
   Catalina Suárez, 19. 28007 Madrid
   Printed in Spain

La gran síntesis: hacia el «boom»

Miguel Angel Asturias

(Guatemala, 1899-Madrid, 1974)

Hay que reconocer que, tras haber sido considerado en su tiempo uno de los nombres capitales de la novela hispanoamericana y una de sus grandes figuras intelectuales (pues ganó el Premio Lenin en 1966 y el Nobel en 1967), su renombre parece haberse apagado considerablemente. Eso quizá se deba a que Asturias fue un escritor de transición —y, como tal, históricamente decisivo— entre una estética cuyas bases eran tradicionales y otra que exploraba vías y perspectivas muy distintas. A medias entre la tradición realista (en sus vertientes regionalista e indigenista) y la renovación vanguardista, su obra presenta un constante dilema no siempre resuelto con lucidez. Asturias era además un intelectual «comprometido» y creyó, como Neruda, Nicolás Guillén y tantos otros de su misma época, en las virtudes de la literatura propagandística y en la necesidad de tomar partido y ocupar una trinchera en la pugna que sostenían entonces los dos bandos que se disputaban la supremacía mundial. A esa causa dedicó las novelas «antimperialistas» de su trilogía bananera, que nacen de un

*impulso auténtico pero que están dañadas por el simplismo
ideológico de la visión. Su fama no deriva realmente de esas
novelas, sino de* El señor Presidente, *fundadora (si descontamos
como antecedente al* Tirano Banderas *de Valle-Inclán)
de la larga serie de «novelas de la dictadura», a la que han
contribuido, entre otros, Carpentier, Roa Bastos y García
Márquez (véanse). El tremendismo grotesco y el horror melodramático
de este libro sobrecogió a los lectores e infortunadamente
los convenció de que ésa era la obra maestra de Asturias,
y no* Hombres de maíz, *que es un trabajo novelístico
mucho más sólido y perdurable. Lo que sí es importante subrayar
es el descubrimiento y la asimilación novelística que
hizo Asturias del abigarrado mundo mitológico del pueblo
maya; sin él, ese fascinante mundo de creencias vivas en la
conciencia de su pueblo habría quedado en buena parte marginado
de la literatura y ésta se habría privado de un lenguaje
profundamente americano, de metáforas serpenteantes y luminosas.
En eso Asturias fue único y también es justo reconocerlo.*

*Su vida y su obra guardan interesantes similitudes con las
de otros escritores hispanoamericanos que llegaron a ser, como
él, figuras públicas internacionales y voceros de su pueblo y
cultura. Con Neruda (de quien fue muy amigo) comparte las
experiencias del destierro y la persecución política, pero también
las del reconocimiento mundial, los cargos honoríficos y
la gloria en vida; como él cumplió los varios papeles de Poeta
(en el más amplio sentido de la palabra), Profeta y Maestro de
las multitudes que no los podían leer. Con Carpentier lo une
el descubrimiento —estimulado por sus años europeos— de las
raíces ancestrales de su cultura, al mismo tiempo que el rápido
aprendizaje de los lenguajes de la vanguardia, especialmente
del surrealismo. Poética y política, primitivismo y modernidad,
americanismo y cosmopolitismo: esas opuestas vertientes se
conjugan en Asturias y en sus compañeros de aventuras en el
vasto escenario de la cultura mundial. Su aporte dentro de ese*

contexto no es, pues, menudo y refleja bien las presiones y las expectativas con las cuales se escribía la literatura entonces. Era un período en el que el elemento «exótico» distinguía a nuestra gran literatura, sobre todo si recibía el espaldarazo europeo, particularmente el de Francia. Asturias no sólo gozó de esa confirmación, sino que alcanzó la revelación de que pertenecía a una remota cultura aborigen gracias a la mediación francesa, pues no conocía la lengua maya.

Estando en París desde 1924, inicia al año siguiente estudios antropológicos en la Escuela de Altos Estudios bajo la dirección del profesor Georges Raynaud; luego, con el investigador J. M. González de Mendoza empieza a traducir el Popol Vuh *y los* Anales de los Xahil, *a partir de la traducción francesa de Raynaud. Esa labor de acercamiento a un mundo y una lengua antiguos y propios es fundamental para su obra creadora, y ocurre justamente cuando traba relación con Tzara, Breton y otros escritores surrealistas, además de Joyce y Unamuno. Al publicar en 1930 sus* Leyendas de Guatemala *(que se traducen al francés al año siguiente y provocan una famosa carta-elogio de Valéry) comienza la porción significativa de su obra. Su importancia crece con la aparición en 1946 de* El señor Presidente, *pero hay que aclarar que la redacción de esta novela comienza mucho antes, hacia 1932, desfase que quizá pueda explicar por qué el libro parece hoy incómodamente colocado entre dos épocas literarias.* Hombres de maíz *es, en cierta medida, un retorno al relato poético y de entonación oral de las* Leyendas..., *y deja escuchar la voz quizá más profunda del narrador; es, además, como el monumental estudio de Gerald Martin ha demostrado, una síntesis de lo mejor de él: la inagotable reelaboración e interpretación de la mitología; la expresión de un pensamiento salvaje en una lengua furiosa; la unidad de la magia y la ciencia, la naturaleza y la historia, el origen y la utopía, la verdad del códice y el poder del chamán. Luego inicia su ciclo bananero* (Viento fuerte, El Papa Verde, Los ojos de los enterrados), *cuyo interés literario es mucho menor. Asturias siguió escribiendo hasta su muerte novela, poesía, teatro y cuentos.*

El mundo de las Leyendas... *es un reflejo fiel del fondo mitológico maya: un mundo fabuloso, proliferante, laberíntico, barroco hasta el delirio, dinámico e intemporal, donde las límites de lo real y lo imaginario no existen. La elasticidad de las figuraciones siempre cambiantes de ese mundo permiten una serie de juegos narrativos que Asturias suele aprovechar hábilmente. Eso puede apreciarse en la «Leyenda de la Tatuana». La originalidad de ésta y otras leyendas consiste en que se basan en reglas, estructuras y lenguaje que muy poco tienen que ver con la tradición narrativa recibida de Europa: es un modo americano de contar. El relato es un surtidor de imágenes de las sucesivas metamorfosis que sufren personajes que son una mezcla indefinible de dioses y hombres: estamos a la vez en el reino de allá y el de acá, fascinados por los calidoscópicos milagros que ocurren a cada momento. Un mundo ajeno a la razón que se parece al cielo pero también al infierno, y que bulle de vida, de actos rituales, de creencias mágicas. Como en los relatos del Oriente y los pueblos llamados primitivos, esta leyenda cuenta una historia maravillosa sin dejar de ser elemental: El Maestro Almendro es un hombre-árbol, un sacerdote que conoce los secretos del cielo pero cuya alma va a parar a manos de un mercader. Las incidencias se acumulan y se complican sin cesar, pues vemos que el mercader se niega a devolverle su alma, inicia un largo viaje en busca de una bella esclava y regresa con ella a su tierra. La pareja vive en un mundo paradisíaco hasta que una tormenta mata al mercader, lo que permite al Maestro tomar a la esclava como amante. En el bellísimo final, ambos son condenados a morir pero él le salva la vida y le otorga la libertad mediante un tatuaje mágico (de allí el nombre Tatuana). La danza verbal de imágenes y metáforas (algunas de cuño vanguardista: los relámpagos son «fogonazos de un fotógrafo loco»), el rítmico juego de reiteraciones y frases rituales, las caprichosas suspensiones y circula-*

ridades del tiempo dan la impresión de que estamos escuchan-do un salmo, una oración mágica, lo que probablemente es: nos produce un efecto hipnótico y encantatorio. Estamos ante un nuevo arte de contar un cuento; estamos ante los gérmenes de lo que luego se llamará el realismo-mágico americano.

Obra narrativa (obras principales): *Leyendas de Guate-mala*, Madrid: Oriente, 1920; Madrid: Alianza Editorial, 1981; *El señor Presidente*, México: Costa-Amic, 1946; Ma-drid: Alianza Editorial, 1981; *Hombres de maíz*, Buenos Aires: Losada, 1949; Madrid: Alianza Editorial, 1972; ed. crít. de *Viento fuerte*, Buenos Aires: Losada, 1950; Ma-drid: Alianza Editorial, 1982; *El Papa verde*, Buenos Aires: Losada, 1954; Madrid: Alianza Editorial, 1982; *Obras escogidas*, 3 vols., Madrid: Aguilar, 1955, 1961 y 1966; *Los ojos de los enterrados*, Buenos Aires: Losada, 1960; *El alhajadito*, Buenos Aires: Goyanarte, 1961; *Mu-lata de Tal*, Buenos Aires: Losada, 1963; *El espejo de Lida Sal*, México: Siglo XXI, 1967; *Obras completas*, pról. de José María Souviron, 3 vols., Madrid: Aguilar, 1968; *Ma-ladrón*, Buenos Aires: Losada, 1969; Madrid: Alianza Editorial, 1984; *Novelas y cuentos de juventud*, ed. de Claude Couffon, París: Centre de Recherches de l'Ins-titut d'Etudes Hispaniques, 1971; *Lo mejor de mi obra. Autoantología de M. A. A.*, Barcelona: Novaro, 1974; *Tres obras [Leyendas de Guatemala. El alhajadito. El señor Presi-dente]*, pról. de Arturo Uslar Pietri, notas y cronol. de Giuseppe Bellini, Caracas: Biblioteca Ayacucho, 1977; *Edición crítica de las Obras Completas de M. A. A.*, 4 vols. [*El señor Presidente, Hombres de maíz, Viernes de dolores, Tres de cuatro soles]*, varios eds., París: Editions Klinck-sieck / México-Madrid-Buenos Aires: Fondo de Cultura Económica, 1977-1981.

Crítica (selección mínima): Bellini, Giuseppe, *La narrativa de M. A. A.*, Buenos Aires: Losada, 1969; Callan,

Richard J., *M. A. A.*, Nueva York: Twayne, 1970; Cardoza y Aragón, Luis, *M. A. A.*, México: Era, 1991; Harss, Luio *, «M. A. A., o la tierra florida», pp. 87-127; *Escritura*, número especial, 3-5 y 6 (1978); Franco, Jean, «M. A. A.», en Carlos A. Solé, ed. *, pp. 854-873; Helmy F. Giacoman, ed., *Homenaje de M. A. A.*, Nueva York: Las Américas, 1971; *Revista Iberoamericana*, número especial, 67 (1969), pp. 135-267; Sáenz García, Jimena, *Genio y figura de M. A. A.,* Buenos Aires: Eudeba, 1974; Verdugo, Iber, *El carácter de la literatura y la novelística de M. A. A.,* Guatemala: Editorial Universitaria, 1968.

Leyenda de la Tatuana

Ronda por Casa-Mata la Tatuana...

El maestro Almendro tiene la barba rosada, fue uno de los sacerdotes que los hombres blancos tocaron creyéndoles de oro, tanta riqueza vestían, y sabe el secreto de las plantas que lo curan todo, el vocabulario de la obsidiana —piedra que habla— y leer los jeroglíficos de las constelaciones.

Es el árbol que amaneció un día en el bosque donde está plantado, sin que ninguno lo sembrara, como si lo hubieran llevado los fantasmas. El árbol que anda... El árbol que cuenta los años de cuatrocientos días por las lunas que ha visto, que ha visto muchas lunas, como todos los árboles, y que vino ya viejo del Lugar de la Abundancia.

Al llenar la luna del Búho-Pescador (nombre de uno de los veinte meses del año de cuatrocientos días), el Maestro Almendro repartió el alma entre los caminos. Cuatro eran los caminos y se marcharon por opuestas direcciones hacia las cuatro extremidades del cielo. La

negra extremidad: Noche sortílega. La verde extremidad: Tormenta primaveral. La roja extremidad: Guaca-
mayo o éxtasis de trópico. La blanca extremidad: Promesa de tierras nuevas. Cuatro eran los caminos.

—¡Caminín! ¡Caminito!... —dijo al Camino Blanco una
paloma blanca, pero el Caminito Blanco no la oyó. Quería que le diera el alma del Maestro, que cura de sueños. Las palomas y los niños padecen de ese mal.

—¡Caminín! ¡Caminito!... —dijo al Camino Rojo un
corazón rojo; pero el Camino Rojo no lo oyó. Quería
distraerlo para que olvidara el alma del Maestro. Los
corazones, como los ladrones, no devuelven las cosas olvidadas.

—¡Caminín! ¡Caminito!... —dijo al Camino Verde un
emparrado verde, pero el Camino Verde no lo oyó.
Quería que con el alma del Maestro le desquitase algo
de su deuda de hojas y de sombra.

¿Cuántas lunas pasaron andando los caminos?

¿Cuántas lunas pasaron andando los caminos?

El más veloz, el Camino Negro, el camino al que ninguno habló en el camino, se detuvo en la ciudad, atravesó la plaza y en el barrio de los mercaderes, por un
ratito de descanso, dio el alma del Maestro al Mercader
de Joyas sin precio.

Era la hora de los gatos blancos. Iban de un lado a
otro. ¡Admiración de los rosales! Las nubes parecían ropas en los tendederos del cielo.

Al saber el Maestro lo que el Camino Negro había
hecho, tomó naturaleza humana nuevamente, desnudán-
dose de la forma vegetal en un riachuelo que nacía bajo
la luna ruborosa como una flor de almendro, y encami-
nóse a la ciudad.

Llegó al valle después de una jornada, en el primer
dibujo de la tarde, a la hora en que volvían los rebaños,
conversando los pastores, que contestaban monosilábi-

camente a sus preguntas, extrañados, como ante una aparición, de su túnica verde y su barba rosada.

En la ciudad se dirigió a Poniente. Hombres y mujeres rodeaban las pilas públicas. El agua sonaba a besos al ir llenando los cántaros. Y guiado por las sombras, en el barrio de los mercaderes encontró la parte de su alma vendida por el Camino Negro al Mercader de Joyas sin precio. La guardaba en el fondo de una caja de cristal con cerradores de oro.

Sin perder tiempo se acercó al Mercader, que en un rincón fumaba, a ofrecerle por ella cien arrobas de perlas.

El Mercader sonrió de la locura del Maestro. ¿Cien arrobas de perlas? ¡No, sus joyas no tenían precio!

El Maestro aumentó la oferta. Los mercaderes se niegan hasta llenar su tanto. Le daría esmeraldas, grandes como maíces, de cien en cien almudes, hasta formar un lago de esmeraldas.

El Mercader sonrió de la locura del Maestro. ¿Un lago de esmeraldas? ¡No, sus joyas no tenían precio!

Le daría amuletos, ojos de namik [1] para llamar el agua, plumas contra la tempestad, mariguana para su tabaco...

El Mercader se negó.

¡Le daría piedras preciosas para construir, a medio lago de esmeraldas, un palacio de cuento!

El Mercader se negó. Sus joyas no tenían precio, y, además, ¿a qué seguir hablando?, ese pedacito de alma lo quería para cambiarlo, en un mercado de esclavas, por la esclava más bella.

Y todo fue inútil, inútil que el Maestro ofreciera y dijera, tanto como lo dijo, su deseo de recobrar el alma. Los mercaderes no tienen corazón.

---

[1] *Namik:* venado.

Una hebra de humo de tabaco separaba la realidad del sueño. los gatos negros de los gatos blancos y al Mercader del extraño comprador, que al salir sacudió sus sandalias en el quicio de la puerta. El polvo tiene maldición.

Después de un año de cuatrocientos días —sigue la leyenda— cruzaba los caminos de la cordillera el Mercader. Volvía de países lejanos, acompañado de la esclava comprada con el alma del Maestro, del pájaro flor, cuyo pico trocaba en jacintos las gotitas de miel, y de un séquito de treinta servidores montados.

—¡No sabes —decía el Mercader a la esclava, arrendando su caballería— cómo vas a vivir en la ciudad! ¡Tu casa será un palacio y a tus órdenes estarán todos mis criados, yo el último, si así lo mandas tú!

—Allá —continuaba con la cara a mitad bañada por el sol— todo será tuyo. ¡Eres una joya, y yo soy el Mercader de Joyas sin precio! ¡Vales un pedacito de alma que no cambié por un lago de esmeraldas!... En una hamaca juntos veremos caer el sol y levantarse el día, sin hacer nada, oyendo los cuentos de una vieja mañosa que sabe mi destino. Mi destino, dice, está en los dedos de una mano gigante, y sabrá el tuyo, si así lo pides tú.

La esclava se volvía al paisaje de colores diluidos en azules que la distancia iba diluyendo a la vez. Los árboles tejían a los lados del camino una caprichosa decoración de güipil [2]. Las aves daban la impresión de volar dormidas, sin alas, en la tranquilidad del cielo, y en el silencio de granito, el jadeo de las bestias, cuesta arriba, cobraba acento humano.

La esclava iba desnuda. Sobre sus senos, hasta sus piernas, rodaba su cabellera negra envuelta en un solo manojo, como una serpiente. El Mercader iba vestido

---

[2] *Güipil:* camisa sin mangas usada por las mujeres.

de oro, abrigadas las espaldas con una manta de lana de chivo. Palúdico y enamorado, al frío de su enfermedad se unía el temblor de su corazón. Y los treinta servidores montados llegaban a la retina como las figuras de un sueño.

Repentinamente, aislados goterones rociaron el camino, percibiéndose muy lejos, en los abajaderos, el grito de los pastores que recogían los ganados, temerosos de la tempestad. Las cabalgaduras apuraron el paso para ganar un refugio, pero no tuvieron tiempo: tras los goterones, el viento azotó las nubes, violentando selvas hasta llegar al valle, que a la carrera se echaba encima las mantas mojadas de la bruma, y los primeros relámpagos iluminaron el paisaje, como los fogonazos de un fotógrafo loco que tomase instantáneas de tormenta.

Entre las caballerías que huían como asombros, rotas las riendas, ágiles las piernas, grifa la crin al viento y las orejas vueltas hacia atrás, un tropezón del caballo hizo rodar al Mercader al pie de un árbol, que fulminado por el rayo en ese instante, le tomó con las raíces como una mano que recoge una piedra, y le arrojó al abismo.

En tanto, el Maestro Almendro, que se había quedado en la ciudad perdido, deambulaba como loco por las calles, asustando a los niños, recogiendo basuras y dirigiéndose de palabra a los asnos, a los bueyes y a los perros sin dueño, que para él formaban con el hombre la colección de bestias de mirada triste.

—¿Cuántas lunas pasaron andando los caminos?... —preguntaba de puerta en puerta a las gentes, que cerraban sin responderle, extrañadas, como ante una aparición, de su túnica verde y su barba rosada.

Y pasado mucho tiempo, interrogando a todos, se detuvo a la puerta del Mercader de Joyas sin precio a preguntar a la esclava, única sobreviviente de aquella tempestad:

—¿Cuántas lunas pasaron andando los caminos?...

El sol, que iba sacando la cabeza de la camisa blanca del día, borraba en la puerta, claveteada de oro y plata, la espalda del Maestro y la cara morena de la que era un pedacito de su alma, joya que no compró con un lago de esmeraldas.

—¿Cuántas lunas pasaron andando los caminos?...

Entre los labios de la esclava se acurrucó la respuesta y endureció como sus dientes. El Maestro callaba con insistencia de piedra misteriosa. Llenaba la luna del Búho-Pescador. En silencio se lavaron la cara con los ojos, al mismo tiempo, como dos amantes que han estado ausentes y se encuentran de pronto.

La escena fue turbada por ruidos insolentes. Venían a prenderles en nombre de Dios y el Rey, por brujo a él y por endemoniada a ella. Entre cruces y espadas bajaron a la cárcel, el Maestro con la barba rosada y la túnica verde, y la esclava luciendo las carnes que de tan firmes parecían de oro.

Siete meses después, se les condenó a morir quemados en la Plaza Mayor. La víspera de la ejecución, el Maestro acercóse a la esclava y con la uña le tatuó un barquito en el brazo, diciéndole:

—Por virtud de este tatuaje, Tatuana, vas a huir siempre que te halles en peligro, como vas a huir hoy. Mi voluntad es que seas libre como mi pensamiento; traza este barquito en el muro, en el suelo, en el aire, donde quieras, cierra los ojos, entra en él y vete...

¡Vete, pues mi pensamiento es más fuerte que ídolo de barro amasado con cebollín!

¡Pues mi pensamiento es más dulce que la miel de las abejas que liban la flor del suquinay!

¡Pues mi pensamiento es el que se torna invisible!

Sin perder un segundo la Tatuana hizo lo que el Maestro dijo: trazó el barquito, cerró los ojos y entrando en él —el barquito se puso en movimiento—, escapó de la prisión y de la muerte.

Y a la mañana siguiente, la mañana de la ejecución, los alguaciles encontraron en la cárcel un árbol seco que tenía entre las ramas dos o tres florecitas de almendro, rosadas todavía.

Alejo Carpentier

(La Habana, 1904-París, 1980)

Hasta que el Paradiso *de Lezama Lima (véase) no fue
conocido, Carpentier fue el indiscutido representante de la
novela barroca en América, su teórico más influyente y su
encarnación más visible dentro y fuera del continente. Pero
mientras Lezama sólo alcanzó a completar esa única novela,
Carpentier publicó varias, entre ellas las que configuran la
denominada «trilogía de lo real-maravilloso»* (El reino de
este mundo, Los pasos perdidos, El siglo de las luces)*, y
siguió haciéndolo hasta un año antes de su muerte; además
hay que distinguir entre un poeta que escribió ficción (Lezama) y un narrador nato (Carpentier). La gran cuestión del
realismo-mágico fue planteada por él y eso ayudó a convertirlo
en un gran orientador de la novela hispanoamericana. Mucho
se ha escrito sobre él y eso nos ahorra el trabajo de repasar en
detalle su vida y su obra; sólo apuntaremos aquí lo indispensable para establecer su aporte.*

*Ese aporte es esencial por varias razones. En primer térmi-
no porque representa un modelo del más alto rigor artístico,*

*basado en el cuidado casi maniático por el detalle, la recons-
trucción precisa de la época histórica, la documentación erudi-
ta como soporte al trabajo de la imaginación. Carpentier aspi-
raba nada menos que a la perfección en cada página que
escribía; eso en una época literaria en la que todavía predomi-
naban la improvisación intelectual y el lenguaje desprolijo,
eran innovaciones bienvenidas. Algo más: como Asturias (véase), pero de un modo todavía más coherente y lúcido, Carpentier fundió el conocimiento profundo de lo ancestral americano y los descubrimientos de la vanguardia europea
(especialmente del surrealismo, al que estuvo vinculado en
París), y alimentó con esa simbiosis un mundo narrativo que
tenía los elementos seductores de lo primitivo y lo refinado,
del mundo prodigioso y la elaboración racional, de la nostalgia paradisíaca y la crisis filosófica del mundo moderno. En
segundo lugar, Carpentier reintroduce lo que sería uno de los
grandes temas de la novela contemporánea (después de haberlo
sido en la del siglo XIX): la Historia. no como un sumario de
fechas y hazañas, sino como una* vivencia reveladora, *pues
traspasa la vida individual y la coloca sobre el tapete del tiempo colectivo, esa tarea de Sísifo que comenzamos una y otra
vez como si fuese la primera. El tiempo es uno de los mayores
protagonistas de sus relatos porque es en su flujo donde nos
salvamos o perdemos, donde buscamos nuestro sentido. Por
último, hay que recordar que se atrevió, más de una vez, al
candente y arduo tema de la política (dentro y fuera de su
obra), y que indagó por la esencia del fenómeno revoluciona-
rio como constante del quehacer humano a lo largo de los
siglos. Su respuesta fue algo ambigua porque, queriendo mostrar su fe en esa empresa, su arte novelístico la describió,
espléndidamente, más bien como una catástrofe.*

*Hijo de un arquitecto francés que amaba la música y una
profesora rusa de idiomas, Carpentier encontró en su hogar el
estímulo que decidió su vocación artística. Artística y no sólo
literaria (aunque ésta fue la principal) porque dentro y fuera*

*de sus novelas dejó numerosos testimonios de sus grandes
pasiones: la arquitectura, la música, el arte, la danza, etc. Carpentier estudió música y arquitectura, hizo crítica musical,
colaboró con músicos como el cubano Amadeo Roldán, el
brasileño Heitor Villa-Lobos y los franceses Darius Milhaud
y Edgar Varèse, y fue un destacado musicólogo él mismo. La
huella arquitectónica es igualmente visible en la monumentalidad y precisión geométrica de sus construcciones novelísticas,
que están a veces inspiradas en imágenes específicas: Piranesi,
las catedrales góticas, el arte barroco, la decoración rococó.
(Esa monumentalidad a veces produce un efecto de hieratismo
y pesadez, más notorias por la casi absoluta falta de humor en
su arte novelístico.) La presencia de la música (tan decisiva en*
El acoso, Los pasos perdidos, La consagración de la primavera *y* Concierto barroco*) se nota en los registros polifó-
nicos de sus novelas, en la que los temas y motivos se desplie-
gan siguiendo ritmos perfectamente calculados. Mundo de
precisos volúmenes arquitectónicos y de* tempi *compuestos
siguiendo las leyes de la armonía o la disonancia, el de Carpentier quiso ofrecer una válida alternativa estética al escritor
americano que no quería quedarse limitado por un concepto
provinciano de su realidad y su cultura. Su propuesta fue un
estilo sincrético, que retornaba a las profundas raíces propias
por vía del contacto con las variadas formas del arte universal,
sobre todo europeo; Carpentier llamó «lo real maravilloso» a
esa salida auténtica al dilema surrealismo/arte comprometido.
Europa había agotado sus opciones; el realismo maravilloso
americano, hundiendo sus manos en la historia asombrosa de
sus pueblos mestizos, abría otra vez las puertas a la creación
humana.*

*Aparte de sus novelas, Carpentier publicó cuentos y relatos
más breves. Los más célebres están recogidos bajo el título*
Guerra del tiempo. *Este volumen reúne una novela breve de
tema político,* El acoso, *y tres relatos: «El camino de Santiago», «Viaje a la semilla» y «Semejante a la noche». Los textos*

son notables porque cada uno experimenta de manera distinta con el tiempo narrativo: el tiempo circular, el tiempo revertido, el tiempo discontinuo. «Viaje a la semilla» apareció primero en una edición privada en 1944; su título debe tomarse en un sentido casi literal porque explora con un tiempo reversible, que marcha del fin hacia el principio. La idea guarda analogías con la recurrencia en el sentido musical y está realizada con gran maestría, como una objetivación visual de un proceso insólito. Dividido externamente en 13 secuencias, el cuerpo principal de la historia está contenido entre las secuencias III y XII; las otras funcionan, respectivamente, como apertura y conclusión: abrazan, con un aire de aparente normalidad, los asombrosos acontecimientos que hemos de presenciar. El personaje principal, el marqués Don Marcial, ha muerto y está siendo velado al finalizar la secuencia II. Al comenzar la tercera, los mismos cirios de su funeral vuelven a crecer y la rica mansión colonial —importante símbolo de su poder y de su existencia terrenal— que habíamos visto demoler, vuelve a estar en su lugar. A partir de allí todo inicia una enloquecida —y, sin embargo, rigurosamente observada— fuga hacia atrás: «Era el amanecer. El reloj del comedor acababa de dar las seis de la tarde». Asistimos a su boda, luego a su ingreso al seminario, después a una gran fiesta para celebrar el día «en que alcanzó la minoría de edad», etc. La alteración radical de la perspectiva desde la que Don Marcial contempla el mundo físico y la disolución de lo que percibe en una serie inconexa de sensaciones, contradicen las leyes de la verosimilitud pero se presentan como fenómenos naturales: «Los muebles crecían. Se hacía más difícil sostener los antebrazos sobre el borde de la mesa del comedor». Finalmente, reducido a «un ser totalmente sensible y táctil», reingresa al útero materno y «resbala hacia la vida». El misterioso final, en el que reaparece el negro viejo del principio (seguramente un brujo), y la alusión a la muerte de la Marquesa, sugieren sutilmente que esta vuelta a la vida es un acto de magia negra, que obliga al héroe, en terrible *penitencia, a revivir (a desnacer) sus días. Esta narración que invierte la corriente del tiempo, se inscribe en una ilustre tradición literaria: el Conde Lucanor, Quevedo, Borges, H. G. Wells, Virginia Woolf, Priestley, etc., pero tampoco hay que olvidar que el procedimiento es normal en el lenguaje cinematográfico, que el autor conocía bien.*

Obra narrativa: *¡Ecué-Yamba-O! Historia afrocubana*, Madrid: Editorial España, 1933; Madrid: Alianza Editorial, 1989; *El reino de este mundo*, pról. de A. C., México: Cía. General de Ediciones, 1958; pról. de Florinda Friedmann de Goldberg, Buenos Aires: Librería del Colegio, 1975; *Los pasos perdidos*, México: EDIAPSA, 1953; Madrid: Alianza Editorial, 1988; *El acoso*, Buenos Aires: Losada, 1956; ed. de Roberto González Echevarría, Madrid: Cátedra, 1985; *Guerra del tiempo* [incluye *El acoso*], México: EDIAPSA, 1958; Madrid: Alianza Editorial, 1988; *El siglo de las luces*, México: Cía. General de Ediciones, 1962; pról. de Carlos Fuentes, cronol. de Araceli García Carranza, Caracas: Biblioteca Ayacucho, 1979; ed. de Ambrosio Fornet, Madrid: Cátedra, 1985; *El derecho de asilo*, Barcelona: Lumen, 1972; *Concierto barroco*, México: Siglo XXI, 1974; *El recurso del método*, México: Siglo XXI, 1974; *Novelas y relatos*, La Habana: UNEAC, 1975; *La consagración de la primavera*, México: Siglo XXI, 1978; *El arpa y la sombra*, México: Siglo XXI, 1979; *Cuentos completos*, Barcelona: Bruguera, 1980; *Obras completas*, 15 vols., México: Siglo XXI, 1974-1991; *Historia de lunas. Los fugitivos*, Madrid: Mondadori, 1990.

Crítica (selección mínima): Arias, Salvador, ed., *Recopilación de textos sobre A. C.*, La Habana: Casa de las Américas, 1977; Durán, Manuel, «*Viaje a la semilla:* el cómo y el porqué de una pequeña obra maestra», en Klaus Müller-Bergh, ed., *Asedios a C.*, Santiago: Edit.

Universitaria, 1972, pp. 63-87; Giacoman, Helmy F., ed., *Homenaje a A. C.*, Nueva York: Las Américas, 1970; González, Eduardo, *A. C.: el tiempo del hombre*, Caracas: Monte Avila, 1978; González Echevarría, Roberto, *A. C. The Pilgrim at Home*, Ithaca, Nueva York: Cornell University Press, 1977; Janney, Frank, *A. C. and His Early Works*, Londres: Tamesis Books, 1981; Luis, William, «Historia, naturaleza y memoria en *Viaje a la semilla*», *Revista Iberoamericana*, 57:154 (1991), pp. 151-160; Márquez Rodríguez, Alexis, *La obra narrativa de A. C.*, Caracas: Ediciones de la Biblioteca de la Universidad de Caracas, 1970; Müller-Bergh, Klaus, *A. C. Estudio biográfico-crítico*, Nueva York-Madrid: Las Américas, 1972; Rama, Angel, *Primeros cuentos* *, pp. 39-43; Shaw, Donald, *A. C.,* Boston: Twayne, 1985.

I

—¿Qué quieres, viejo?...

Varias veces cayó la pregunta de lo alto de los andamios. Pero el viejo no respondía. Andaba de un lugar a otro, fisgoneando, sacándose de la garganta un largo monólogo de frases incomprensibles. Ya habían descendido las tejas, cubriendo los canteros muertos con su mosaico de barro cocido. Arriba, los picos desprendían piedras de mampostería, haciéndolas rodar por canales de madera, con gran revuelo de cales y de yesos. Y por las almenas sucesivas que iban desdentando las murallas aparecían —despojados de su secreto— cielos rasos ovales o cuadrados, cornisas, guirnaldas, dentículos, astrágalos y papeles encolados que colgaban de los testeros como viejas pieles de serpiente en muda. Presenciando la demolición, una Ceres con la nariz rota y el peplo desvaído, veteado de negro el tocado de mieses, se erguía en el traspatio,

sobre su fuente de mascarones borrosos. Visitados por
el sol en horas de sombra, los peces grises del estanque
bostezaban en agua musgosa y tibia, mirando con el ojo
redondo aquellos obreros, negros sobre claro de cielo,
que iban rebajando la altura secular de la casa. El viejo
se había sentado, con el cayado apuntalándole la barba,
al pie de la estatua. Miraba el subir y bajar de cubos en
que viajaban restos apreciables. Oíanse, en sordina, los
rumores de la calle mientras, arriba, las poleas concerta-
ban, sobre ritmos de hierro con piedras, sus gorjeos de
aves desagradables y pechugonas.

Dieron las cinco. Las cornisas y entablamentos se
desplomaron. Sólo quedaron escaleras de mano, prepa-
rando el asalto del día siguiente. El aire se hizo más
fresco, aligerado de sudores, blasfemias, chirridos de
cuerdas, ejes que pedían alcuzas y palmadas en torsos
pringosos. Para la casa mondada el crepúsculo llegaba
más pronto. Se vestía de sombras en horas en que su ya
caída balaustrada superior solía regalar a las fachadas algún relumbre de sol. La Ceres apretaba los labios. Por
primera vez las habitaciones dormirían sin persianas,
abiertas sobre un paisaje de escombros.

Contrariando sus apetencias, varios capiteles yacían entre las hierbas. Las hojas de acanto descubrían su condición vegetal. Una enredadera aventuró sus tentáculos hacia la voluta jónica, atraída por un aire de familia. Cuando
cayó la noche, la casa estaba más cerca de la tierra. Un
marco de puerta se erguía aún, en lo alto, con tablas de
sombra suspendidas de sus bisagras desorientadas.

II

Entonces el negro viejo, que no se había movido,
hizo gestos extraños, volteando su cayado sobre un ce-
menterio de baldosas.

Los cuadrados de mármol, blancos y negros, volaron a los pisos, vistiendo la tierra. Las piedras, con saltos certeros, fueron a cerrar los boquetes de las murallas. Hojas de nogal claveteadas se encajaron en sus marcos, mientras los tornillos de las charnelas volvían a hundirse en sus hoyos, con rápida rotación. En los canteros muertos, levantadas por el esfuerzo de las flores, las tejas juntaron sus fragmentos, alzando un sonoro torbellino de barro, para caer en lluvia sobre la armadura del techo. La casa creció, traída nuevamente a sus proporciones habituales, pudorosa y vestida. La Ceres fue menos gris. Hubo más peces en la fuente. Y el murmullo del agua llamó begonias olvidadas.

El viejo introdujo una llave en la cerradura de la puerta principal, y comenzó a abrir ventanas. Sus tacones sonaban a hueco. Cuando encendió los velones, un estremecimiento amarillo corrió por el óleo de los retratos de familia, y gentes vestidas de negro murmuraron en todas las galerías, al compás de cucharas movidas en jícaras de chocolate.

Don Marcial, Marqués de Capellanías, yacía en su lecho de muerte, el pecho acorazado de medallas, escoltado por cuatro cirios con largas barbas de cera derretida.

III

Los cirios crecieron lentamente, perdiendo sudores. Cuando recobraron su tamaño, los apagó la monja apartando una lumbre. Las mechas blanquearon, arrojando el pabilo. La casa se vació de visitantes y los carruajes partieron en la noche. Don Marcial pulsó un teclado invisible y abrió los ojos.

Confusas y revueltas, las vigas del techo se iban colocando en su lugar. Los pomos de medicina, las borlas de damasco, el escapulario de la cebecera, los daguerrotipos, las palmas de la reja, salieron de sus nieblas. Cuando el médico movió la cabeza con desconsuelo profesional, el enfermo se sintió mejor. Durmió algunas horas y despertó bajo la mirada negra y cejuda del Padre Anastasio. De franca, detallada, poblada de pecados, la confesión se hizo reticente, penosa, llena de escondrijos. ¿Y qué derecho tenía, en el fondo, aquel carmelita, a entrometerse en su vida? Don Marcial se encontró, de pronto, tirado en medio del aposento. Aligerado de un peso en las sienes, se levantó con sorprendente celeridad. La mujer desnuda que se desperezaba sobre el brocado del lecho buscó enaguas y corpiños, llevándose, poco después, sus rumores de seda estrujada y su perfume. Abajo, en el coche cerrado, cubriendo tachuelas del asiento, había un sobre con monedas de oro.

Don Marcial no se sentía bien. Al arreglarse la corbata frente a la luna de la consola se vio congestionado. Bajó al despacho donde lo esperaban hombres de justicia, abogados y escribientes, para disponer la venta pública de la casa. Todo había sido inútil. Sus pertenencias se irían a manos del mejor postor, al compás de martillo golpeando una tabla. Saludó y le dejaron solo. Pensaba en los misterios de la letra escrita, en esas hebras negras que se enlazan y desenlazan sobre anchas hojas afiligranadas de balanzas, enlazando y desenlazando compromisos, juramentos, alianzas, testimonios, declaraciones, apellidos, títulos, fechas, tierras, árboles y piedras; maraña de hilos, sacada del tintero, en que se enredaban las piernas del hombre, vedándole caminos desestimados por la Ley; cordón al cuello, que apretaba su sordina al percibir el sonido temible de las palabras en libertad. Su firma lo había traicionado, yendo a complicarse en nudo y enredos de legajos. Atado por ella, el hombre de carne se hacía hombre de papel.

Era el amanecer. El reloj del comedor acababa de
dar las seis de la tarde.

IV

Transcurrieron meses de luto, ensombrecidos por un
remordimiento cada vez mayor. Al principio, la idea de
traer una mujer a aquel aposento se le hacía casi razonable. Pero, poco a poco, las apetencias de un cuerpo
nuevo fueron desplazadas por escrúpulos crecientes,
que llegaron al flagelo. Cierta noche, Don Marcial se en-
sangrentó las carnes con una correa, sintiendo luego un
deseo mayor, pero de corta duración. Fue entonces
cuando la Marquesa volvió, una tarde, de su paseo a las
orillas del Almendares. Los caballos de la calesa no
traían en las crines más humedad que la del propio sudor. Pero, durante todo el resto del día, dispararon co-
ces a las tablas de la cuadra, irritados, al parecer, por la
inmovilidad de nubes bajas.

Al crepúsculo, una tinaja llena de agua se rompió en
el baño de la Marquesa. Luego, las lluvias de mayo re-
bosaron el estanque. Y aquella negra vieja, con tacha de
cimarrona y palomas debajo de la cama, que andaba
por el patio murmurando: «¡Desconfía de los ríos, niña;
desconfía de lo verde que corre!» No había día en que
el agua no revelara su presencia. Pero esa presencia
acabó por no ser más que una jícara derramada sobre
vestido traído de París, al regreso del baile aniversario
dado por el Capitán General de la Colonia.

Reaparecieron muchos parientes. Volvieron muchos
amigos. Ya brillaban, muy claras, las arañas del gran salón. Las grietas de la fachada se iban cerrando. El piano
regresó al clavicordio. Las palmas perdían anillos. Las
enredaderas soltaban la primera cornisa. Blanquearon
las ojeras de la Ceres y los capiteles parecieron recién

tallados. Más fogoso, Marcial solía pasarse tardes enteras abrazando a la Marquesa. Borrábanse patas de gallina, ceños y papadas, y las carnes tornaban a su dureza. Un día, un olor de pintura fresca llenó la casa.

V

Los rubores eran sinceros. Cada noche se abrían un poco más las hojas de los biombos, las faldas caían en rincones menos alumbrados y eran nuevas barreras de encajes. Al fin la Marquesa sopló las lámparas. Sólo él habló en la oscuridad.

Partieron para el ingenio, en gran tren de calesas —relumbrante de grupas alazanas, bocados de plata y charoles al sol. Pero, a la sombra de las flores de Pascua que enrojecían el soportal interior de la vivienda, advirtieron que se conocían apenas. Marcial autorizó danzas y tambores de Nación, para distraerse un poco en aquellos días olientes a perfumes de Colonia, baños de benjuí, cabelleras esparcidas, y sábanas sacadas de armarios que, al abrirse, dejaban caer sobre las losas un mazo de vetiver. El vaho del guarapo giraba en la brisa con el toque de oración. Volando bajo, las auras anunciaban lluvias reticentes, cuyas primeras gotas, anchas y sonoras, eran sorbidas por tejas tan secas que tenían diapasón de cobre. Después de un amanecer alargado por un abrazo deslucido, aliviados de desconciertos y cerrada la herida, ambos regresaron a la ciudad. La Marquesa trocó su vestido de viaje por un traje de novia, y, como era costumbre, los esposos fueron a la iglesia para recobrar su libertad. Se devolvieron presentes a parientes y amigos, y, con revuelo de bronces y alardes de jaeces, cada cual tomó la calle de su morada. Marcial siguió visitando a María de las Mercedes por algún tiempo, hasta el día en que los anillos fueron llevados al taller del orfebre para ser desgrabados. Comenzaba, para Marcial, una vida nueva. En la casa de altas rejas, la Ceres fue sustituida por una Venus italiana, y los mascarones de la fuente adelantaron casi imperceptiblemente el relieve al ver todavía encendidas, pintada ya el alba, las luces de los velones.

VI

Una noche, después de mucho beber y marearse con tufos de tabaco frío, dejados por sus amigos, Marcial tuvo la sensación extraña de que los relojes de la casa daban las cinco, luego las cuatro y media, luego las cuatro, luego las tres y media... Era como la percepción remota de otras posibilidades. Como cuando se piensa, en enervamiento de vigilia, que puede andarse sobre el cielo raso con el piso por cielo raso, entre muebles firmemente asentados entre las vigas del techo. Fue una impresión fugaz, que no dejó la menor huella en su espíritu, poco llevado, ahora, a la meditación.

Y hubo un gran sarao, en el salón de música, el día en que alcanzó la minoría de edad. Estaba alegre, al pensar que su firma había dejado de tener un valor legal, y que los registros y escribanías, con sus polillas, se borraban de su mundo. Llegaba al punto en que los tribunales dejan de ser temibles para quienes tienen una carne desestimada por los códigos. Luego de achisparse con vinos generosos, los jóvenes descolgaron de la pared una guitarra incrustada de nácar, un salterio y un serpentón. Alguien dio cuerda al reloj que tocaba la Tirolesa de las Vacas y la Balada de los Lagos de Escocia. Otro embocó un cuerno de caza que dormía, enroscado en su cobre, sobre los fieltros encarnados de la vitrina, al lado de la flauta traversera traída de Aranjuez. Marcial, que estaba requebrando atrevidamente a la de Campoflorido, se sumó al guirigay, buscando en el te-

clado, sobre bajos falsos, la melodía del Trípili-Trápala.
Y subieron todos al desván, de pronto, recordando que
allá, bajo vigas que iban recobrando el repello, se guardaban los trajes y libreas de la Casa de Capellanías. En
entrepaños escarchados de alcanfor descansaban los vestidos de corte, un espadín de Embajador, varias guerre-
ras emplastronadas, el manto de un Príncipe de la Iglesia, y largas casacas, con botones de damasco y
difuminos de humedad en los pliegues. Matizáronse las
penumbras con cintas de amaranto, miriñaques amarillos, túnicas marchitas y flores de terciopelo. Un traje de
chispero con redecilla de borlas, nacido en una masca-
rada de carnaval, levantó aplausos. La de Campoflorido
redondeó los hombros empolvados bajo un rebozo de
color de carne criolla, que sirviera a cierta abuela, en
noche de grandes decisiones familiares, para avivar los
amansados fuegos de un rico Síndico de Clarisas.

Disfrazados regresaron los jóvenes al salón de música.
Tocado con un tricornio de regidor, Marcial pegó tres
bastonazos en el piso, y se dio comienzo a la danza de
la valse, que las madres hallaban terriblemente impropio
de señoritas, con eso de dejarse enlazar por la cintura,
recibiendo manos de hombre sobre las ballenas del cor-
set que todas se habían hecho según el reciente patrón
de «El Jardín de las Modas». Las puertas se oscurecie-
ron de fámulas, cuadrerizos, sirvientes, que venían de
sus lejanas dependencias y de los entresuelos sofocan-
tes, para admirarse ante fiesta de tanto alboroto. Luego,
se jugó a la gallina ciega y al escondite. Marcial, oculto
con la de Campoflorido detrás de un biombo chino, le
estampó un beso en la nuca, recibiendo en respuesta un
pañuelo perfumado, cuyos encajes de Bruselas guardaban suaves tibiezas de escote. Y cuando las muchachas
se alejaron en las luces del crepúsculo, hacia las atalayas
y torreones que se pintaban en grisnegro sobre el mar,

los mozos fueron a la Casa de Baile, donde tan sabrosa-
mente se contoneaban las mulatas de grandes ajorcas,
sin perder nunca —así fuera de movida una guaracha—
sus zapatillas de alto tacón. Y como se estaba en carna-
vales, los del Cabildo Ararí Tres Ojos levantaban un
trueno de tambores tras de la pared medianera, en un
patio sembrado de granados. Subidos en mesas y tabu-
retes, Marcial y sus amigos alabaron el garbo de una negra de pasas entrecanas, que volvía a ser hermosa, casi
deseable, cuando miraba por sobre el hombro, bailando
con altivo mohín de reto.

VII

Las visitas de Don Abundio, notario y albacea de la familia, eran más frecuentes. Se sentaba gravemente a la ca-
becera de la cama de Marcial, dejando caer al suelo su
bastón de ácana para despertarlo antes de tiempo. Al
abrirse, los ojos tropezaban con una levita de alpaca, cubierta de caspa, cuyas mangas lustrosas recogían títulos y
rentas. Al fin sólo quedó una pensión razonable, calculada
para poner coto a toda locura. Fue entonces cuando Marcial quiso ingresar en el Real Seminario de San Carlos.

Después de mediocres exámenes, frecuentó los claus-
tros, comprendiendo cada vez menos las explicaciones
de los dómines. El mundo de las ideas se iba despo-
blando. Lo que había sido, al principio, una ecuménica
asamblea de peplos, jubones, golas y pelucas, controver-
sistas y ergotantes, cobraba la inmovilidad de un museo
de figuras de cera. Marcial se contentaba ahora con una
exposición escolástica de los sistemas, aceptando por
bueno lo que se dijera en cualquier texto. «León»,
«Avestruz», «Ballena», «Jaguar», leíase sobre los grabados en cobre de la Historia Natural. Del mismo modo,
«Aristóteles», «Santo Tomás», «Bacon», «Descartes», en-

cabezaban páginas negras, en que se catalogaban aburri-
damente las interpretaciones del universo, al margen de
una capitular espesa. Poco a poco, Marcial dejó de estu-
diarlas, encontrándose librado de un gran peso. Su
mente se hizo alegre y ligera, admitiendo tan sólo un
concepto instintivo de las cosas. ¿Para qué pensar en el
prisma, cuando la luz clara de invierno daba mayores
detalles a las fortalezas del puerto? Una manzana que
cae del árbol sólo es incitación para los dientes. Un pie
en una bañadera no pasa de ser un pie en una bañadera. El día que abandonó el Seminario, olvidó los libros. El gnomon recobró su categoría de duende; el espectro fue sinónimo de fantasma; el octandro era bicho
acorazado, con púas en el lomo.

Varias veces, andando pronto, inquieto el corazón,
había ido a visitar a las mujeres que cuchicheaban, detrás de puertas azules, al pie de las murallas. El recuerdo de la que llevaba zapatillas bordadas y hojas de
albahaca en la oreja lo perseguía, en tardes de calor,
como un dolor de muelas. Pero un día la cólera y las
amenazas de un confesor le hicieron llorar de espanto.
Cayó por última vez en las sábanas del infierno, renun-
ciando para siempre a sus rodeos por calles poco con-
curridas, a sus cobardías de última hora que le hacían
regresar con rabia a su casa, luego de dejar a sus espaldas cierta acera rajada —señal, cuando andaba con la
vista baja, de la media vuelta que debía darse para ho-
llar el umbral de los perfumes.

Ahora vivía su crisis mística, poblada de detentes,
corderos pascuales, palomas de porcelana, Vírgenes de
manto azul celeste, estrellas de papel dorado, Reyes Ma-
gos, ángeles con alas de cisne, el Asno, el Buey, y un terrible San Dionisio que se le aparecía en sueños, con un
gran vacío entre los hombros y el andar vacilante de
quien busca un objeto perdido. Tropezaba con la cama

y Marcial despertaba sobresaltado, echando mano al rosario de cuentas sordas. Las mechas, en sus pocillos de
aceite, daban luz triste a imágenes que recobraban su
color primero.

VIII

Los muebles crecían. Se hacía más difícil sostener los
antebrazos sobre el borde de la mesa del comedor. Los
armarios de cornisas labradas ensanchaban el frontis.
Alargando el torso, los moros de la escalera acercaban
sus antorchas a los balaustres del rellano. Las butacas
eran más hondas y los sillones de mecedora tenían tendencia a irse para atrás. No había ya que doblar las
piernas al recostarse en el fondo de la bañadera con
anillas de mármol.

Una mañana en que leía un libro licencioso, Marcial
tuvo ganas, súbitamente, de jugar con los soldados de
plomo que dormían en sus cajas de madera. Volvió a
ocultar el tomo bajo la jofaina del lavabo, y abrió una
gaveta sellada por las telarañas. La mesa de estudio era
demasiado exigua para dar cabida a tanta gente. Por
ello, Marcial se sentó en el piso. Dispuso los granaderos
por filas de ocho. Luego, los oficiales a caballo, rodeando al abanderado. Detrás, los artilleros, con sus ca-
ñones, escobillones y botafuegos. Cerrando la marcha,
pífanos y timbales, con escolta de redoblantes. Los mor-
teros estaban dotados de un resorte que permitía lanzar
bolas de vidrio a más de un metro de distancia.

—¡Pum!... ¡Pum!... ¡Pum!...

Caían caballos, caían abanderados, caían tambores.
Hubo de ser llamado tres veces por el negro Eligio,
para decidirse a lavarse las manos y bajar al comedor.

Desde ese día, Marcial conservó el hábito de sentarse
en el enlosado. Cuando percibió las ventajas de esa cos-

tumbre, se sorprendió por no haberlo pensado antes. Afectas al terciopelo de los cojines, las personas mayores sudan demasiado. Algunas huelen a notario —como Don Abundio— por no conocer, con el cuerpo echado, la frialdad del mármol en todo tiempo. Sólo desde el suelo pueden abarcarse totalmente los ángulos y perspectivas de una habitación. Hay bellezas de la madera, misteriosos caminos de insectos, rincones de sombra, que se ignoran a altura de hombre. Cuando llovía, Marcial se ocultaba debajo del clavicordio. Cada trueno hacía temblar la caja de resonancia, poniendo todas las notas a cantar. Del cielo caían los rayos para construir aquella bóveda de calderones —órgano, pinar al viento, mandolina de grillos.

IX

Aquella mañana lo encerraron en su cuarto. Oyó murmullos en toda la casa y el almuerzo que le sirvieron fue demasiado suculento para un día de semana. Había seis pasteles de la confitería de la Alameda —cuando sólo dos podían comerse, los domingos, después de misa. Se entretuvo mirando estampas de viaje, hasta que el abejeo creciente, entrando por debajo de las puertas, le hizo mirar entre persianas. Llegaban hombres vestidos de negro, portando una caja con agarraderas de bronce. Tuvo ganas de llorar, pero en ese momento apareció el calesero Melchor, luciendo sonrisa de dientes en lo alto de sus botas sonoras. Comenzaron a jugar al ajedrez. Melchor era caballo. El, era Rey. Tomando las losas del piso por tablero, podía avanzar de una en una, mientras Melchor debía saltar una de frente y dos de lado, o viceversa. El juego se prolongó hasta más allá del crepúsculo, cuando pasaron los Bomberos del Comercio.

Al levantarse, fue a besar la mano de su padre que
yacía en su cama de enfermo. El Marqués se sentía mejor, y habló a su hijo con el empaque y los ejemplos
usuales. Los «Sí, padre» y los «No, padre» se encajaban
entre cuenta y cuenta del rosario de preguntas, como
las respuestas del ayudante en una misa. Marcial respetaba al Marqués, pero era por razones que nadie hubiera acertado a suponer. Lo respetaba porque era de
elevada estatura y salía, en noches de baile, con el pecho rutilante de condecoraciones; porque le envidiaba
el sable y los entorchados de oficial de milicias; porque,
en Pascuas, había comido un pavo entero, relleno de almendras y pasas, ganando una apuesta; porque, cierta
vez, sin duda con el ánimo de azotarla, agarró a una de
las mulatas que barrían la rotonda, llevándola en brazos
a su habitación. Marcial, oculto detrás de una cortina, la
vio salir poco después, llorosa y desabrochada, alegrán-
dose del castigo, pues era la que siempre vaciaba las
fuentes de compota devueltas a la alacena.

El padre era un ser terrible y magnánimo al que debía amarse después de Dios. Para Marcial era más Dios
que Dios, porque sus dones eran cotidianos y tangibles.
Pero prefería el Dios del cielo, porque fastidiaba menos.

X

Cuando los muebles crecieron un poco más y Marcial
supo como nadie lo que había debajo de las camas, armarios y vargueños, ocultó a todos un gran secreto: la vida
no tenía encanto fuera de la presencia del calesero Melchor. Ni Dios, ni su padre, ni el obispo dorado de las pro-
cesiones del Corpus, eran tan importantes como Melchor.

Melchor venía de muy lejos. Era nieto de príncipes
vencidos. En su reino había elefantes, hipopótamos, ti-
gres y jirafas. Ahí los hombres no trabajaban, como Don

Abundio, en habitaciones obscuras, llenas de legajos. Vivían de ser más astutos que los animales. Uno de ellos sacó el gran cocodrilo del lago azul, ensartándolo con una pica oculta en los cuerpos apretados de doce ocas asadas. Melchor sabía canciones fáciles de aprender, porque las palabras no tenían significado y se repetían mucho. Robaba dulces en las cocinas; se escapaba, de noche, por la puerta de los cuadrerizos, y, cierta vez, había apedreado a los de la guardia civil, desapareciendo luego en las sombras de la calle de la Amargura.

En días de lluvia, sus botas se ponían a secar junto al fogón de la cocina. Marcial hubiese querido tener pies que llenaran tales botas. La derecha se llamaba *Calambín*. La izquierda, *Calambán*. Aquel hombre que dominaba los caballos cerreros con sólo encajarles dos dedos en los belfos; aquel señor de terciopelos y espuelas, que lucía chisteras tan altas, sabía también lo fresco que era un suelo de mármol en verano, y ocultaba debajo de los muebles una fruta o un pastel arrebatados a las bandejas destinadas al Gran Salón. Marcial y Melchor tenían en común un depósito secreto de grageas y almendras, que llamaban el «Urí, urí, urá», con entendidas carcajadas. Ambos habían explorado la casa de arriba abajo, siendo los únicos en saber que existía un pequeño sótano lleno de frascos holandeses, debajo de las cuadras, y que en desván inútil, encima de los cuartos de criadas, doce mariposas polvorientas acababan de perder las alas en caja de cristales rotos.

XI

Cuando Marcial adquirió el hábito de romper cosas, olvidó a Melchor para acercarse a los perros. Había varios en la casa. El atigrado grande; el podenco que arrastraba las tetas; el galgo, demasiado viejo para jugar;

el lanudo que los demás perseguían en épocas determi-
nadas, y que las camareras tenían que encerrar.

Marcial prefería a Canelo porque sacaba zapatos de
las habitaciones y desenterraba los rosales del patio.
Siempre negro de carbón o cubierto de tierra roja, de-
voraba la comida de los demás, chillaba sin motivo, y
ocultaba huesos robados al pie de la fuente. De vez en
cuando, también vaciaba un huevo acabado de poner,
arrojando la gallina al aire con brusco palancazo del ho-
cico. Todos daban de patadas al Canelo. Pero Marcial
se enfermaba cuando se lo llevaban. Y el perro volvía
triunfante, moviendo la cola, después de haber sido
abandonado más allá de la Casa de Beneficencia, recobrando un puesto que los demás, con sus habilidades
en la caza o desvelos en la guardia, nunca ocuparían.

Canelo y Marcial orinaban juntos. A veces escogían
la alfombra persa del salón, para dibujar en su lana formas de nubes pardas que se ensanchaban lentamente.
Eso costaba castigo de cintarazos. Pero los cintarazos no
dolían tanto como creían las personas mayores. Resultaban, en cambio, pretexto admirable para armar concer-
tantes de aullidos, y provocar la compasión de los vecinos. Cuando la bizca del tejadillo calificaba a su padre
de «bárbaro», Marcial miraba a Canelo, riendo con los
ojos. Lloraban un poco más, para ganarse un bizcocho,
y todo quedaba olvidado. Ambos comían tierra, se re-
volcaban al sol, bebían en la fuente de los peces, buscaban sombra y perfume al pie de las albahacas. En horas
de calor, los canteros húmedos se llenaban de gente.
Ahí estaba la gansa gris, con bolsa colgante entre las patas zambas; el gallo viejo del culo pelado; la lagartija
que decía «urí, urá», sacándose del cuello una corbata
rosada; el triste jubo, nacido en ciudad sin hembras; el
ratón que tapiaba su agujero con una semilla de carey.
Un día, señalaron el perro a Marcial.

—¡Guau, guau! —dijo.

Hablaba su propio idioma. Había logrado la suprema libertad. Y quería alcanzar, con sus manos, objetos que estaban fuera del alcance de sus manos.

XII

Hambre, sed, calor, dolor, frío. Apenas Marcial redujo su percepción a la de estas realidades esenciales, renunció a la luz que ya le era accesoria. Ignoraba su nombre. Retirado el bautismo, con su sal desagradable, no quiso ya el olfato, ni el oído, ni siquiera la vista. Sus manos rozaban formas placenteras. Era un ser totalmente sensible y táctil. El universo le entraba por todos los poros. Entonces cerró los ojos que sólo divisaban gigantes nebulosos y penetró en un cuerpo caliente, húmedo, lleno de tinieblas, que moría. El cuerpo, al sentirlo arrebozado con su propia sustancia, resbaló hacia la vida.

Pero ahora el tiempo corrió más pronto, adelgazando sus últimas horas. Los minutos sonaban a glissando de naipes bajo el pulgar de un jugador.

Las aves volvieron al huevo en torbellino de plumas. Los peces cuajaron la hueva, dejando una nevada de escamas en el fondo del estanque. Las palmas doblaron las pencas, desapareciendo en la tierra como abanicos cerrados. Los tallos sorbían sus hojas y el suelo tiraba de todo lo que le perteneciera. El trueno retumbaba en los corredores. Crecían pelos en la gamuza de los guantes. Las mantas de lana se destejían, redondeando el vellón de carneros distantes. Los armarios, los vargueños, las camas, los crucifijos, las mesas, las persianas, salieron volando en la noche, buscando sus antiguas raíces al pie de las selvas. Todo lo que tuviera clavos se desmoronaba. Un bergantín, anclado no se sabía dónde, llevó presurosamente a Italia los mármoles del piso y de la fuente. Las panoplias, los herrajes, las llaves, las cazuelas de cobre, los bocados de las cuadras, se derretían, engrosando un río de metal que galerías sin techo canalizaban hacia la tierra. Todo se metamorfoseaba, regresando a la condición primera. El barro volvió al barro, dejando un yermo en lugar de la casa.

XIII

Cuando los obreros vinieron con el día para proseguir la demolición, encontraron el trabajo acabado. Alguien se había llevado la estatua de Ceres, vendida la víspera a un anticuario. Después de quejarse al Sindicato, los hombres fueron a sentarse en los bancos de un parque municipal. Uno recordó entonces la historia, muy difuminada, de una Marquesa de Capellanías, ahogada, en tarde de mayo, entre las malangas del Almendares. Pero nadie prestaba atención al relato, porque el sol viajaba de oriente a occidente, y las horas que crecen a la derecha de los relojes deben alargarse por la pereza, ya que son las que más seguramente llevan a la muerte.

José Lezama Lima

(La Habana, 1910-1976)

Escríbiese prosa o verso, la actitud fundamental de Lezama
Lima es siempre la del poeta, pues el núcleo de su visión es la
imagen. Una imagen reverberante, sensual y mística, extremadamente compleja y hermética. El barroco tiene una larga tradición en las letras cubanas, y durante este siglo ha florecido
en las obras de Carpentier (véase) y Severo Sarduy, entre
otros; pero nadie ha llevado esa estética más lejos que Lezama,
que no ha temido traspasar los límites mismos de lo inteligi-
ble, impulsado por el placer narcisista de verse a sí mismo
jugando con todos los poderes de la lengua y la fantasía. Se le
ha comparado con Góngora, pero habría que pensar en un
Góngora adaptado al trópico y al bullente espíritu criollo
americano: tiniebla y luz solar, gravedad y risa, rigor y fiesta.
   Lezama era, a pesar de la importancia de una obra que
comenzó en los años 30, un virtual desconocido fuera de
Cuba; irónica y tardíamente, fue descubierto en 1966 gracias a
la publicación de Paradiso, una novela de 800 páginas que
parecía sumarse al movimiento de renovación conceptual y

431

formal que caracterizaba al género por esa época. Cortázar, Vargas Llosa (véanse) y otros lo saludaron entusiastamente y lo reconocieron como uno de los suyos. Su oscuridad y su desmesurado afán inclusivo recordaba a Proust, Joyce y Pound; su caprichoso encanto visual, al arte del Greco y Archimboldo, del Douanier Rousseau y de Wifredo Lam. Siendo cubanísimo, el horizonte cultural de Lezama era decididamente cosmopolita: las antiguas civilizaciones, el medioevo, las doctrinas ocultistas y mágicas, los ritos y creencias africanos, la Europa de los grandes imperios, la América de Colón, Bolívar y Martí. Un mundo de figuras heroicas y vastas empresas históricas que eran, para él, valiosas no por la realidad inmediata de sus logros, sino por el vigor creador e imaginativo que las impulsaba. Su interpretación personal de esa invención se apoya en una argumentación cuyo hilo no resulta fácil de seguir. La complicación y la desmesura son parte de sus sistema de pensamiento: «Sólo lo difícil es estimulante» reza uno de sus más famosos lemas intelectuales.

Sin embargo, este autor hambriento de saberlo y de sentirlo todo, fue un hombre que permaneció casi inmóvil en su patria, aislado y concentrado en lo suyo; tras un viaje a Montego Bay (Jamaica), Lezama escribió un poema en el que convirtía el breve trayecto en una fabulosa anábasis. Agobiado por el asma y atado por la dulce tiranía de los lazos familiares, hizo una vida sedentaria que giró alrededor del hogar y de sus libros. Sin embargo, fue el hombre que abrió caminos a toda una generación de escritores cubanos y les permitió airearse en la atmósfera de los grandes cambios estéticos que ocurrían por entonces en Europa, Estados Unidos y el resto de América. Lo hizo a través de varias publicaciones, la más importante de las cuales fue Orígenes (1944-1956). En realidad, Orígenes era más que una revista: era la expresión de una época y una actitud que no cabían en una estrecha definición literaria; albergó muchas ideas y se extendió en muchas direcciones. Orígenes es una de las obras más permanentes de Lezama.

No es éste el lugar para hablar de su poesía y ni siquiera de sus novelas que tienen una vastedad y una densidad que sólo pueden describirse por extenso. Baste decir que éstas —Paradiso y Oppiano Licario— componen una autobiografía cifrada de su imaginación más que de su vida física, y que describen el proceso órfico que lo lleva del reino de los sentidos al del logos a través de la imagen poética. Aparte de esas obras, Lezama escribió unos 5 cuentos que nunca recogió en un volumen, aunque el crítico Angel Rama trató de convencerlo para que lo hiciera. Tres distintas colecciones han aparecido póstumamente bajo distintos títulos, pero el material es básicamente el mismo. Podría pensarse que, en el conjunto de una obra que se caracteriza por la exuberancia, estas piezas ocupan un lugar muy menor; incluso el propio autor no parece haberles concedido la misma importancia. Pese a ello, «Cangrejos, golondrinas» prueba que en sus cuentos podía lograr la misma intensidad y complejidad de sus obras mayores; y, además, que en ellos hay gérmenes de lo que encontraremos en éstas.

El presente relato fue publicado por primera vez en Orígenes, en 1946. Lo primero que impresiona en el texto son sus deliberados anacronismos e incongruencias: se nos presenta al herrero Sofonisco y su familia como si fuesen personajes de una leyenda antigua aunque estamos en La Habana del presente; hay brujos negros, pero también un filólogo, «un meteorólogo de las Bahamas» y se discute sobre «la influencia de la literatura birmana en el siglo II de la Era Cristiana», etc. Es un mundo intemporal y ubicuo, entre Grecia y el trópico, que confunde nuestras coordenadas racionales; caemos en el orbe «prelógico» del que hablaba Lezama como la esencia del lenguaje poético. Pero si el lector vence la resistencia inicial que le ofrecen las referencias crípticas y cultistas, descubrirá que hay un hilo narrativo generado por la misma vibración imaginística: la mujer del herrero sufre síntomas de una enfermedad, real o imaginada, que, por las alusiones al «cangrejo», debemos suponer es un cáncer. Recurre entonces a la ayuda de *varios brujos negros que tratan de curarla mediante repetidos conjuros y ceremonias de santería; uno de los resultados del tumor es un feto muerto. El signo zodiacal de Cáncer entabla una lucha con dos símbolos liberadores: la golondrina (asociada al tumor llamado «golondrino», pero también al hijo muerto) y la paloma, que combaten también entre ellos; ambos son elementos aéreos que se oponen al elemento rastrero representado por el cangrejo. Todo tiene un decidido aire alegórico, por completo desligado de la verosimilitud. Lo mismo pasa con las insistentes alusiones sexuales, que crean un contrapunto con los motivos lezamianos de la enfermedad y la familia. El efecto general del texto es el de un fantaseo onírico, apoyado en imágenes de deslumbrante intensidad: «El sueño...los distanció por dos caminos que terminaban en la misma puerta de hierro con inscripciones ilegibles». El relato en nada se distingue de los episodios que encontramos en sus novelas: es un fragmento de la misma totalidad. Al leerlo nos parece escuchar una voz remota y mágica: la de los relatos antiguos que usaban la palabra como una energía sagrada. Y confirmamos que Lezama no narra a partir de hechos, sino mediante cadenas de símbolos, metaforizaciones, sueños y fórmulas emblemáticas. Nadie ha vuelto a hacerlo así en la narrativa hispanoamericana.*

Obra narrativa (principales ediciones): *Paradiso*, La Habana: Unión, 1966; México: Era, 1968; ed. de Eloísa Lezama Lima, Madrid: Cátedra, 1980; ed. crít. de Cintio Vitier, Madrid: Archivos, 1988; Madrid: Alianza Editorial, 1988; *Obras completas*, pról. de Cintio Vitier, 2 vols. México: Aguilar, 1975-1977; *Oppiano Licario*, México: Era, 1977; La Habana: Arte y Literatura, 1977; ed. de César López, Madrid: Cátedra, 1977; Madrid: Alianza Editorial, 1983; *Cangrejos, golondrinas*, Buenos Aires: Calicanto, 1977; *Juego de las decapitaciones*, pról. de José Angel Valente, Barcelona: Montesinos, 1982; *Relatos*, pról. de Reinaldo González, Madrid: Alianza Editorial, 1987.

Crítica [1]: Alvarez Bravo, Armando, ed., *Orbita de L. L.*, La Habana: Colección Orbita, UNEAC, 1966; Chiampi, Irlemar, «J. L. L.», en Carlos A. Solé, ed. *, vol. 3, pp. 1125-1130; Pellón, Gustavo, *J. L. L.'s Joyful Vision. A Study of «Paradiso» and Other Prose Works*, Austin: University of Texas Press, 1989; Rama, Angel, *Primeros cuentos...* *, pp. 139-146; *Revista Iberoamericana*, número especial, 41:92-92 (1975); Rodríguez Feo, José, *Mi correspondencia con L. L.*, México: Era, 1991; Simón, Pedro, ed., *Recopilación de textos sobre L. L.*, La Habana: Casa de las Américas, 1970; Souza, Raymond D., *The Poetic Fiction of J. L. L.*, Columbia: University of Missouri Press, 1983; Ulloa, Justo C., *Sobre J. L. L. y sus lectores: guía y compendio bibliográfico*, Boulder: University of Colorado/Society of Spanish and Spanish American Studies, 1987; Suárez-Galbán, Eugenio, «Una obra ignorada: los cuentos de L.», en E. S.-G., ed., *L. L.*, Madrid: Taurus, 1987, pp. 215-224; Ulloa, Leonor A. de, «Cangrejos, golondrinas: metástasis textual», *Revista Iberoamericana*, 57:154 (1991), pp. 91-100.

---

[1] Como la mayoría de obras críticas se refieren a su obra poética o a sus novelas, sólo se citan las que contengan información valiosa sobre la vida del autor u ofrezcan una visión general sobre su obra narrativa.

Eugenio Sofonisco, herrero, dedicaba la mañana del domingo a las cobranzas del hierro trabajado. Salía de la incesancia áurea de su fragua y entraba con distraída oblicuidad en la casa de los mayores del pueblo. No se podía saber si era griego o hijo de griegos. Sólo alcanzaba su plenitud rodeado por la serenidad incandescente del metal. Guardaba un olvido que le llevaba a ser irregular en los cobros, pero irreductible. Volvía siempre silbando, pero volvía y no se olvidaba. Tenía que ir a la casa del filólogo que le había encargado un freno para el caballo joven del hijo de su querida, y aunque el ayuda de cámara le salía al paso, Sofonisco estaba convencido de que el filólogo tenía que hacer por la mano de su ayuda de cámara los pagos que engordaban los días domingos. Para él, cobrar en monedas era mantener la eternidad recíproca que su trabajo necesitaba.

Mientras trabajaba el hierro, las chispas lo mantenían

en el oro instantáneo, en el parpadeo estelar. Cuando
recibía las monedas, le parecía que le devolvían las mismas chispas congeladas, cortadas como el pan.

Agudo y locuaz, le gustaba aparecer como lastimero y
sollozante. El domingo que fue a casa del filólogo se entró al ruedo, oblicuo como de costumbre, y al atravesar
el largo patio que tenía que recorrer antes de tocar la
primera puerta vio en el centro del patio una montura
con la inscripción de ilustres garabatos aljamiados. Ilus-
tró la punta de sus dedos recorriendo la tibieza de
aquella piel y la frialdad de los garabatos en argentium
de Lisboa. Apoyado en su distracción avanzaba convencido, cuando la voz del mayordomo del filólogo llenó el
patio, la plaza y la villa. Insolencia, decía, venir cuando
no se le llama, nos repta en el oído con la punta de sus
silbidos y se pone a manosear la montura que no necesita de su voluptuosidad. Orosmes, soplillo malo. No
vienes nunca y hoy que se te ocurre, mi señor el filólogo fue a desayunar a casa del tío de un meteorólogo
de las Bahamas que nos visita, y no está ni tiene por
qué estar. Usted viene a cobrar y no a acariciar la plata
de las monturas que no son suyas. Empieza por hacer
las cosas mal, y después acaricia su maldad. Un herrero
con delectación amorosa. Te disfrazas de distraído
amante del argentium, pero en el puño se te ve el rollo
de los cobros, las papeletas de la anotación cuidadosa.
Te finges distraído y acaricias, pero tu punto final es cerrar el pañuelo con arena aún más sucia y con las monedas en que te recuestas y engordas. No te quiero ver
más por aquí, te presentas en el instante que sólo a ti
corresponde, alargas la mano y después te vas. No tienes por qué acariciar la plata de ninguna montura. La
voz se calló, desaparecieron los carros de ese Ezequiel,
y Sofonisco saltó de su distracción a una retirada lenta,
disimulada.

El domingo siguiente se levantó con una vehemencia indetenible para volver a repetir la cobranza en casa del filólogo. Se sentía avergonzado de los gritos del mayordomo, vaciló, y le dijo a su mujer la urgencia de aquel cobro y el malestar que lo aguantaba en casa. La mujer de Sofonisco se cambió los zapatos, se alisó, mientras adoptaba la dirección de la casa del filólogo. Se le olvidó acariciar la montura antes de que su mano cayese tres veces en el aldabón.

No le salió al paso el mayordomo, sino la esposa del filólogo, Insignificante y relegada cuando su esposo estaba en casa, si éste viajaba adquiría una posición rectificadora y durante la ausencia del esposo presumía de modificar y humillar al mayordomo. Le había mandado que ayudase a fregar la loza, que abandonase el plumerillo y sus insistentes acudidas a la más lejana insinuación a su presencia, llenada con mimosas vacilaciones. Había visto la humillación de la noble distracción de Sofonisco, anonadado por la crueldad y los chillidos del mayordomo. Y ahora quería limpiarle el camino, reconciliarse.

A la presentación del deseo de cobranza, contestó con muchas zalemas que su esposo continuaba las visitas dominicales al meteorólogo de las Bahamas, ya que tenían mucho que hablar acerca de la influencia de la literatura birmana en el siglo II de la Era Cristiana. Ella no tenía dinero en casa, pero se afanaría por hacer el pago en cualquier forma. Sorprendió una indicación lejana. Ah, sígame, le dijo. La traspasó por pasadizos hasta que llegaron como a un oasis de frío, estaban en la nevera de la casa. Le enseñó colgada una buena pierna de res. Es suya, le dijo, se la cambio por el recibo. No tengo por ahora otra manera de pagarle. Quizás el domingo siguiente el mayordomo le entregue unas cuantas monedas que le envía mi esposo el filólogo. Pero no, dijo como iluminada, prefiero pagarle yo ahora mismo. Es suya, llévesela como quiera, pero no la arrastre, requiere un buen hombro. Vaya a buscar a su esposo. Las puertas quedarán abiertas para que no se moleste. Dispense, adiós.

Al llegar a su casa el herrero descansó la pierna de la res cerca del baúl, indeciso ante la situación definitiva del nuevo monumento que se elevaba en su cámara. Tenía unos fluses [1] que nunca usaba, esperando una solemnidad que nunca lo saludaba, los empapeló y los llevó hasta una esquina donde fueron desenvueltos en un cromástico xántico. Izó la pierna y la situó en el respeto de una elevación que no evitase la tajada diaria al alcance de la mano, y salió a airearse, el olor penetrante de la res le había comunicado una respiración mayor que necesitaba de la frecuencia de los árboles en el aire que él iba a incorporar.

La esposa se desabrochó, esperando el regreso del herrero para hacer la cama. Desnuda se acercó a la pierna de la res, la contempló, acariciándola con los ojos desde lejos. La pierna trasudó como una gota de sangre que vino a reventar contra su seno. No reventó; al golpe duro de la gota de sangre en el seno sintió deseos de oscurecer el cuarto antes de que regresase el herrero. Sintió miedo de verse el seno y miedo de ver el esposo. El sueño, uno al lado del otro, los distanció por dos caminos que terminaban en la misma puerta de hierro con inscripciones ilegibles. Cierto que ella era analfabeta; él, había comenzado a leer en griego en su niñez; a contar los dracmas limpiando calzado en Esmirna y había hecho chispas en los trabajos de la forja colada en la villa de Jagüey Grande. Cuando dormía, después que había penetrado con su cuerpo en su es-

---

[1] *Fluses: flux,* traje masculino.

posa, diversificaba su sueño, ocurriéndosele que recibía un mensaje de Lagasch, alcalde de Mesopotamia, comprando todas sus cabras. Al terminar el sueño, soñaba que estaba en el principio de la noche, en el sitio donde se iniciaba la inscripción de los soplos benévolos.

Al despertar la esposa tuvo valor para contemplarse el seno. Había brotado una protuberancia carmesí que trató de ocultar, pero el tamaño posterior la llevó a hablar con Sofonisco de la nueva vergüenza aparecida en su cuerpo. El no le dijo lo que tenía que hacer. Se sintió tan indeciso, después consideró la aparición de algo sagrado, luego respetaba más que nunca a su mujer, pero no la tocaba ya. Todos los vecinos le hablaron del negro Tomás, cuyo padre había alcanzado una edad que los abuelos del pueblo en su niñez ya lo recordaban como viejo. Había curado viruelas, andaba con largo cayado de rama de naranjo, cuando se tornaban negras, abrazándose con blancas. Allí fue y el negro le habló con sílaba lenta, de imprescindible recuerdo: me alegra el herrero y me voy a entretener en devolverle a su esposa como un metal. Hay que hacer primero el túnel y después salida. Yo tengo el aceite del túnel, no preveo la salida que Dios tiene que ayudar. Hay un aceite de nueces de Ipuare, en el Brasil, que es caliente y abre brecha e inicia el recorrido. Con esa dinamita aceitada su pelota desaparecerá, no desaparece, va hacia dentro, buscando una salida. Se lo pone una semana, dejando caer la gota de aceite hirviendo a la misma altura donde cayó la gota de sangre. Después vuelva. Algo tiene que ocurrir. Ya no se espera que algo ocurra. Antes, cuando tocaban la puerta, se sentía que podía ser Dios. Ahora se piensa que sea un cobrador y no se abre. Mientras se aplica el aceite hirviendo, tiene que tocarla su esposo todos los días. Ya tiene túnel, ahora espere salida.

Se sentía penetrada, la penetración estaba en tan mínima dosis en su recorrido que no sentía dolor. El topo seguido de la comadreja, el oso hormiguero seguido de una larga cadena la recorrían. Buscaban una salida, mientras sentía que la protuberancia carmesí se iba replegando en el pozo de su cuerpo. Un día encontró la salida: por una caries se precipitó la protuberancia. Desde entonces empezó a temblar, tomar agua —orinar—, tomar agua, se convirtió en el terrible ejercicio de sus noches. Estaba convencida que había sanado. ¿Acaso no había visto ella misma a la protuberancia caer en el suelo y desaparecer como una nube que nunca se pudo ver? Tuvo que ir de nuevo a ver al negro Tomás. Hubo túnel y salida, le dijo, ésta la ganó usted. Yo no podía prever que una caries sería la puerta. Ahora le hace falta no el aceite que quema, sino el que rodea la mirada. Yo no podía ver a una caries como una puerta, pero conozco ese aceite de calentura natural que se va apoderando de usted como un gato convertido en nube. Vaya a ver al negro Alberto, y él, que ya no baila como diablito, le ofrecerá los colores de sus recuerdos, las combinaciones que le son necesarias para su sueño. Usted fue recorrida por animales lentos, de cebeceo milenario. Ahora salga, siga con sus pasos la lección que le va a dictar su mirada. Tiene que convertir en cuerda floja todo cuanto pise.

Fue a ver al negro Alberto. Vivía en una casa señorial de Marinao, la casa solariega de los Marqueses de Bombato había declinado lentamente hacia el solar. En 1850, los Marqueses daban fiestas nocturnas, maldiciendo la llegada de la aurora. En 1870 se había convertido en una casona gris de cobrar contribuciones. En 1876, era el estado ciudad de un solar de Marinao. Ahora se guardaba una colilla para ser fumada tres horas depués, en el blasón de una puerta de caoba. La pila bautismal recibía diariamente la materia que hace abominables a las pajareras. El negro Alberto estaba sentado en una pieza que tenía la destreza de trabajo de un sillón de Voltaire con la destreza simbólica de un sillón Flaubert. Al verla se levantó para otorgarle las primeras palmatorias.

Ya hubo túnel, le preguntó con una solemnidad jacarandosa. Con una elasticidad madura que guardaba la enseñanza de sus gestos.

Lo hubo y la caries sirvió de puerta. Pero a pesar de que yo vi, estaba muy despierta, rebotar la bolita contra el suelo que todos los días abrillanto, no me siento bien y sufro.

Alberto había sido diablito en su juventud. Cuando era adolescente bailaba desnudo, a medida que recorría los años iba aumentando su colección de túnicas. Cuando se retiró mostraba sus colecciones a los enviados por el negro Tomás con fines curativos. Transcurría diseñando los vestidos que yo no podía ponerse para ninguna fiesta, y su mujer costurera copiaba como si en eso consistiese su fidelidad. Algunos se complicaban en laberintos de hilos, sedas y cordones, que rememoraba a Nijinsky entrevisto por Jacques Emile Blanche. Otros se aventuraban en el riesgo sigiloso de dos colores contrastados con una lentitud de trirreme. Los fue entreabriendo en presencia de la esposa de Sofonisco. Las corres con campanillas que ceñían sus brazos y piernas estaban invariablemente resueltas siguiendo las vetas de oro en el fondo verde oscuro del cobre. Las más retorcidas combinaciones dejaban impávida a la mujer del griego. Parecía que ya Alberto tocaría el final de su colección de túnicas y ni él se intranquilizaba ni la visitante mostraba la serenidad que había ido a rescatar. Por fin mostró entre las últimas túnicas la lila que mostraba grabada en sus espaldas una paloma. Los collares que ceñían sus brazos y sus piernas ya no eran circulares. En la boca de la paloma no se observaban ramas de trigo o aceitunas, sino muy roja, mostraba su boca en doble rojez. Alberto anotó fríamente en su memoria: blanco, lila y rojo. Como quien vuelve del sueño aparta los pañuelos que se le tienden, la esposa del herrero dijo: ya estoy en la orilla.

Fue a pagarle los servicios suntuosos del negro Alberto. Recordó lo horrible que era para ella cobrar, llevar a su casa aquella enorme pierna de res. Pensó que pagar era como lanzar una maldición a un rostro que no la había provocado.

No busque, le dijo Alberto, coja el hueso de la pierna y entiérrelo. Recuérdelo, pero no lo mire. La ironía del túnel es la paloma, siempre encuentra salida. Yo creí que había que despertarla, pero su propia sangre la llevaba a poner la mano en un cuerpo blanco. La paloma blanca y la lengua roja colocan su mirada en lo cotidiano de la mañana.

Sin embargo, le contestó, el negro Tomás me aconsejaba que Sofonisco me tocara y yo comprendía que él me tenía miedo. Me pasaban cosas extrañas y él huía. Me abrazaba, pero mostraba en el fondo de sus averiguaciones carnales una indiferencia, como si me hubiese convertido en una imagen desatada de la carne. Ahora me recordará con más precisión y podré caber de nuevo dentro de él sin atemorizarlo. Entonces se sacó del seno un hilo que el negro Alberto, siempre avisado, fue tirando, cuando todo el hilo estaba desconcertado por el suelo, lo cogió y lo lanzó en la saya de su mujer, que seguía cosiendo, recorriendo mansamente sus diseños.

Habían pasado los años que ya mostraba el hijo de Sofonisco y el pitagórico siete se mostraba con el ritmo que golpeaba la pelota contra el suelo. Su frenesí lo llevaba a golpear tan rápidamente que parecía que en oca-

siones la pelota buscaba su mano como si fuera un
muro, con la confianza de ser siempre interrumpida.
Otras veces, después de tropezar con el suelo la pelota
se levantaba como si fuese a trazar la altura de un fantasma imposible. La madre contemplaba con una lán-
guida extrañeza aquel frenesí de su hijo. Crecía, se volvía rojo como cuando el padre martillaba las chispas.
Parecía estar ciego en el momento en que le pegaba a
la pelota contra el suelo y luego, casi con indiferencia,
no recobraba el orgullo de la mirada al ver la altura al-
canzada. Al alcanzar una altura increíble para el golpe
se su pequeña mano, alcanzó una altura misteriosa que
nunca más podría rebasar. La pelota vaciló, recorrió un
canal invisible y al fin se quedó dormida en la pantalla
de grueso cartón verde que cubría el bombillo. La madre del nuevo Sofonisco se movilizó jubilosa para entre-
garle a su hijo la alegría del reencuentro. Como si hubiese resuelto la invención de poblar el aire de peces,
fue al patio y cogió la cara que alzaba a la tendedora de
lo más alto posible de las manchas de la tierra. Le dio
un golpe muy ligero a la pelota para que rodase por la
pantalla. No pudo prever la velocidad devoradora que
adquiriría la pelota, muy superior a la huida de sus
piernas. Le cayó en la nuca. El niño escondió la pelota
para que llenase el mismo tiempo que le estaba dedicado al día siguiente. El herrero se fue a dormir, sus
músculos estaban muy espesos por su ración diaria de
martillazos y necesitaba del aceite flexible del sueño. El
niño necesitaba esconder algo para dormirse. Ella
ocupó su lugar: dormir sin despertar al que estaba a su
lado. Soñó que por carecer de piernas circulaba, se movía pero sin poder definir ningún camino. Con una lentitud secular soñó que le iban brotando retoños, después prolongaciones, por último, piernas. Cuando iba a
precisar que caminaba, se encontró la entrada de un tú-

nel. Ya ella sabía, el sueño era de fácil interpretación
llevado por sus recuerdos y se sintió fatigada al sentirse
la más aburrida de las aburridas.

Dejó el sueño en el momento en que entraba en el
túnel, pero al despertar se llevó la mano a la nuca y allí
estaba de nuevo la protuberancia carmesí. Ya está ahí,
dijo, como quien recibe lo esperado.

Viene como siempre, contestó Sofonisco despertán-
dose, a hacer su mal y lo peor es que tenemos que salir
con él. Cualquiera que se quede sin el otro hasta el último momento, hasta entrar, es el que no podrá recordar.

Hay que averiguarlo, seguirlo, dijo ella, ya es la segunda vez y ahora viene a destruir como quien trabaja
sobre un cuerpo relaxo que no tiene prolongaciones
para atraer o rechazar. *Puerta, túnel, caries, la paloma encuentra salida,* todo eso está ya desinflado. Y no sé si el
negro Tomás, al surgir el nuevo hecho en la misma persona, no se distraerá, fingirá que se pone al acoso para
descansar. Yo misma he borrado la posibilidad de la
sorpresa que mi cuerpo recién lavado puede ofrecer.
Me veo obligada a recorrer un camino donde los deseos
están cumplidos.

Sí, dijo Sofonisco, que ya no se rodeaba de un halo
de chispas, pero eso sucede delante de mí y no puedo
contemplar un espectáculo tan terrible cuando estoy
dormido y siento que te acuestas a mi lado.

Entonces, dijo ella, tengo que buscar tu salud y aunque estoy ya convertida en cristal, tengo que girar para
que tus ojos no se oscurezcan.

De pronto, cuando llega el cangrejo, dijo el herrero
tiritando, me veo obligado a retroceder y ya no puedo
tocarte. Cuando tú luchas con esas contradicciones que
te han sido impuestas, me asomo y veo que lo que me
transparentaba se borra, que es necesario reencontrarlo

después de un paréntesis peligroso. Aunque tú ya no tengas curiosidad, me es necesario comprender una destreza, la forma que tú adquieres para caer en tu separación de mi cuerpo. Esa monotonía que tú esbozas, esa impertinencia para comprobar tus deseos, revela un endurecimiento que yo disculpo, pues en los caminos que te van a imponer, requieres una gran opacidad, ya que la luz te iría reduciendo, descubriéndote en un momento en que ya tú no puedes ser reconocida por nadie.

Ah, tú, silabeó la esposa, ahora es cuando surges y ya no necesitas tocarme. Cuando surge ese escorpión sobre mi cuerpo te entretienes con los esfuerzos que yo hago para quitármelo de encima. Cuando veas que ya no puedo quitármelo entonces empezará tu madurez. Al día siguiente, con la flor del aretillo sobre el seno, fue a ver al negro Tomás.

Atravesó la bahía. El negro la situó entre una esquina y un farol que se alejaba cinco metros. Precipitadamente le dejó el frasco con aceita y el negro se hizo invisible. La esposa del herrero distinguió círculos y casas. El semicírculo de la línea de la playa, el círculo de los carruseles que lanzaban chispas de fósforo y latigazos, y más arriba las casas en rosa con puertas anaranjadas y las verjas en crema de mantecado. Negros vestidos de diablito avanzaban de la playa a los carruseles y allí se disolvían. Empezaban desenrollándose acostados en el suelo, como si hubiesen sido abandonados por el oleaje. Se iban desperezando, ya están de pie y ahora lanzan gritos agudos como pájaros degollados. Después solemnizan y cuando están al lado de los carruseles las voces se han hecho duras, unidas como una coral que tiene que ser oída. Los carruseles, como si mascasen el légamo de ultratumba, cortan sus rostros con cuchilladas que dejan un sesgo de luna embutanada con hollín y calabaza. La calabaza fue una fruta y ahora es una máscara y ha cambiado su ropa ante nuestro rostro como si la carne se convirtiese en hueso y por un rayo del sol nocturno el esqueleto se rellenase con almohadas nupciales. Aquellas casas girando parecen escaparse, y golpean nuestro costado. Es lo insaciable; los diablitos avanzan hasta los carruseles y éstos lo rechazan otra vez y otra hasta la playa. Los soldados momificados soportan aquella lava. Uno saca su espada y surge una nalga por encantamiento y pega como un tambor. Un negrito de siete años, hijo de Alberto el de las túnicas, vestido de marinero veneciano, empina un papelote para conmemorar la coincidencia de la espada y la nalga. La esposa, portadora del cangrejo, acostumbrada a las chispas del herrero griego, retrocede de la esquina hasta el farol. Cuando los diablos son botados hasta la playa, ella avanza cautelosamente hasta la esquina. Cuando los diablitos llegan hasta los bordes del carrusel, ella retrocede hasta el farol. Sintió pánico y la voz le subía hasta querer romper sus tapas, pero el cangrejo que llevaba en la nuca le servía de tapón. Las grandes presiones concentradas en los coros de los negros se sintieron un poco tristes al ver que nada más podían trasladarla de la esquina hasta el farol. Y a la limitación, a la encerrona de su pánico oponían la altura de sus voces en un crescendo de mareas sin fín. Después supo que un poeta checo que asistía para hacer color local, acostumbrado a los crepúsculos danzados en el Albaicín, había comenzado a tiritar y a llorar, teniendo la policía que protegerlo con su capota y llevarlo al calabozo para que durmiese sin diablos. Al día siguiente, las páginas de su cuaderno lucían como pétalos idiotas entre el petróleo y la gelatina de las tambochas, devueltas por los pescadores eruditos a las aguas muertas de la bahía.

Y más allá de los carruseles, las casas pobladas hasta

reventar, con las claraboyas cerradas para evitar que la luz subdivida a los cuerpos. Bailándole a las esquinas, a los santos, al fango tirado contra cuelquier pared, en cada casa apretada se repite la caminata de la playa hasta el carrusel. De pronto, un cuerpo envuelto en un trapo anaranjado es lanzado más allá de las puertas. Los soldados enloquecidos lanzan tiros como cohetes. Pero las casas cerradas, llenas hasta reventar, desdeñan el fuego artificial. «Aquí te encontré y aquí te maté.» Y la cuchillada... Ah... La esposa del herrero siente que le clavan la cabeza y retrocede en un asalto, todo el botín de la fiesta. Recibe una claridad, la mañana comienza a acariciarla. Empieza a sentir, a recuperar y sorprender que el frasco de aceite del Brasil hierve queriendo reventar. Cree que aún separa a los grupos, pide permiso y nadie la rodea. La lancha que la devuelve como única tripulante, le permite un sueño duro que galopa en el petróleo. Sale de la lancha con pasos raudos, como si la fuese a tripular de nuevo. Cuando llega a su casa percibe a su esposo y a su hijo respetuosos de las costumbres de siempre. Y lleva el aceite hirviendo hasta su nuca. Ya encontró camino, le dice de nuevo el negro Tomás cuando la visita, y saldrá más allá del túnel. Por la mañana lanza de nuevo la protuberancia carmesí. Ahora ha saltado por el túnel de la cuenca del ojo izquierdo. Pero la zozobra que la continúa es insoportable. El esposo alejado de ella, en una soledad duplicada se lleva de continuo el índice a los labios. Y aunque está solo y muy lejos de ella, repite ese gesto, que la vecinería a su vez comenta y repite. Y el hijo, más huraño, antes de entrar en el sueño, se obstaculiza a sí mismo en tal forma que la pelota rueda como si fuese agua muerta o una cucaracha despreciada cuyo vuelo es seguido con indiferencia.

¿Qué les pasa a ustedes?, dice después de la sobremesa, lanzándole la pelota a su hijo, que la deja correr, importándole nada su desenvolvimiento.

Estás en vacaciones, ahora se dirige al esposo, para ver si tiene mejor suerte, no quieres hacer nada y las monturas de hierro van formando por toda la casa una negrura que será imposible limpiar cuando nos mudemos.

Nos mudaremos, le contesta casi por añadidura, y los hierros se quedarán, ya con ellos no se puede hacer ni una sola chispa. Me gusta más ver una luciérnaga de noche que arrancarles una chispa a esos hierros de día.

Ahora, le decía días más tarde el negro Tomás, no puedo predecir el combate de la golondrina y la paloma. Ni en qué forma le hablarán. Sé que la golondrina no puede penetrar en la casa y conozco la sombra de la paloma. Sin embargo, una golondrina se obstinará en penetrarla y la paloma le hará daño. Siempre que pelean la golondrina y la paloma se hace sombra mala.

Buscaba la huida de su casa. Con un paquete a su lado, por si tenía que permanecer en los parques a la noche, mostraba aún sobre su seno la flor del aretillo. En varias ocasiones la flor rodaba, queriendo escapársele, pero su indiferencia aún podía extender la mano y recuperarla. Su atención fue indicando los carros de golondrinas que borraban las nubes. No era su intención, hasta donde su mirada podía extenderse, poner la mano en el cuello de ninguna de ellas. El verso de Pitágoras, *domesticas hirundines ne habeto,* que aconseja no llevar las golondrinas a la casa, existía para ella. Observaba sus perfectas escuadras, sus inclinaciones incesantes y geométricas. Apenas pudo hacer un vertiginoso movimiento con la mano derecha para ahuyentar a una golondrina que se apartaba de la bandada y había partido como una flecha marcada a hundirse en su rostro. Rechazada, volvió un instante a la estación de partida como para no perder la elasticidad que la lanzaba de nuevo, como el rayo se hace visible mientras la nube retrocede. Aterrorizada asió a la golondrina por el cuello y comenzó a apretarla. Cuando sintió la frialdad de las plumas, asqueada abrió las manos para que se escapase. Entontada, el ave ya no tenía fuerza para alejarse y la rondaba a una distancia bobalicona. Le hacía señas y gritos a la golondrina para que huyese, pero ella insistía, idiotizada como en las caricias de un borracho. Tuvo que huir volviendo el rostro para asegurar que el ave ya no tenía fuerza para perseguirla. A la otra mañana, como sucede siempre en la vergüenza de la conciencia, repasó aquel sitio donde se había manifestado el conjuro. Al lado del paquete, la golondrina lucía con sofocada torpeza la última frialdad. Pudo oír los comentarios de las esquinas que le indicaban que la golondrina había hecho esfuerzos contrahechos para acercarse al paquete. Esa misma noche soñó, mientras el herrero y su hijo guardaban de ella una distancia regida por la prudencia: la golondrina era de cartón mojado; el rocío había traspasado los papeles del paquete y algodonado los cordeles que lo custodiaban. Dentro, un niño gelatinoso, deshuesado en una herrería que manipulaba con martillos de agua, ofrecía su ombligo con una protuberancia carmesí para que abrevase el pico de caoba de la golondrina.

Después de tanto guerrear había ido volviendo a sus paseos del crepúsculo. Tuvo deleite de atar dos recuerdos, entremezclándolos y separándole después sus pinzas irónicas. Creían que la habían dejado serena, no la huían, pero ya a su lado nada se ponía en marcha para su destino. Creía recordar las cosas que pasaban a su lado con una dureza de arañazo. Alejaba tanto el rostro que se le acercaba o la mano que se le tendía que los gozaba como una estampa borrosa. Podía reducir el cielo al tamaño de una túnica y la paloma que le echaba la sombra a la otra inmovilizada con su lengua de rojez contrastada en la túnica lila. Gozaba de una sombra que le enviaba la paloma que no se acerca nunca tanto como la golondrina cuando está marcada. La luz la iba precisando cuando ya el herrero y su hijo no sentían el paseo del cangrejo por su nuca o por el seno que había impulsado con levedad acompasada la flor del aretillo. El cangrejo sentía que le habían quitado aquel cuerpo que él mordía duro y creía suyo. Le habían quitado aquel cuerpo que él necesitaba para lo propio suyo, semejante al enconado refinamiento de las alfombras cuando reclaman nuestros pies.

JUAN CARLOS ONETTI

(Montevideo, 1909-)

Buena parte de la obra de este gran narrador se produjo en
condiciones de relativa oscuridad, aunque en Uruguay era ya
considerado un maestro; la revaluación crítica y la difusión
editorial que alcanzó en los años del «boom», ayudaron a res-
taurarlo al lugar que merecía. Pero en las décadas siguientes su
obra regresó parcialmente (pese al Premio Cervantes en 1980)
a las discretas sombras de las que había emergido, confirman-
do que Onetti no será jamás un autor muy popular y que su
visión seguía siendo tercamente la misma de antes: una visión
infernal, cínica, implacable y exasperada. Desde su exilio en
Madrid, donde llegó en 1975 tras haber sido encarcelado por
el gobierno militar de su país, ha permanecido cada vez más
recluido y huraño al contacto exterior. Si alguien puede repre-
sentar en Hispanoamérica lo que Bataille llamó «la literatura
del mal», ese hombre es indudablemente Onetti.

Como varios escritores uruguayos —Quiroga, Amorim
(véase) y otros—, Onetti pertenece (casi) tanto a su país como
a la Argentina. No sólo porque pasó en Buenos Aires dos

*períodos de su vida (1930-1934; 1941-1955) y publicó allí tres
de sus primeros cinco libros, sino porque una de sus grandes
invenciones, ese territorio penitencial y sombrío que llamó Santa
María, es una síntesis de dos capitales en que vivió. Su educación
fue irregular y su experiencia de escritor le debe mucho a los
humildes y variados trabajos que tuvo que desempeñar, además del periodismo que fue su verdadera escuela. Los artículos
y crónicas que escribió cuando comenzaba (especialmente las
del notable semanario* Marcha, *del que fue su primer director
literario), muestran dos cosas muy importantes: su descontento
con la literatura uruguaya de esa época, dominada por el
regionalismo criollista, y el impacto que sus buenas lecturas de
la literatura norteamericana y europea (algunas no muy frecuentes entonces) habían tenido sobre él. Quizá sin saberlo él
mismo, estaba iniciando el gran cambio que la literatura hispanoamericana iba a sufrir ya entrada la década del 40: en vez
de reconocibles tipos humanos, paisajes pintorescos y tesis
optimistas, Onetti propugnaba un arte novelístico cuyo carácter era fundamentalmente introspectivo, concentrado en los
niveles más oscuros y arduos de la existencia, para intentar un
encarnizado examen de temas como la soledad, el erotismo y
la infinita capacidad del alma humana para engañarse a sí
misma. Lo hizo experimentando además con planos narrativos
múltiples, fragmentaciones temporales, fusiones de lo real y lo
deseado, y el discordante encuentro de lo lírico con lo repulsi-
vo. Dicho esto quizá sea innecesario agregar que el influjo
dominante sobre Onetti es el de Faulkner: la mítica Santa
María tiene —igual que Yoknapatawpha— su propia historia,
sus familias, sus héroes y sus canallas, que circulan entre una y
otra novela. Pero la huella de la novela europea de corte exis-
tencialista (Céline, Sartre, Graham Greene) y el magisterio de
Roberto Arlt (véase), con quien tiene más de un rasgo en
común, es significativa. Las semejanzas de su mundo con el
de Genet y Nabokov, la novela policial y el* cinema noir *son
también visibles.*

Los héroes (o antihéroes) onettianos son seres marginales y fracasados, outsiders *que beben y escuchan* jazz, *cuyas vidas han llegado a un punto muerto. Cerradas las puertas de la existencia, se abre para ellos una vida alternativa: la de la imaginación, un sucedáneo al que trabajosamente dedican sus días tratando de convertirla en (o confundirla con) la verdadera. La intención es fugar del mundo concreto, ser otros y realizar, por otra vía, lo que hasta entonces ha resultado imposible. Esa improbable creación muestra quiénes realmente son: unos empeñosos buscadores del amor, de la amistad, de la seguridad. Un elemento esencial en sus relatos es el de la vida como* representación, *como un angustioso psicodrama donde se asumen papeles y máscaras que ocultan tanto como revelan. Pero ese sueño siempre se esfuma y termina en una nueva frustración, en una más honda alienación del individuo frente a la realidad. Las novelas de Onetti plantean la más honda cuestión de todas: la del sentido último de vivir.*

Algunas de sus novelas maestras son La vida breve, El astillero *y* Juntacadáveres. *Pero entre sus novelas cortas, relatos y cuentos hay también piezas memorables, que están entre las grandes contribuciones al género en este siglo. Se incluyen aquí dos cuentos que corresponden a épocas distintas:* «Bienvenido, Bob», *publicado en* La Nación *de Buenos Aires en 1944 y recogido en la colección* Un sueño realizado y otros cuentos; *y* «El infierno tan temido», *que apareció en* Ficción *de Buenos Aires en 1957 y da título al volumen de 1962. En el primero, los dos párrafos iniciales resumen impecablemente el proceso de decadencia que convierte a Bob, un hombre joven y de gestos rumbosos, en Roberto, un borracho solitario y envejecido, que sin embargo mantiene vivo el sueño de construir una «infinita ciudad» en la costa. Ese proceso se entremezcla con su relación con el narrador, llena de desprecio y burla, y la de éste con Inés, hermana de Bob. El odio apenas contenido entre los dos envilece sobre todo la relación amorosa de Inés y el narrador. Como ésta parece ser la vía de salva-*

ción del narrador, de su afán por recuperar «un viejo pasado
de limpieza», Bob se complace perversamente en negársela. El
diálogo es de una precisión feroz: no sirve para comunicar,
sino para agredir al otro. Pero nunca más despiadado que
cuando Bob le explica al narrador por qué no va a permitir
que se case con su hermana: «Usted es un hombre hecho, es
decir, deshecho, como todos los hombres a su edad cuando no
son extraordinarios». El odio produce una oscura transformación: la devoción de Bob por Inés termina siendo una forma
de posesión que le arrebata lo mejor de ella y deja para el narrador una «repentina mujer apática» —una forma mental de
doble asesinato—. La mezquina recompensa del narrador es
contemplar la decadencia física de Bob, buscar su amistad y
seguir, codiciosamente, acariciando los sueños que el otro ya
no puede realizar.

«El infierno tan temido» es un cuento magistral, un modelo perfecto del mundo narrativo onettiano. Risso, que trabaja
como cronista hípico en un periódico, empieza a recibir, desde
diferentes lugares, misteriosos sobres con fotos. Uno de sus
compañeros narra, en un primer racconto (hay tres a lo largo
de la historia), los antecedentes que empiezan a explicar los
envíos; su viudez, sus noches de prostíbulo, su matrimonio con
Gracia, una actriz que llega a Santa María. El oficio teatral de
ella es un oportuno símbolo porque cada uno busca en el otro
la realización de algo irreal, imposible de alcanzar: la simple
felicidad. Las fotos son obscenas y exhiben a Gracia en brazos
de distintos hombres; suponer que ella misma se las envía
como un sórdido gesto de amor, un torpe medio de comunicación, es el frágil acto de defensa que Risso intenta para protegerse de la verdad, del «organizado frenesí con que se cumplía
la venganza». Antes, para elaborar la ficción de vivir juntos,
Risso había inventado a Gracia mientras ella inventaba la
fantasía o comedia de su amor: ha sido la hechura de ese hombre, «segregada de él para completarlo». La dolorosa minucia
con que están descritas las escenas eróticas que ella registra con

la cámara, nos confirman que se trata de una calculada ceremonia, de un montaje *degradado que ella dirige como una escena teatral destinada a un solo espectador, con la finalidad de humillarlo y destruirlo. Y la forma como él interpreta ese montaje no puede ser más patética y desesperada. El torturado pero estoico lenguaje de Onetti, con sus largas frases envolventes que descienden como espirales por abismos siempre más opresivos, que sueldan y luego enfrentan el pasado y el presente, acrecienta la agobiante sensación de que hemos entrado a un mundo desalmado y atroz.*

Obra narrativa (primeras y principales ediciones): *El pozo,* Montevideo: Ediciones Signo, 1933; 2.ª ed., estudio de Angel Rama, Montevideo: Arca, 1965; *Tierra de nadie,* Buenos Aires: Losada, 1941; *Para esta noche,* Buenos Aires: Poseidón, 1943; *La vida breve,* Buenos Aires: Sudamericana, 1950; *Un sueño realizado y otros cuentos,* Montevideo: Número, 1951; *Los adioses,* Buenos Aires: Sur, 1954; *Una tumba sin nombre,* Montevideo: Ediciones Marcha, 1959; [bajo el título *Para una tumba sin nombre* desde 1968]; est. de Josefina Ludmer, Buenos Aires: Librería del Colegio, 1975; *La cara de la desgracia,* Montevideo: Alfa, 1960; *El astillero,* Buenos Aires: Cía. Fabril Editora, 1961; pról. de Mario Benedetti, La Habana: Casa de las Américas, 1968; pról. de José Donoso, Madrid: Salvat, 1972; *El infierno tan temido,* Montevideo: Asir, 1962; *Tan triste como ella* [y *La cara de la desgracia*], Montevideo: Alfa, 1963; *Juntacadáveres,* Montevideo: Alfa, 1964; *Jacob y el otro. Un sueño realizado y otros cuentos.* Montevideo: Ediciones de la Banda Oriental, 1965; *Tres novelas,* Montevideo: Alfa, 1967; *Cuentos completos,* Buenos Aires: Centro Editor de América Latina, 1967; Caracas: Monte Avila, 1968; *Novelas cortas completas,* Caracas: Monte Avila, 1968; *Obras completas,* pról. de Emir Rodríguez Monegal, México: Aguilar, 1970; *La muerte y la niña*, Buenos Aires: Corregidor, 1973; *Tiempo de abrazar y los cuentos de 1933 a 1950*, pról. de Jorge Rufinelli, Montevideo: Arca, 1974; *Dejemos hablar al viento*, Barcelona: Bruguera/ Alfaguara, 1979; *Presencia y otros cuentos*, Madrid: Almarabú, 1987; *Cuando entonces*, Madrid: Mondadori, 1987; *Obra selecta*, ed. de Hugo Verani, Caracas: Biblioteca Ayacucho, 1989.

Crítica (selección mínima): Aínsa, Fernando, *Las trampas de O.*, Montevideo: Alfa, 1970; *Antrophos*, número especial, n.º 2, 1981; Bayce, Beatriz, *Mito y sueño en la narrativa de O.*, Montevideo: Arca, 1987; *Cuadernos Hispanoamericanos*, número especial, n.ºs 292-294 (1974); Deredita, John, «El doble en dos cuentos de O.», en Enrique Pupo-Walker, ed. *, pp. 150-164; Díaz, José Pedro, *El espectáculo imaginario. J. C. O. y Felisberto Hernández. ¿Una propuesta generacional?*, Montevideo: Arca, 1986, pp. 167-194; García Ramos, Reinaldo, ed., *Recopilación de textos sobre J. C. O.*, La Habana: Casa de las Américas, 1969; Frankenthaler, Marilyn R., *J. C. O.: la salvación por la forma*, Nueva York-Madrid: Abra, 1977; Kadir, Djelal, *J. C. O.*, Boston: Twayne, 1977; Ludmer, Josefina, *O. Los procesos de construcción del relato*, Buenos Aires: Sudamericana, 1977; Rama, Angel, *Primeros cuentos...* *, pp. 121-127; Rufinelli, Jorge, ed., *O.*, Montevideo: Biblioteca de Marcha, 1973; Verani, Hugo, *O.: el ritual de la impostura*, Caracas: Monte Avila, 1981.

Bienvenido, Bob

A H. A. T.

Es seguro que cada día estará más viejo, más lejos del tiempo en que se llamaba Bob, del pelo rubio colgando en la sien, la sonrisa y los lustrosos ojos de cuando entraba silencioso en la sala, murmurando un saludo o moviendo un poco la mano cerca de la oreja, e iba a sentarse bajo la lámpara, cerca del piano, con un libro o simplemente quieto y aparte, abstraído, mirándonos durante una hora sin un gesto en la cara, moviendo de vez en cuando los dedos para manejar el cigarrillo y limpiar de ceniza la solapa de sus trajes claros.

Igualmente lejos —ahora que se llama Roberto y se emborracha con cualquier cosa, protegiéndose la boca con la mano sucia cuando tose— del Bob que tomaba cerveza, dos vasos solamente en la más larga de las noches, con una pila de monedas de diez sobre su mesa de la cantina del club, para gastar en la máquina de discos. Casi siempre solo, escuchando *jazz,* la cara soñolienta, dichosa y pálida, moviendo apenas la cabeza para

saludarme cuando yo pasaba, siguiéndome con los ojos
tanto tiempo como yo me quedara, tanto tiempo como
me fuera posible soportar su mirada azul detenida incansablemente en mí, manteniendo sin esfuerzo el intenso desprecio y la burla, más suave. También con
algún otro muchacho, los sábados, alguno tan rabio-
samente joven como él, con quien conversaba de
solos, trompas y coros y de la infinita ciudad que Bob
construiría sobre la costa cuando fuera arquitecto. Se in-
terrumpía al verme pasar para hacerme el breve saludo
y no sacar ya los ojos de mi cara, resbalando palabras
apagadas y sonrisas por una punta de la boca hacia el
compañero que terminaba siempre por mirarme y dupli-
car en silencio el desprecio y la burla.

A veces me sentía fuerte y trataba de mirarlo: apoyaba la cara en una mano y fumaba encima de mi copa
mirándolo sin pestañear, sin apartar la atención de mi
rostro que debía sostenerse frío, un poco melancólico.
En aquel tiempo Bob era muy parecido a Inés; podía
ver algo de ella en su cara a través del salón del club, y
acaso alguna noche lo haya mirado como la miraba a
ella. Pero casi siempre prefería olvidar los ojos de Bob
y me sentaba de espaldas a él y miraba las bocas de los
que hablaban en mi mesa, a veces callado y triste para
que él supiera que había en mí algo más que aquello
por lo que me había juzgado, algo próximo a él; a veces
me ayudaba con unas copas y pensaba «querido Bob,
andá a contárselo a tu hermanita», mientras acariciaba
las manos de las muchachas que estaban sentadas a mi
mesa o estiraba una teoría cínica sobre cualquier cosa,
para que ellas rieran y Bob lo oyera.

Pero ni la actitud ni la mirada de Bob mostraban
ninguna alteración en aquel tiempo, hiciera yo lo que
hiciera. Sólo recuerdo esto como prueba de que él ano-
taba mis comedias en la cantina. Una noche, en su casa,

estaba esperando a Inés en la sala, junto al piano, cuando entró él. Tenía un impermeable cerrado hasta el cuello, las manos en los bolsillos. Me saludó moviendo la cabeza, miró alrededor enseguida y avanzó en la habitación como si me hubiera suprimido con la rápida cabezada; lo vi moverse dando vueltas junto a la mesa sobre la alfombra, andando sobre ella con sus amarillos zapatos de goma. Tocó una flor con un dedo, se sentó en el borde de la mesa y se puso a fumar mirando el florero, el sereno perfil puesto hacia mí, un poco inclinado, flojo y pensativo. Imprudentemente —yo estaba de pie recostado en el piano— empujé con mi mano izquierda una tecla grave y quedé ya obligado a repetir el sonido cada tres segundos, mirándolo.

Yo no tenía por él más que odio y un vergonzante respeto, y seguí hundiendo la tecla, clavándola con una cobarde ferocidad en el silencio de la casa, hasta que repentinamente quedé situado afuera, observando la escena como si estuviera en lo alto de la escalera o en la puerta, viéndolo y sintiéndolo a él, Bob, silencioso y ausente junto al hilo de humo de su cigarrillo que subía temblando; sintiéndome a mí, alto y rígido, un poco patético, un poco ridículo en la penumbra, golpeando cada tres exactos segundos la tecla grave con mi índice. Pensé entonces que no estaba haciendo sonar el piano por una incomprensible bravata, sino que lo estaba llamando; que la profunda nota que tenazmente hacía renacer mi dedo en el borde de cada última vibración era, al fin encontrada, la única palabra pordiosera con que podía pedir tolerancia y comprensión a su juventud implacable. El continuó inmóvil hasta que Inés golpeó arriba la puerta del dormitorio antes de bajar a juntarse conmigo. Entonces Bob se enderezó y vino caminando con pereza hasta el otro extremo del piano, apoyó un codo, me miró un momento y después dijo con una hermosa sonrisa: «¿Esta noche es una noche de leche o de *whisky*? ¿Impetu de salvación o salto en el abismo?

No podía contestarle nada, no podía deshacerle la cara de un golpe; dejé de tocar la tecla y fui retirando lentamente la mano del piano. Inés estaba en mitad de la escalera cuando él me dijo, mientras se apartaba: «Bueno, puede ser que usted improvise».

El duelo duró tres o cuatro meses, y yo no podía dejar de ir por las noches al club —recuerdo, de paso, que había campeonato de tenis por aquel tiempo— porque cuando me estaba algún tiempo sin aparecer por allí, Bob saludaba mi regreso aumentando el desdén y la ironía en sus ojos y se acomodaba en el asiento con una mueca feliz.

Cuando llegó el momento de que yo no pudiera desear otra solución que casarme con Inés cuanto antes, Bob y su táctica cambiaron. No sé cómo supo de mi necesidad de casarme con su hermana y de cómo yo había abrazado aquella necesidad con todas las fuerzas que me quedaban. Mi amor de aquella necesidad había suprimido el pasado y toda atadura con el presente. No reparaba entonces en Bob; pero poco tiempo después hube de recordar cómo había cambiado en aquella época y alguna vez quedé inmóvil, de pie en una esquina, insultándolo entre dientes, comprendiendo que entonces su cara había dejado de ser burlona y me enfrentaba con seriedad y un intenso cálculo, como se mira un peligro o una tarea compleja, como se trata de valorar el obstáculo y medirlo con las fuerzas de uno. Pero yo no le daba ya importancia y hasta llegué a pensar que en su cara inmóvil y fija estaba naciendo la comprensión por lo fundamental mío, por un viejo pasado de limpieza que la adorada necesidad de casarme con Inés extraía de abajo de años y sucesos para acercarme a él.

Después vi que estaba esperando la noche; pero lo vi recién cuando aquella noche llegó Bob y vino a sentarse a la mesa donde yo estaba solo y despidió al mozo con una seña. Esperé un rato, mirándolo, era tan parecido a ella cuando movía las cejas; y la punta de la nariz, como a Inés, se le aplastaba un poco cuando conversaba. «Usted no se va a casar con Inés», dijo después. Lo miré, sonreí, dejé de mirarlo. «No, no se va a casar con ella porque una cosa así se puede evitar si hay alguien de veras resuelto a que no se haga.» Volví a reírme. «Hace años —le dije— eso me hubiera dado muchas ganas de casarme con Inés. Ahora no agrega ni saca. Pero puedo oírlo; si quiere explicarme...» Enderezó la cabeza y continuó mirándome en silencio; acaso tuviera prontas las frases y esperaba a que yo completara la mía para decirlas. «Si quiere explicarme por qué no quiere que yo me case con ella», pregunté lentamente y me recosté en la pared. Vi enseguida que yo no había sospechado nunca cuánto y con cuánta resolución me odiaba; tenía la cara pálida, con una sonrisa sujeta y apretada con labios y dientes. «Habría que dividirlo por capítulos —dijo—, no terminaría en la noche.»

«Pero se puede decir en dos o tres palabras. Usted no se va a casar con ella porque usted es viejo y ella es joven. No sé si usted tiene treinta o cuarenta años, no importa. Pero usted es un hombre hecho, es decir, deshecho, como todos los hombres a su edad cuando no son extraordinarios.» Chupó el cigarrillo apagado, miró hacia la calle y volvió a mirarme; mi cabeza estaba apoyada contra la pared y seguía esperando: «Claro que usted tiene motivos para creer en lo extraordinario suyo. Creer que ha salvado muchas cosas del naufragio. Pero no es cierto.» Me puse a fumar de perfil a él; me molestaba, pero no le creía; me provocaba un tibio odio, pero yo estaba seguro de que nada me haría dudar de mí mismo después de haber conocido la necesidad de casarme con Inés. No: estábamos en la misma mesa y yo era tan limpio y tan joven como él. «Usted puede equivocarse —le dije—. Si usted quiere nombrar algo de lo que hay deshecho en mí...» «No, no —dijo rápidamente—, no soy tan niño. No entro en ese juego. Usted es egoísta; es sensual de una sucia manera. Está atado a cosas miserables y son las cosas las que lo arrastran. No va a ninguna parte, no lo desea realmente. Es eso, nada más; usted es viejo y ella es joven. Ni siquiera debo pensar en ella frente a usted. Y usted pretende...» Tampoco entonces podía yo romperle la cara, así que resolví prescindir de él, fui al aparato de música, marqué cualquier cosa y puse una moneda. Volví despacio al asiento y escuché. La música era poco fuerte; alguien cantaba dulcemente en el interior de grandes pausas. A mi lado, Bob estaba diciendo que ni siquiera él, alguien como él, era digno de mirar a Inés en los ojos. Pobre chico, pensé con admiración. Estuvo diciendo que en aquello que él llamaba vejez, lo más repugnante, lo que determinaba la descomposición, o acaso lo que era símbolo de descomposición era pensar por conceptos, englobar a las mujeres en la palabra mujer, empujarlas sin cuidado para que pudieran amoldarse al concepto hecho por una pobre experiencia. Pero —decía también— tampoco la palabra experiencia era exacta. No había ya experiencias, nada más que costumbres y repeticiones, nombres marchitos para ir poniendo a las cosas y un poco crearlas. Más o menos eso estuvo diciendo. Y yo pensaba suavemente si él caería muerto o encontraría la manera de matarme, allí mismo y enseguida, si yo le contara las imágenes que removía en mí al decir que ni siquiera él merecía tocar a Inés con la punta de un dedo, el pobre chico, o besar el extremo de sus vestidos, la huella de sus pasos o cosas así. Después de una pausa —la música había terminado y el aparato apagó las luces aumentando el silencio— Bob dijo «nada más», y se fue con el andar de siempre, seguro, ni rápido ni lento.

Si aquella noche el rostro de Inés se me mostró en las facciones de Bob, si en algún momento el fraternal parecido pudo aprovechar la trampa de un gesto para darme a Inés por Bob, fue aquélla entonces la última vez que vi a la muchacha. Es cierto que volví a estar con ella dos noches después en la entrevista habitual, y un mediodía en un encuentro impuesto por mi desesperación, inútil, sabiendo de antemano que todo recurso de palabra y presencia sería inútil, que todos mis machacantes ruegos morirían de manera asombrosa, como si ni hubieran sido nunca, disueltos en el enorme aire azul de la plaza, bajo el follaje de verde apacible en mitad de la buena estación.

Las pequeñas y rápidas partes del rostro de Inés que me había mostrado aquella noche Bob, aunque dirigidas contra mí, unidas en la agresión, participaban del entusiasmo y el candor de la muchacha. Pero cómo hablar a Inés, cómo tocarla, convencerla a través de la repentina mujer apática de las dos últimas entrevistas. Cómo reconocerla o siquiera evocarla mirando a la mujer de largo cuerpo rígido en el sillón de su casa y el banco de la plaza, de una igual rigidez resuelta y mantenida en las dos distintas horas y los dos parajes; la mujer de cuello tenso, los ojos hacia adelante, la boca muerta, las manos plantadas en el regazo. Yo la miraba y era «no», sabía que era «no» todo el aire que la estuvo rodeando.

Nunca supe cuál fue la anécdota elegida por Bob para aquello; en todo caso, estoy seguro de que no mintió, de que entonces nada —ni Inés— podía hacerlo mentir. No vi más a Inés ni tampoco a su forma vacía y endurecida; supe que se casó y que no vive ya en Buenos Aires. Por entonces, en medio del odio y el sufrimiento me gustaba imaginar a Bob imaginando mis hechos y eligiendo la cosa justa o el conjunto de cosas que fue capaz de matarme en Inés y matarla a ella para mí.

Ahora hace cerca de un año que veo a Bob casi diariamente, en el mismo café, rodeado de la misma gente. Cuando nos presentaron —hoy se llama Roberto— comprendí que el pasado no tiene tiempo y el ayer se junta allí con la fecha de diez años atrás. Algún gastado rastro de Inés había aún en su cara, y un movimiento de la boca de Bob alcanzó para que yo volviera a ver el alargado cuerpo de la muchacha, sus calmosos y desenvueltos pasos, y para que los mismos inalterados ojos azules volvieran a mirarme bajo un flojo peinado que cruzaba y sujetaba una cinta roja. Ausente y perdida para siempre, podía conservarse viviente e intacta, definitivamente inconfundible, idéntica a lo esencial suyo. Pero era trabajoso escarbar en la cara, las palabras y los gestos de Roberto para encontrar a Bob y poder odiarlo. La tarde del primer encuentro esperé durante horas a que se quedara solo o saliera para hablarle y golpearlo. Quieto y silencioso, espiando a veces su cara o evocando a Inés en las ventanas brillantes del café, compuse mañosamente las frases de insulto y encontré el paciente tono con que iba a decírselas, elegí el sitio de su cuerpo donde dar el primer golpe. Pero se fue al anochecer acompañado por los tres amigos, y resolví esperar, como había esperado él años atrás, la noche propicia en que estuviera solo.

Cuando volví a verlo, cuando iniciamos esta segunda amistad que espero no terminará ya nunca, dejé de pensar en toda forma de ataque. Quedó resuelto que no le hablaría jamás de Inés ni del pasado y que, en silencio, yo mantendría todo aquello viviente dentro de mí.

Nada más que esto hago, casi todas las tardes, frente a Roberto y las caras familiares del café. Mi odio se conservará cálido y nuevo mientras pueda seguir viendo y escuchando a Roberto; nadie sabe de mi venganza, pero la vivo, gozosa y enfurecida, un día y otro. Hablo con él, sonrío, fumo, tomo café. Todo el tiempo pensando en Bob, en su pureza, su fe, en la audacia de sus pasados sueños. Pensando en el Bob que amaba la música, en el Bob que planeaba ennoblecer la ida de los hombres construyendo una ciudad de enceguecedora belleza, para cinco millones de habitantes, a lo largo de la costa del río; el Bob que no podía mentir nunca; el Bob que proclamaba la lucha de jóvenes contra viejos, el Bob dueño del futuro y del mundo. Pensando minucioso y plácido en todo eso frente al hombre de dedos sucios de tabaco llamado Roberto, que lleva una vida grotesca, trabajando en cualquier hedionda oficina, casado con una gorda mujer a quien nombra «mi señora»; el hombre que se pasa estos largos domingos hundido en el asiento del café, examinando diarios y jugando a las carreras por teléfono.

Nadie amó a mujer alguna con la fuerza con que yo amo su ruindad, su definitiva manera de estar hundido en la sucia vida de los hombres. Nadie se arrobó de amor como yo lo hago ante sus fugaces sobresaltos, los proyectos sin convicción que un destruido y lejano Bob le dicta algunas veces y que sólo sirven para que mida con exactitud hasta dónde está emporcado para siempre.

No sé si nunca en el pasado he dado la bienvenida a Inés con tanta alegría y amor como diariamente doy la bienvenida a Bob al tenebroso y maloliente mundo de los adultos. Es todavía un recién llegado y de vez en cuando sufre sus crisis de nostalgia. Lo he visto lloroso y borracho, insultándose y jurando el inminente regreso a los días de Bob. Puedo asegurar que entonces mi corazón desborda de amor y se hace sensible y cariñoso como el de una madre. En el fondo sé que no se irá nunca porque no tiene sitio adonde ir; pero me hago delicado y paciente y trato de conformarlo. Como ese puñado de tierra natal, o esas fotografías de calles y monumentos, o las canciones que gustan traer consigo los inmigrantes, voy construyendo para él planes, creencias y mañanas distintos que tienen la luz y el sabor del país de juventud de donde él llegó hace un tiempo. Y él acepta; protesta siempre para que yo redoble mis promesas, pero termina por decir que sí, acaba por muequear una sonrisa creyendo que algún día habrá de regresar al mundo y las horas de Bob y queda en paz en medio de sus treinta años, moviéndose sin disgusto ni tropiezo entre los cadáveres pavorosos de las antiguas ambiciones, las formas repulsivas de los sueños que se fueron gastando bajo la presión distraída y constante de tantos miles de pies inevitables.

La primera carta, la primera fotografía, le llegó al diario entre la medianoche y el cierre. Estaba golpeando la máquina, un poco hambriento, un poco enfermo por el café y el tabaco, entregado con familiar felicidad a la marcha de la frase y a la aparición dócil de las palabras. Estaba escribiendo: «Cabe destacar que los señores comisarios nada vieron de sospechoso y ni siquiera de poco común en el triunfo consagratorio de Play Boy, que supo sacar partido de la cancha de invierno, dominar como saeta en la instancia decisiva», cuando vio la mano roja y manchada de tinta de Partidarias entre su cara y la máquina, ofreciéndole el sobre.

—Esta es para vos. Siempre entreveran la correspondencia. Ni una maldita citación de los clubs, después vienen a llorar, cuando se acercan las elecciones ningún espacio les parece bastante. Y ya es medianoche y decime con qué querés que llene la columna.

El sobre decía su nombre, Sección Carreras, «El Li-

beral». Lo único extraño era el par de estampillas verdes y el sello de Bahía. Terminó el artículo cuando subían del taller para reclamárselo. Estaba débil y contento, casi solo en el excesivo espacio de la redacción,
pensando en la última frase: «Volvemos a afirmarlo, con
la objetividad que desde hace años ponemos en todas
nuestras aseveraciones. Nos debemos al público aficio-
nado». El negro, en el fondo, revolvía sobres del ar-
chivo y la madura mujer de Sociales se quitaba lentamente los guantes en su cabina de vidrio, cuando Risso
abrió descuidado el sobre.

Traía una foto, tamaño postal; era una foto parda, es-
casa de luz, en la que el odio y la sordidez se acrecenta-
ban en los márgenes sombríos, formando gruesas franjas
indecisas, como en relieve, como gotas de sudor rodeando una cara angustiada. Vio por sorpresa, no terminó de comprender, supo que iba a ofrecer cualquier
cosa por olvidar lo que había visto.

Guardó la fotografía en un bolsillo y se fue poniendo
el sobretodo mientras Sociales salía fumando de su ga-
rita de vidrio con un abanico de papeles en la mano.

—Hola —dijo ella—, ya me ve, a estas horas, recién
termina el sarao.

Risso la miraba desde arriba. El pelo claro, teñido,
las arrugas del cuello, la papada que caía redonda y
puntiaguda como un pequeño vientre, las diminutas, excesivas alegrías que le adornaban las ropas. «Es una mujer, también ella. Ahora le miro el pañuelo rojo en la
garganta, las uñas violentas en los dedos viejos y sucios
de tabaco, los anillos y pulseras, el vestido que le dio
en pago un modisto y no un amante, los tacos interminables tal vez torcidos, la curva triste de la boca, el entusiasmo casi frenético que le impone a las sonrisas.
Todo va a ser más fácil si me convenzo de que también
ella es una mujer».

—Parece una cosa hecha por gusto, planeada. Cuando yo llego usted se va, como si siempre me estuviera disparando. Hace un frío de polo afuera. Me dejan el material como me habían prometido, pero ni siquiera un nombre, un epígrafe. Adivine, equivóquese, publique un disparate fantástico. No conozco más nombres que el de los contrayentes y gracias a Dios. Abundancia y mal gusto, eso es lo que había. Agasajaron a sus amistades con una brillante recepción en casa de los padres de la novia. Ya nadie bien se casa en sábado. Prepárese, viene un frío de polo desde la rambla.

Cuando Risso se casó con Gracia César, nos unimos todos en el silencio, suprimimos los vaticinios pesimistas. Por aquel tiempo, ella estaba mirando a los habitantes de Santa María desde las carteleras de El Sótano, Cooperativa Teatral, desde las paredes hechas vetustas por el final del otoño. Intacta a veces, con bigotes de lápiz o desgarrada por uñas rencorosas, por las primeras lluvias otras, volvía a medias la cabeza para mirar la calle, alerta, un poco desafiante, un poco ilusionada por la esperanza de convencer y ser comprendida. Delatada por el brillo sobre los lacrimales que había impuesto la ampliación fotográfica de Estudios Orloff, había también en su cara la farsa de amor por la totalidad de la vida, cubriendo la busca resuelta y exclusiva de la dicha.

Lo cual estaba bien, debe haber pensado él, era deseable y necesario, coincidía con el resultado de la multiplicación de los meses de viudez de Risso por la suma de innumerables madrugadas idénticas de sábado en que había estado repitiendo con acierto actitudes corteses de espera y familiaridad en el prostíbulo de la costa. Un brillo, el de los ojos del afiche, se vinculaba con la frustrada destreza con que él volvía a hacerle el nudo a la siempre flamante y triste corbata de luto frente al espejo ovalado y móvil del dormitorio del prostíbulo.

Se casaron, y Risso creyó que bastaba con seguir viviendo como siempre, pero dedicándose a ella, sin pensarlo, sin pensar casi en ella, la furia de su cuerpo, la enloquecida necesidad de absolutos que lo poseía durante las noches alargadas.

Ella imaginó en Risso un puente, una salida, un principio. Había atravesado virgen dos noviazgos —un director, un actor—, tal vez porque para ella el teatro era un oficio además de un juego y pensaba que el amor debía nacer y conservarse aparte, no contaminado por lo que se hace para ganar dinero y olvido. Con uno y otro estuvo condenada a sentir en las citas en las plazas, la rambla o el café, la fatiga de los ensayos, el esfuerzo de adecuación, la vigilancia de la voz y de las manos. Presentía su propia cara siempre un sugundo antes de cualquier expresión, como si pudiera mirarla o palpársela. Actuaba animosa e incrédula, medía sin remedio su farsa y la del otro, el sudor y el polvo del teatro que los cubrían, inseparables, signos de la edad. Cuando llegó la segunda fotografía, desde Asunción y con un hombre visiblemente distinto, Risso temió, sobre todo, no ser capaz de soportar un sentimiento desconocido que no era ni odio ni dolor, que moriría con él sin nombre, que se emparentaba con la injusticia y la fatalidad, con el primer miedo del primer hombre sobre la tierra, con el nihilismo y el principio de la fe.

La segunda fotografía le fue entregada por Policiales, un miércoles de noche. Los jueves eran los días en que podía disponer de su hija desde las 10 de la mañana hasta las 10 de la noche. Decidió romper el sobre sin abrirlo, lo guardó y recién en la mañana del jueves, mientras su hija lo esperaba en la sala de la pensión, se permitió una rápida mirada a la cartulina, antes de romperla sobre el waterclós: también aquí el hombre estaba de espaldas.

Pero había mirado muchas veces la foto de Brasil. La conservó durante un día entero y en la madrugada estuvo imaginando una broma, un error, un absurdo transitorio. Le había sucedido ya, había despertado muchas veces de una pesadilla, sonriendo servil y agradecido a las flores de las paredes del dormitorio.

Estaba tirado en la cama cuando extrajo el sobre del saco y la foto del sobre.

—Bueno —dijo en voz baja—, está bien, es cierto y es así. No tiene ninguna importancia, aunque no lo viera sabría qué sucede.

(Al sacar la fotografía con el disparador automático, al revelarla en el cuarto oscurecido, bajo el brillo rojo y alentador de la lámpara, es probable que ella haya previsto esta reacción de Risso, este desafío, esta negativa a liberarse en el furor. Había previsto también, o apenas deseado, con pocas, mal conocidas esperanzas, que él desenterrara de la evidente ofensa, de la indignidad asombrosa, un mensaje de amor.) Volvió a protegerse antes de mirar: «Estoy solo y me estoy muriendo de frío en una pensión de la calle Piedras, en Santa María, en cualquier madrugada, solo y arrepentido de mi soledad como si la hubiera buscado, orgulloso como si la hubiera merecido».

En la fotografía la mujer sin cabeza clavaba ostentosamente los talones en un borde de diván, aguardaba la impaciencia del hombre oscuro, agigantado por el inevitable primer plano, estaría segura de que no era necesario mostrar la cara para ser reconocida. En el dorso, su letra calmosa decía: «Recuerdos de Bahía».

En la noche correspondiente a la segunda fotografía, pensó que podía comprender la totalidad de la infamia y aun aceptarla. Pero supo que estaban más allá de su alcance la deliberación, la persistencia, el organizado frenesí con que se cumplía la venganza. Midió su desproporción, se sintió indigno de tanto odio, de tanto amor, de tanta voluntad de hacer sufrir.

Cuando Gracia conoció a Risso pudo suponer muchas cosas actuales y futuras. Adivinó su soledad mirándole la barbilla y un botón del chaleco; adivinó que estaba amargado y no vencido, y que necesitaba un desquite y no quería enterarse. Durante muchos domingos le estuvo mirando en la plaza, antes de la función, con cuidadoso cálculo, la cara hosca y apasionada, el sombrero pringoso abandonado en la cabeza, el gran cuerpo indolente que él empezaba a dejar engordar. Pensó en el amor la primera vez que estuvieron solos, o en el deseo, o en el deseo de atenuar con su mano la tristeza del pómulo y la mejilla del hombre. También pensó en la ciudad, en que la única sabiduría posible era la de resignarse a tiempo. Tenía veinte años y Risso cuarenta. Se puso a creer en él, descubrió intensidades de la curiosidad, se dijo que sólo se vive de veras cuando cada día rinde su sorpresa.

Durante las primeras semanas se encerraba para reírse a solas, se impuso adoraciones fetichistas, aprendió a distinguir los estados de ánimo por los olores. Se fue orientando para descubrir qué había detrás de la voz, de los silencios, de los gustos y de las actitudes del cuerpo del hombre. Amó a la hija de Risso y le modificó la cara, exaltando los parecidos con el padre. No dejó el teatro porque el Municipio acababa de subvencionarlo y ahora tenía ella en el sótano un sueldo seguro, un mundo separado de su casa, de su dormitorio, del hombre frenético e indestructible. No buscaba alejarse de la lujuria; quería descansar y olvidarla, permitir que la lujuria descansara y olvidara. Hacía planes y los

cumplía, estaba segura de la infinitud del universo del
amor, segura de que cada noche les ofrecía un asombro
distinto y recién creado.

—Todo —insistía Risso—, absolutamente todo puede
sucedernos y vamos a estar siempre contentos y queriéndonos. Todo; ya sea que invente Dios o inventemos
nosotros.

En realidad, nunca había tenido antes una mujer y
creía fabricar lo que ahora le estaban imponiendo. Pero
no era ella quien lo imponía, Gracia César, hechura de
Risso, segregada de él para completarlo, como el aire al
pulmón, como el invierno al trigo.

La tercera foto demoró tres semanas. Venía también
de Paraguay y no le llegó al diario, sino a la pensión y
se la trajo la mucama al final de una tarde en que él
despertaba de un sueño en que le había sido aconse-
jado defenderse del pavor y la demencia conservando
toda futura fotografía en la cartera y hacerla anecdótica,
impersonal, inofensiva, mediante un centenar de distraídas miradas diarias.

La mucama golpeó la puerta y él vio colgar el sobre
de las tablillas de la persiana, comenzó a percibir cómo
destilaba en la penumbra, en el aire sucio, su condición
nociva, su vibrátil amenaza. Lo estuvo mirando desde la
cama como a un insecto, como a un animal venenoso
que se aplastara a la espera del descuido, del error pro-
picio.

En la tercera fotografía ella estaba sola, empujando
con su blancura las sombras de una habitación mal iluminada, con la cabeza dolorosamente echada hacia
atrás, hacia la cámara, cubiertos a medias los hombros
por el negro pelo suelto, robusta y cuadrúpeda. Tan inconfundible ahora como si se hubiera hecho fotografiar
en cualquier estudio y hubiera posado con la más
tierna, significativa y oblicua de sus sonrisas.

Sólo tenía ahora, Risso, una lástima irremediable por ella, por él, por todos los amantes que habían amado en el mundo, por la verdad y error de sus creencias, por el simple absurdo del amor y por el complejo absurdo del amor creado por los hombres.

Pero también rompió esta fotografía y supo que le sería imposible mirar otra y seguir viviendo. Pero en el plano mágico en que habían empezado a entenderse y a dialogar, Gracia estaba obligada a enterarse de que él iba a romper las fotos apenas llegaran, cada vez con menos curiosidad, con menor remordimiento.

En el plano mágico, todos los groseros o tímidos hombres urgentes no eran más que obstáculos, ineludibles postergaciones del acto ritual de elegir en la calle, en el restaurante o en el café al más crédulo e inexperto, al que podía prestarse sin sospecha y con un cómico orgullo a la exposición frente a la cámara y al disparador, al menos desagradable entre los que pudieran creerse aquella memorizada argumentación de viajante de comercio.

—Es que nunca tuve un hombre así, tan único, tan distinto. Y nunca sé, metida en esta vida de teatro, dónde estaré mañana y si volveré a verte. Quiero por lo menos mirarte en una fotografía cuando estemos lejos y te extrañe.

Y después de la casi siempre fácil convicción, pensando en Risso o dejando de pensar para mañana, cumpliendo el deber que se había impuesto, disponía las luces, preparaba la cámara y encendía al hombre. Si pensaba en Risso, evocaba un suceso antiguo, volvía a reprocharle no haberle pegado, haberla apartado para siempre con un insulto desvaído, una sonrisa inteligente, un comentario que la mezclaba a ella con todas las demás mujeres. Y sin comprender; demostrando a pesar de noches y frases que no había comprendido nunca.

Sin exceso de esperanzas, trajinaba sudorosa por la siempre sórdida y calurosa habitación de hotel, midiendo distancias y luces, corriendo la posición del cuerpo envarado del hombre. Obligando, con cualquier recurso, señuelo, mentira crapulosa a que se dirigiera hacia ella la cara cínica y desconfiada del hombre de turno. Trataba de sonreír y de tentar, remedaba los chasquidos cariñosos que se hacen a los recién nacidos, calculando el paso de los segundos, calculando al mismo tiempo la intensidad con que la foto aludiría a su amor con Risso.

Pero como nunca pudo saber esto, como incluso ignoraba si las fotografías llegaban o no a manos de Risso, comenzó a intensificar las evidencias de las fotos y las convirtió en documentos que muy poco tenían que ver con ellos, Risso y Gracia.

Llegó a permitir y ordenar que las caras adelgazadas por el deseo, estupidizadas por el viejo sueño masculino de la posesión, enfrentaran el agujero de la cámara con una dura sonrisa, con una avergonzada insolencia. Consideró necesario dejarse resbalar de espaldas e introducirse en la fotografía, hacer que su cabeza, su corta nariz, sus grandes ojos impávidos descendieran desde la nada del más allá de la foto para integrar la suciedad del mundo, la torpe, errónea visión fotográfica, las sátiras del amor que se había jurado mandar regularmente a Santa María. Pero su verdadero error fue cambiar las direcciones de los sobres.

La primera separación, a los seis meses del casamiento, fue bienvenida y exageradamente angustiosa. El Sótano —ahora Teatro Municipal de Santa María— subió hasta El Rosario. Ella reiteró allí el mismo viejo juego alucinante de ser una actriz entre actores, de creer en lo que sucedía en el escenario. El público se emocionaba, aplaudía o no se dejaba arrastrar. Puntualmente se imprimían programas y críticas; y la gente aceptaba el juego y lo prolongaba hasta el fin de la noche, hablando de lo que había visto y oído, y pagado para ver y oír, conversando con cierta desesperación, con cierto acicateado entusiasmo, de actuaciones, decorados, parlamentos y traumas.

De modo que el juego, el remedo, alternativamente melancólico y embriagador, que ella iniciaba acercándose con lentitud a la ventana que caía sobre el fiord, estremeciéndose y murmurando para toda la sala: «Tal vez... pero yo también llevo una vida de recuerdos que permanecen extraños a los demás», también era aceptado en El Rosario. Siempre caían naipes en respuesta al que ella arrojaba, el juego se formalizaba y ya era imposible distraerse y mirarlo de afuera.

La primera separación duró exactamente cincuenta y dos días y Risso trató de copiar en ellos la vida que había llevado con Gracia César durante los seis meses de matrimonio. Ir a la misma hora al mismo café, al mismo restaurante, ver a los mismos amigos, repertir en la rambla silencios y soledades, caminar de regreso a la pensión sufriendo obcecado las anticipaciones del encuentro, removiendo en la frente y en la boca imágenes excesivas que nacían de recuerdos perfeccionados o de ambiciones irrealizables.

Eran diez o doce cuadras, ahora solo y más lento, a través de noches molestadas por vientos tibios y helados, sobre el filo inquieto que separaba la primavera del invierno. Le sirvieron para medir su necesidad y su desamparo, para saber que la locura que compartían tenía por lo menos la grandeza de carecer de futuro, de no ser medio para nada.

En cuanto a ella había creído que Risso daba un

lema al amor común cuando susurraba, tendido, con fresco asombro, abrumado:

—Todo puede suceder y vamos a estar siempre felices y queriéndonos.

Ya la frase no era un juicio, una opinión, no expresaba un deseo. Les era dictada e impuesta, era una comprobación, una verdad vieja. Nada de lo que ellos hicieran o pensaran podría debilitar la locura, el amor sin salida ni alteraciones. Todas las posibilidades humanas podían ser utilizadas y todo estaba condenado a servir de alimento.

Creyó que fuera de ellos, fuera de la habitación, se extendía un mundo desprovisto de sentido, habitado por seres que no importaban, poblado por hechos sin valor.

Así que sólo pensó en Risso, en ellos, cuando el hombre empezó a esperarla en la puerta del teatro, cuando la invitó y la condujo, cuando ella misma se fue quitando la ropa.

Era la última semana en El Rosario y ella consideró inútil hablar de aquello en las cartas a Risso; porque el suceso no estaba separado de ellos y a la vez nada tenía que ver con ellos; porque ella había actuado como un animal curioso y lúcido, con cierta lástima por el hombre, con cierto desdén por la pobreza de lo que estaba agregando a su amor por Risso. Y cuando volvió a Santa María, prefirió esperar hasta una víspera de jueves —porque los jueves Risso no iba al diario—, hasta una noche sin tiempo, hasta una madrugada idéntica a las veinticinco que llevaban vividas.

Lo empezó a contar antes de desvestirse, con el orgullo y la ternura de haber inventado, simplemente, una nueva caricia. Apoyado en la mesa, en mangas de camisa, él cerró los ojos y sonrió. Después la hizo desnudar y le pidió que repitiera la historia, ahora de pie,

moviéndose descalza sobre la alfombra y casi sin despla-
zarse de frente y de perfil, dándole la espalda y balan-
ceando el cuerpo mientras lo apoyaba en una pierna y
otra. A veces ella veía la cara larga y sudorosa de Risso,
el cuerpo pesado apoyándose en la mesa, protegiendo
con los hombros el vaso de vino, y a veces sólo los ima-
ginaba, distraída, por el afán de fidelidad en el relato,
por la alegría de revivir aquella peculiar intensidad de
amor que había sentido por Risso en El Rosario, junto
a un hombre de rostro olvidado, junto a nadie, junto a
Risso.

—Bueno; ahora te vestís otra vez —dijo él, con la
misma voz asombrada y ronca que había repetido que
todo era posible, que todo sería para ellos.

Ella le examinó la sonrisa y volvió a ponerse las ropas. Durante un rato estuvieron los dos mirando los dibujos del mantel, las manchas, el cenicero con el pájaro
de pico quebrado. Después él terminó de vestirse y se
fue, dedicó su jueves, su día libre, a conversar con el
doctor Guiñazú, a convencerlo de la urgencia del divor-
cio, a burlarse por anticipado de las entrevistas de reconciliación.

Hubo después un tiempo largo y malsano en el que
Risso quería volver a tenerla y odiaba simultáneamente
la pena y el asco de todo imaginable reencuentro. Decidió después que necesitaba a Gracia y ahora un poco
más que antes. Que era necesaria la reconciliación y
que estaba dispuesto a pagar cualquier precio siempre
que no interviniera su voluntad, siempre que fuera posible volver a tenerla por las noches sin decir que sí ni siquiera con su silencio.

Volvió a dedicar los jueves a pasear con su hija y a
escuchar la lista de predicciones cumplidas que repetía
la abuela en las sobremesas. Tuvo de Gracia noticias
cautelosas y vagas, comenzó a imaginarla como a una

mujer desconocida, cuyos gestos y reacciones debían ser
adivinados o deducidos; como a una mujer preservada y
solitaria entre personas y lugares, que le estaba predesti-
nada y a la que tendría que querer, tal vez desde el primer encuentro.

Casi un mes después del principio de la separación,
Gracia repartió direcciones contradictorias y se fue de
Santa María.

—No se preocupe —dijo Guiñazú—. Conozco bien a
las mujeres y algo así estaba esperando. Esto confirma
el abandono del hogar y simplifica la acción que no podrá ser dañada por una eviente maniobra dilatoria que
está evidenciando la sinrazón de la parte demandada.

Era aquél un comienzo húmedo de primavera, y muchas noches Risso volvía caminando del diario, del café,
dándole nombres a la lluvia, avivando su sufrimiento
como si soplara una brasa, apartándolo de sí para verlo
mejor e increíble, imaginando actos de amor nunca vivi-
dos para ponerse enseguida a recordarlos con desesperada codicia.

Risso había destruido, sin mirar, los últimos tres
mensajes. Se sentía ahora, y para siempre, en el diario y
en la pensión, como una alimaña en su madriguera,
como una bestia que oyera rebotar los tiros de los caza-
dores en la puerta de su cueva. Sólo podía salvarse de
la muerte y de la idea de la muerte forzándose a la
quietud y a la ignorancia. Acurrucado, agitaba los bigotes y el morro, las patas; sólo podía esperar el agota-
miento de la furia ajena. Sin permitirse palabras ni pen-
samientos, se vio forzado a empezar a entender; a
confundir a la Gracia que buscaba y elegía hombres y
actitudes para las fotos, con la muchacha que había planeado, muchos meses atrás, vestidos, conversaciones,
maquillajes, caricias a su hija para conquistar a un
viudo aplicado al desconsuelo, a este hombre que ga-

naba un sueldo escaso y que sólo podía ofrecer a las mujeres una asombrada, leal, incomprensión.

Había empezado a creer que la muchacha que le había escrito largas y exageradas cartas en las breves separaciones veraniegas del noviazgo era la misma que procuraba su desesperación y su aniquilamiento enviándole las fotografías. Y llegó a pensar que, siempre, el amante que ha logrado respirar en la obstinación sin consuelo de la cama el olor sombrío de la muerte, está condenado a perseguir —para él y para ella— la destrucción, la paz definitiva de la nada.

Pensaba en la muchacha que se paseaba del brazo de dos amigas en las tardes de la rambla, vestida con los amplios y taraceados vestidos de tela endurecida que inventaba e imponía el recuerdo, y que atravesaba la obertura del Barbero que coronaba el concierto dominical de la banda para mirarlo un segundo. Pensaba en aquel relámpago en que ella hacía girar su expresión enfurecida de oferta y desafío, en que le mostraba de frente la belleza casi varonil de una cara pensativa y capaz, en que lo elegía a él, entontecido por la viudez. Y, poco a poco, iba admitiendo que aquella era la misma mujer desnuda, un poco más gruesa, con cierto aire de aplomo y de haber sentado cabeza, que le hacía llegar fotografías desde Lima, Santiago y Buenos Aires.

Por qué no, llegó a pensar, por qué no aceptar que las fotografías, su trabajosa preparación, su puntual envío, se originaban en el mismo amor, en la misma capacidad de nostalgia, en la misma congénita lealtad.

La próxima fotografía le llegó desde Montevideo; ni al diario ni a la pensión. Y no llegó a verla. Salía una noche de *El Liberal* cuando escuchó la renguera del viejo Lanza persiguiéndolo en los escalones, la tos estremecida a su espalda, la inocente y tramposa frase del prólogo. Fueron a comer al Baviera; y Risso pudo haber jurado después haber estado sabiendo que el hombre descuidado, barbudo, enfermo, que metía y sacaba en la sobremesa un cigarrillo humedecido de la boca hundida, que no quería mirarle los ojos, que recitaba comentarios obvios sobre las noticias que UP había hecho llegar al diario durante la jornada, estaba impregnado de Gracia, o del frenético aroma absurdo que destila el amor.

—De hombre a hombre —dijo Lanza con resignación—. O de viejo que no tiene más felicidad en la vida que la discutible de seguir viviendo. De un viejo a usted; y yo no sé, porque nunca se sabe, quién es usted. Sé de algunos hechos y he oído comentarios. Pero ya no tengo interés en perder el tiempo creyendo o dudando. Da lo mismo. Cada mañana compruebo que sigo vivo, sin amargura y sin dar las gracias. Arrastro por Santa María y por la redacción una pierna enferma y la arterioesclerosis; me acuerdo de España, corrijo las pruebas, escribo y a veces hablo demasiado. Como esta noche. Recibí una sucia fotografía y no es posible dudar sobre quién la mandó. Tampoco puedo adivinar por qué me eligieron a mí. Al dorso dice: «Para ser donada a la colección Risso», o cosa parecida. Me llegó el sábado y estuve dos días pensando si dársela o no. Llegué a creer que lo mejor era decírselo porque mandarme eso a mí es locura sin atenuantes y tal vez a usted le haga bien saber que está loca. Ahora está usted enterado; sólo le pido permiso para romper la fotografía sin mostrársela.

Risso dijo que sí y aquella noche, mirando hasta la mañana la luz del farol de la calle en el techo del cuarto, comprendió que la segunda desgracia, la venganza era esencialmente menos grave que la primera, la traición, pero también mucho menos soportable. Sentía su largo cuerpo expuesto como un nervio al dolor del aire, sin amparo, sin poderse inventar un alivio.

La cuarta fotografía no dirigida a él la tiró sobre la mesa la abuela de su hija, el jueves siguiente. La niña se había ido a dormir y la foto estaba nuevamente dentro del sobre. Cayó entre el sifón y la dulcera, largo, atravesado y teñido por el reflejo de una botella, mostrando entusiastas letras en tinta azul.

—Comprenderás que después de esto... —tartamudeó la abuela. Revolvía el café y miraba la cara de Risso, buscándole en el perfil el secreto de la universal inmundicia, la causa de la muerte de su hija, la explicación de tantas cosas que ella había sospechado sin coraje para creerlas—. Comprenderás —repitió con furia, con la voz cómica y envejecida.

Pero no sabía qué era necesario comprender y Risso tampoco comprendía aunque se esforzara, mirando el sobre que había quedado enfrentándolo, con un ángulo apoyado en el borde del plato.

Afuera la noche estaba pesada y las ventanas abiertas de la ciudad mezclaban al misterio lechoso del cielo los misterios de las vidas de los hombres, sus afanes y sus costumbres. Volteado en su cama, Risso creyó que empezaba a comprender, que como una enfermedad, como un bienestar, la comprensión ocurría en él, liberada de la voluntad y de la inteligencia. Sucedía, simplemente, desde el contacto de los pies con los zapatos hasta las lágrimas que le llegaban a las mejillas y al cuello. La comprensión sucedía en él, y él no estaba interesado en saber qué era lo que comprendía, mientras recordaba o estaba viendo su llanto y su quietud, la alargada pasividad del cuerpo en la cama, la comba de las nubes en la ventana, escenas antiguas y futuras. Veía la muerte y la amistad con la muerte, el ensoberbecido desprecio por las reglas que todos los hombres habían consentido acatar, el auténtico asombro de la libertad. Hizo pedazos la fotografía sobre el pecho, sin apartar los ojos del blancor de la ventana, lento y diestro, temeroso de hacer ruido o interrumpir. Sintió después el movimiento de un aire nuevo, acaso respirado en la niñez, que iba llenando la habitación y se extendía con pereza inexperta por las calles y los desprevenidos edificios, para esperarlo y darle protección mañana y en los días siguientes.

Estuvo conociendo hasta la madrugada, como a ciudades que le habían parecido inalcanzables, el desinterés, la dicha sin causa, la aceptación de la soledad. Y cuando despertó a mediodía, cuando se aflojó la corbara y el cinturón y el reloj pulsera, mientras caminaba sudando hasta el pútrido olor a tormenta de la ventana, lo invadió por primera vez un paternal cariño hacia los hombres y hacia lo que los hombres habían hecho y construido. Había resuelto averiguar la dirección de Gracia, llamarla o irse a vivir con ella.

Aquella noche en el diario fue un hombre lento y feliz, actuó con torpezas de recién nacido, cumplió su cuota de cuartillas con las distracciones y errores que es común perdonar a un forastero. La gran noticia era la imposibilidad de que Ribereña corriera en San Isidro, porque estamos en condiciones de informar que el crédito del stud El Gorrión amaneció hoy manifestando dolencias en uno de los remos delanteros, evidenciando inflamación a la cuerda lo que dice a las claras de la entidad del mal que lo aqueja.

—Recordando que él hacía Hípicas —contó Lanza—, uno intenta explicar aquel desconcierto comparándolo al del hombre que se jugó el sueldo a un dato que le dieron y confirmaron el cuidador, el jockey, el dueño y el propio caballo. Porque aunque tenía, según se sabrá, los más excelentes motivos para estar sufriendo y tragarse sin más todos los sellos de somníferos de todas las boticas de Santa María, lo que me estuvo mostrando media hora antes de hacerlo no fue otra cosa que el razonamiento y la actitud de un hombre estafado. Un hombre que había estado seguro y a salvo y ya no lo está, y no logra explicarse cómo pudo ser qué error de cálculo produjo el desmoronamiento. Porque en ningún momento llamó yegua a la yegua que estuvo repartiendo las soeces fotografías por toda la ciudad, y ni siquiera aceptó caminar por el puente que yo le tendía, insinuando, sin creerla, la posibilidad de que la yegua —en cueros y alzada como prefirió divulgarse, o mimando en el escenario los problemas ováricos de otras yeguas hechas famosas por el teatro universal—, la posibilidad de que estuviera loca de atar. Nada. El se había equivocado, y no al casarse con ella sino en otro momento que no quiso nombrar. La culpa era de él y nuestra entrevista fue increíble y espantosa. Porque ya me había dicho que iba a matarse y ya me había convencido de que era inútil y también grotesco y otra vez inútil argumentar para salvarlo. Y hablaba fríamente conmigo, sin aceptar mis ruegos de que se emborrachara. Se había equivocado, insistía; él y no la maldita arrastrada que le mandó la fotografía a la pequeña, al Colegio de Hermanas. Tal vez pensando que abriría el sobre la hermana superiora, acaso deseando que el sobre llegara intacto hasta las manos de la hija de Risso, segura esta vez de acertar en lo que Risso tenía de veras vulnerable.

JULIO CORTÁZAR

(Bruselas, 1914-París, 1984)

Cuando en 1963 Cortázar publicó Rayuela, *la novelística hispanoamericana de la época encontró el libro que contenía, como un catálogo, todo lo que parecía indispensable para su renovación: espíritu vanguardista, orientalismo, juego, asimilación y crítica de la cultura moderna, erotismo, insatisfacción existencial, ironía y ternura, utopía neohumanista, búsqueda de un absoluto, técnicas de improvisación inspiradas en el* jazz *y el carácter gestual del arte contemporáneo, distorsiones temporales y cinéticas, lenguaje polimórfico y panglósico, etc. En una palabra, era el modelo perfecto de lo que Umberto Eco llamó entonces la «obra abierta», una composición aleatoria e inclusiva que se prestaba a lecturas y significados múltiples. Ese libro fue la encarnación misma de la madurez estética de nuestra novela y de las nuevas direciones que el género tomaría en la década.*

Pero Cortázar no era, ni de lejos, un autor «nuevo»: venía publicando discretamente desde más de dos décadas atrás. Tampoco Rayuela *era su primera novela* —Los premios

había aparecido tres años antes y ahora conocemos, póstuma-
mente, dos novelas anteriores a ambas—, pero sí fue el libro
que reordenó su trabajo literario, lo llevó a explorar otros
territorios y lo impulsó a continuar cultivando el género. Sien-
do sus novelas obras de considerable importancia, para Cortá-
zar sólo eran excursiones del género al que dedicó el más cons-
tante y prolongado esfuerzo: el cuento, del que se convirtió en
un indiscutido maestro. Bestiario, su primer libro de cuentos,
ya lo anuncia (aunque pocos lo advirtieron en su momento) y
los que siguieron mostraron el creciente y pasmoso dominio
del lenguaje narrativo que llegó a alcanzar. Esa maestría es el
resultado de un doble designio: la búsqueda en lo más hondo
de sí mismo y la atrevida experimentación con formas y pro-
puestas siempre nuevas. Hasta en sus últimos años, Cortázar
seguía indagando, probando, explorando, como si fuese un
joven escritor con enteros mundos por descubrir; el «juvenilis-
mo» de su actitud siempre se transparentó en sus textos y los
hizo más seductores. Cortázar quiso poner en cuestión todo,
convencido de que cuando aceptábamos sin pensar, negábamos
nuestra capacidad para ver lo extraño y deslumbrante que
era el mundo real. Hay que agregar que, aparte de su obra
cuentística, fue ocasionalmente un teórico del género y uno de
los que más insistió en demostrar las enormes posibilidades de
esa forma y su estrecha asociación con el lenguaje poético. No
es de extrañar, por eso, que uno de sus autores emblemáticos
fuese Keats.

Su obra y su vida pueden dividirse en tres etapas marcadas
por cambios y reafirmaciones. La etapa formativa es breve,
algo tentativa, y termina cuando publica Bestiario y abando-
na definitivamente Buenos Aires. Por entonces era un escritor
cuya experiencia literaria parecía más intensa que su vida. La
ficción literaria le ofrecía una forma de evasión donde podía
jugar con presencias imaginarias, fantasmas, animales míticos,
desdoblamientos y convergencias que abrían las puertas a lo
desconocido; un mundo que tenía ciertas conexiones con el de

Borges (véase). *La segunda etapa —a la que pertenecen dos colecciones notables: la segunda edición de* Final del juego *y* Las armas secretas— *comienza con su inserción cultural en París, donde trabajó largos años como traductor de la UNES-CO. Es un período que le permite reexaminar su posición ante varias cuestiones esenciales: el carácter liberador y revelador del erotismo; el arte como vehículo para religarnos con los niveles más profundos de la vida; la reinterpretación del espíritu vanguardista como una forma de negación o disidencia frente a las coartadas del* establishment, *etc. Este último aspecto es esencial en su poética y ha sido muy debatido por la crítica. Diremos solamente que más que al lenguaje surrealista, Cortázar le debe a la* mística *o espíritu irredento del movimiento, a su impulso de contradicción y provocación, que él combina con otros elementos aun más radicales: el aporte Dada; la Patafísica generada a partir de Jarry y definida como «la ciencia de las soluciones imaginarias»; y la vertiente surrealista más alucinada, la de los belgas Michaux, Ensor, Magritte, Delvaux, Ubac y Pol Bury. La última etapa, que comienza hacia mediados de la década del 60 toma un giro sorprendente: después de sus primeras visitas a Cuba, Cortázar descubre la pasión de la política activa, expresa su total adhesión a la revolución castrista (y luego a la nicaragüense), reafirma su condición latinoamericana y llega a expresar simpatía por las acciones subversivas de los palestinos. Cuando se produjo el infausto «affaire Padilla» (1971) en Cuba, esa adhesión lo enfrentó a buena parte de los escritores latinoamericanos y lo colocó en una situación intelectual bastante incómoda. El primer cuento que documenta este vuelco es el admirable «Reunión» de* Todos los fuegos el fuego, *pero hay que advertir que no hizo una abjuración de sus convicciones como artista y más bien las confirmó, integrándolas con la utopía de la liberación, como puede verse en su novela* Libro de Manuel. *Así las etapas producen una curiosa figura triangular: juego, erotismo y revolución, elementos que en realidad se comunican y se integran mutuamente en un movimiento caleidoscópico.*

Su obra cuentística es muy extensa y de bordes imprecisos, porque se entremezcla con formas paralelas, como los textos incluidos en sus miscaláneas o las prosas en las que aparecen sus «cronopios» y «famas». Quizá no haya texto más característico de su visión literaria que el celebrado relato «El perseguidor», que, por su extensión, no puede ser seleccionado en este volumen. Pero «Casa tomada» y «La autopista del sur» no son menos admirables y fascinantes. El primero es un relato temprano que pertenece a Bestiario; *el segundo forma parte de* Todos los fuegos...

La precisa sencillez del lenguaje de «Casa tomada», la engañosa morosidad de las descripciones, el juego de ominosas sugerencias y oscuras claves crean un clima que nos hace sospechar de todo, menos del sorpresivo final. El ambiente es perfectamente normal: una pareja de hermanos que llevan una aburrida vida de hábitos vacíos e indiferentes; pero lo que les ocurre es completamente insólito: alguien —o algo— invade progresivamente la casa, los arrincona en unas cuantas piezas y finalmente los expulsa. Lo más alarmante es la resignación con la que ambos aceptan el hecho y abandonan la casa como si en el fondo supiesen que eso tenía que ocurrir. Esa actitud, esa incapacidad para indagar y resistir complica la interpretación porque confina lo ocurrido al silencio, al mundo de las cosas de las que es mejor no hablar. ¿Son fantasmas y la explicación es entonces sobrenatural? ¿Son personas reales que sólo ellos conocen? ¿Son tal vez objetivaciones imaginarias de su propio sentimiento de culpa? La ambigüedad del texto es radical: deja abierto el camino para ésas y otras interpretaciones que no podemos desechar del todo. Pero lo más acertado quizá sea entender lo sobrenatural *como la contracara de lo* histórico-concreto. *El texto nos informa que esta pareja es una especie de «matrimonio de hermanos»; que ocupan estérilmente una casa donde «podían vivir ocho personas sin estorbarse»;*

que gozan de la confortable renta que llega de sus propiedades rurales; y que se distraen de su entorno real, él con la lectura de libros franceses y ella con el tejido. No es atrevido pensar que a través de ellos Cortázar ha hecho el retrato de la clase burguesa argentina justamente en los años en que el peronismo empezaba a crearle inquietudes y zozobras; es decir, presenta un orden amenazado por el caos. Tales temores parecen estar aludidos en esta alegórica expulsión del paraíso de la falsa seguridad. Hay que agregar que la minuciosa descripción de la casa alude a otra gran figura del repertorio cortazariano: la de la rayuela, ese juego que nos desplaza de este lado *(tierra)* al otro lado *(cielo), zona que en este caso coincide con la fatal pérdida del hogar.*

En «La autopista del sur» *la situación absurda está planteada desde las primeras líneas: el inmenso atolladero de autos que vuelven a París después del fin de semana ha convertido la pista en un espacio inmóvil, en el que autos y personas conviven, incómoda y obligadamente, como refugiados tras una emergencia. De manera gradual e inevitable, la idea de que la situación es pasajera y de que las cosas se resolverán pronto, se va desvaneciendo y lo impensable aparece como una realidad: van a tener que vivir varios días en plena autopista, compartiendo comida, ayudándose unos a otros, improvisando, aprendiendo cosas que nunca aprendieron. En realidad, se convierten en una pequeña sociedad donde hay relaciones amorosas, gente que se aprovecha de otros, solidaridad, miedo, etc. El proceso por el cual los personajes son identificados por sus autos («la muchacha del Dauphine») y después identificados con ellos («las caricias de Dauphine»), apunta a la cosificación a la que, como buenos burgueses en una sociedad de consumo, se han sometido (En* Weekend [1968], *el filme de Jean-Luc Godard, las escenas que parecen inspiradas en este relato acentúan sobre todo las connotaciones ideológicas de la situación.) Así, lo excepcional se convierte en la regla, el tiempo real deja de funcionar y las bases en las que se apoyan las costumbres homogénas de la vida moderna quedan reveladas como carentes de sentido. El autor teje alrededor de ellos una cadena de circunstancias de la que no pueden escapar; esa distorsión de la lógica hasta límites absurdos recuerda un poco el final de «El guardagujas» de Arreola (véase). El desenlace tiene una fina ironía: los autos empiezan por fin a moverse y los veraneantes enfrentan melancólicamente la perspectiva de volver a la ya no tan deseable realidad de todos los días.*

Obra narrativa: *Bestiario,* Buenos Aires: Sudamericana, 1951; *Final del juego,* México: Los Presentes, 1956; 2.ª ed. aument., Buenos Aires: Sudamericana, 1964; *Las armas secretas,* Buenos Aires, 1958; ed. de Susana Jákfalvi, Madrid: Cátedra, 1978; *Los premios,* Buenos Aires: Sudamericana, 1960; *Historias de cronopios y de famas,* Buenos Aires: Minotauro, 1962; *Rayuela,* Buenos Aires: Sudamericana, 1963; ed. crít. de Julio Ortega y Saúl Yurkievich, Madrid: Alianza Editorial, 1987; Madrid: Archivos, 1991; *Todos los fuegos el fuego,* Buenos Aires: Sudamericana, 1966; *La vuelta al día en ochenta mundos* [miscelánea], México: Siglo XXI, 1967; Madrid: Debate, 1992; *62: modelo para armar,* Buenos Aires: Sudamericana, 1968; *Ultimo round* [miscelánea], México: Siglo XXI, 1969; *Libro de Manuel,* Buenos Aires: Sudamericana, 1973; *Octaedro,* Buenos Aires: Sudamericana, 1974; Madrid: Alianza Editorial, 1987; *Los relatos 1. Ritos; 2. Juegos; 3. Pasajes,* 3 vols. Madrid: Alianza Editorial, 1976; *Alguien que anda por ahí,* Madrid: Alfaguara, 1977; *Antología,* pról. de Nicolás Bratosevich, Barcelona: Edhasa, 1978; *Un tal Lucas,* Madrid: Alfaguara, 1979; *Queremos tanto a Glenda,* Madrid: Alfaguara, 1981; *Deshoras,* Madrid: Alfaguara, 1982; *El examen,* Buenos Aires: Sudamericana/Planeta, 1986; *Divertimento,* Madrid: Alfaguara, 1990.

Crítica: Alazraki, Jaime, *En busca del unicornio. Los cuentos de J. C.,* Madrid: Gredos, 1983; A., J., Ivar Ivask y

Joaquín Marco, eds., *La isla final. J. C.*, Madrid: Ultramar, 1981; Amícola, José, *Sobre C.*, Buenos Aires: Escuela, 1969; *Books Abroad*, número especial, 50:3 (1976); *Casa de las Américas*, número de homenaje, n.º 145-146 (1984); *Cuadernos Hispanoamericanos*, número especial, n.ᵒˢ 364-66 (1980); Curutchet, Juan Carlos, *J. C. o la crítica de la razón pragmática*, Madrid: Editora Nacional, 1972; Ferré, Rosario, *C.: el romántico en su observatorio*, Hato Rey, Puerto Rico: Cultural, 1990; García Canclini, Néstor, *C. Una antropología poética*, Buenos Aires: Nova, 1968; Garfield, Evelyn Picon, *¿Es J. C. un surrealista?*, Madrid: Gredos, 1975; *J. C.*, Nueva York: Ungar, 1975; Giacoman, Helmy F., ed., *Homenaje a J. C.*, Long Island City, Nueva York: Las Américas, 1972; Hernández del Castillo, Ana María, *Keats, Poe and C.'s Mythopoesis*, Amsterdam: John Benjamin, 1981; *J. C. en Barnard*, número especial de *Inti*, Providence, Rhode Island, n.ᵒˢ 10-11 (1979-1980); Lagmanovich, David, ed., *Estudios sobre los cuentos de J. C.*, Barcelona: Hispamérica, 1975; *L'Arc*, París, número especial, n.º 80, s. a.; Lastra, Pedro, ed., *J. C.*, Madrid: Taurus, 1981; Mac Adam, Alfred J., *El individuo y el otro. Crítica a los cuentos de J. C.*, Buenos Aires-Nueva York: La Librería, 1971; Mora Valcárcel, Carmen de, *Teoría y práctica del cuento en los relatos de C.*, Sevilla: Escuela de Estudios Hispano-Americanos, 1982; Morello-Frosch, Martha, «La tiranía del orden en los cuentos de J. C.», en Enrique Pupo-Walker, ed. *, pp. 165-178; Rama, Angel, *Primeros cuentos...* *, pp. 173-188; Rein, Mercedes, *J. C.: el escritor y sus máscaras*, Montevideo: Diaco, 1969; *Revista Iberoamericana*, número especial, 38:84-85 (1973); Sola, Graciela de, *J. C. y el hombre nuevo*, Buenos Aires: Sudamericana, 1968; Sosnowski, Saúl, *J. C.: una búsqueda mítica*, Buenos Aires: Noé, 1973.

Nos gustaba la casa porque aparte de espaciosa y antigua (hoy que las casas antiguas sucumben a la más ventajosa liquidación de sus materiales) guardaba los recuerdos de nuestros bisabuelos, el abuelo paterno, nuestros padres y toda la infancia.

Nos habituamos Irene y yo a persistir solos en ella, lo que era una locura pues en esa casa podían vivir ocho personas sin estorbarse. Hacíamos la limpieza por la mañana, levantándonos a las siete, y a eso de las once yo le dejaba a Irene las últimas habitaciones por repasar y me iba a la cocina. Almorzábamos a mediodía, siempre puntuales; ya no quedaba nada por hacer fuera de unos pocos platos sucios. Nos resultaba grato almorzar pensando en la casa profunda y silenciosa y cómo nos bastábamos para mantenerla limpia. A veces llegamos a creer que era ella la que no nos dejó casarnos. Irene rechazó dos pretendientes sin mayor motivo, a mí se me murió María Esther antes que llegáramos a comprometernos. Entramos en los cuarenta años con la inexpresada idea de que el nuestro, simple y silencioso matrimonio de hermanos, era necesaria clausura de la genealogía asentada por los bisabuelos en nuestra casa.

Nos moriríamos allí algún día, vagos y esquivos primos se quedarían con la casa y la echarían al suelo para enriquecerse con el terreno y los ladrillos; o mejor, nosotros mismos la voltearíamos justicieramente antes de que fuese demasiado tarde.

Irene era una chica nacida para no molestar a nadie. Aparte de su actividad matinal se pasaba el resto del día tejiendo en el sofá de su dormitorio. No sé por qué tejía tanto, yo creo que las mujeres tejen cuando han encontrado en esa labor el gran pretexto para no hacer nada. Irene no era así, tejía cosas siempre necesarias, tricotas para el invierno, medias para mí, mañanitas y chalecos para ella. A veces tejía un chaleco y después lo destejía en un momento porque algo no le agradaba; era gracioso ver en la canastilla el montón de lana encrespada resistiéndose a perder su forma de algunas horas. Los sábados iba yo al centro a comprarle lana; Irene tenía fe en mi gusto, se complacía con los colores y nunca tuve que devolver madejas. Yo aprovechaba esas salidas para dar una vuelta por las librerías y preguntar vanamente si había novedades en literatura francesa. Desde 1939 no llegaba nada valioso a la Argentina.

Pero es de la casa que me interesa hablar, de la casa y de Irene, porque yo no tengo importancia. Me pregunto qué hubiera hecho Irene sin el tejido. Uno puede releer un libro, pero cuando un pulóver está terminado no se puede repetirlo sin escándalo. Un día encontré el cajón de abajo de la cómoda de alcanfor lleno de pañoletas blancas, verdes, lila. Estaban con naftalina, apiladas como en una mercería; no tuve valor de preguntarle a Irene qué pensaba hacer con ellas. No necesitábamos ganarnos la vida, todos los meses llegaba la plata de los campos y el dinero aumentaba. Pero a Irene solamente la entretenía el tejido, mostraba una destreza maravillosa y a mí se me iban las horas viéndole las manos como erizos plateados, agujas yendo y viniendo y una o dos canastillas en el suelo donde se agitaban constantemente los ovillos. Era hermoso.

Cómo no acordarme de la distribución de la casa. El comedor, una sala con gobelinos, la biblioteca y tres dormitorios grandes quedaban en la parte más retirada, la que mira hacia Rodríguez Peña. Solamente un pasillo con su maciza puerta de roble aislaba esa parte del ala delantera donde había un baño, la cocina, nuestros dormitorios y el living central, al cual comunicaban los dormitorios y el pasillo. Se entraba a la casa por un zaguán con mayólica, y la puerta cancel daba al living. De manera que uno entraba por el zaguán, abría la cancel y pasaba al living; tenía a los lados las puertas de nuestros dormitorios, y al frente el pasillo que conducía a la parte más retirada; avanzando por el pasillo se franqueaba la puerta de roble y más allá empezaba el otro lado de la casa, o bien se podía girar a la izquierda justamente antes de la puerta y seguir por un pasillo más estrecho que llevaba a la cocina y al baño. Cuando la puerta estaba abierta advertía uno que la casa era muy grande; si no, daba la impresión de un departamento de los que se edifican ahora, apenas para moverse; Irene y yo vivíamos siempre en esta parte de la casa, casi nunca íbamos más allá de la puerta de roble, salvo para hacer la limpieza, pues es increíble cómo se junta tierra en los muebles. Buenos Aires será una ciudad limpia, pero eso lo debe a sus habitantes y no a otra cosa. Hay demasiada tierra en el aire, apenas sopla una ráfaga se palpa el polvo en los mármoles de las consolas y entre los rombos de las carpetas de macramé; da trabajo sacarlo bien con plumero, vuela y se suspende en el aire, un momento después se deposita de nuevo en los muebles y los pianos.

Lo recordaré siempre con claridad porque fue simple y sin circunstancias inútiles. Irene estaba tejiendo en su dormitorio, eran las ocho de la noche y de repente se me ocurrió poner al fuego la pavita del mate. Fui por el pasillo hasta enfrentar la entornada puerta de roble, y daba la vuelta al codo que llevaba a la cocina cuando escuché algo en el comedor o la biblioteca. El sonido venía impreciso y sordo, como un volcarse de silla sobre la alfombra o un ahogado susurro de conversación. También lo oí, al mismo tiempo o un segundo después, en el fondo del pasillo que traía desde aquellas piezas hasta la puerta. Me tiré contra la puerta antes de que fuera demasiado tarde, la cerré de golpe apoyando el cuerpo; felizmente la llave estaba puesta de nuestro lado y además corrí el gran cerrojo para más seguridad.

Fui a la cocina, calenté la pavita, y cuando estuve de vuelta con la bandeja del mate le dije a Irene:

—Tuve que cerrar la puerta del pasillo. Han tomado la parte del fondo.

Dejó caer el tejido y me miró con sus graves ojos cansados.

—¿Estás seguro?

Asentí.

—Entonces —dijo recogiendo las agujas— tendremos que vivir en este lado.

Yo cebaba el mate con mucho cuidado, pero ella tardó un rato en reanudar su labor. Me acuerdo que tejía un chaleco gris; a mí me gustaba ese chaleco.

Los primeros días nos pareció penoso porque ambos habíamos dejado en la parte tomada muchas cosas que queríamos. Mis libros de literatura francesa, por ejemplo, estaban todos en la biblioteca. Irene extrañaba unas carpetas, un par de pantuflas que tanto la abrigaban en invierno. Yo sentía mi pipa de enebro y creo que Irene pensó en una botella de Hesperidina de muchos años. Con frecuencia (pero esto solamente sucedió los primeros días) cerrábamos algún cajón de las cómodas y nos mirábamos con tristeza.

—No está aquí.

Y era una cosa más de todo lo que habíamos perdido al otro lado de la casa.

Pero también tuvimos ventajas. La limpieza se simplificó tanto que aun levantándose tardísimo, a las nueve y media por ejemplo, no daban las once y ya estábamos de brazos cruzados. Irene se acostumbró a ir conmigo a la cocina y ayudarme a preparar el almuerzo. Lo pensamos bien y se decidió esto: mientras yo preparaba el almuerzo, Irene cocinaría platos para comer fríos de noche. Nos alegramos porque siempre resulta molesto tener que abandonar los dormitorios al atardecer y ponerse a cocinar. Ahora nos bastaba con la mesa en el dormitorio de Irene y las fuentes de comida fiambre.

Irene estaba contenta porque le quedaba más tiempo para tejer. Yo andaba un poco perdido a causa de los libros, pero por no afligir a mi hermana me puse a revisar la colección de estampillas de papá, y eso me sirvió para matar el tiempo. Nos divertíamos mucho, cada uno en sus cosas, casi siempre reunidos en el dormitorio de Irene que era más cómodo. A veces Irene decía:

—Fíjate este punto que se me ha ocurrido. ¿No da un dibujo de trébol?

Un rato después era yo el que le ponía ante los ojos un cuadradito de papel para que viese el mérito de algún sello de Eupen y Malmédy. Estábamos bien, y poco a poco empezábamos a no pensar. Se puede vivir sin pensar.

(Cuando Irene soñaba en alta voz yo me desvelaba enseguida. Nunca pude habituarme a esa voz de estatua o papagayo, voz que viene de los sueños y no de la garganta. Irene decía que mis sueños consistían en grandes sacudones que a veces hacían caer el cobertor. Nuestros dormitorios tenían el living de por medio, pero de noche se escuchaba cualquier cosa en la casa. Nos oíamos respirar, toser, presentíamos el ademán que conduce a la llave del velador, los mutuos y frecuentes insomnios. Aparte de eso todo estaba callado en la casa. De día eran los rumores domésticos, el roce metálico de las agujas de tejer, un crujido al pasar las hojas del álbum filatélico. La puerta de roble, creo haberlo dicho, era maciza. En la cocina y el baño, que quedaban tocando la parte tomada, nos poníamos a hablar en voz más alta o Irene cantaba canciones de cuna. En una cocina hay demasiado ruido de loza y vidrios para que otros sonidos irrumpan en ella. Muy pocas veces permitíamos allí el silencio, pero cuando tornábamos a los dormitorios y al living, entonces la casa se ponía callada y a media luz, hasta pisábamos más despacio para no molestarnos. Yo creo que era por eso que de noche, cuando Irene empezaba a soñar en alta voz, me desvelaba enseguida.)

Es casi repetir lo mismo salvo las consecuencias. De noche siento sed, y antes de acostarnos le dije a Irene que iba hasta la cocina a servirme un vaso de agua. Desde la puerta del dormitorio (ella tejía) oí ruido en la cocina; tal vez en la cocina o tal vez en el baño porque el codo del pasillo apagaba el sonido. A Irene le llamó la atención mi brusca manera de detenerme, y vino a mi lado sin decir palabra. Nos quedamos escuchando los ruidos, notando claramente que eran de este lado de la puerta de roble, en la cocina y el baño, o en el pasillo mismo donde empezaba el codo casi al lado nuestro.

No nos miramos siquiera. Apreté el brazo de Irene y la hice correr conmigo hasta la puerta cancel, sin volvernos hacia atrás. Los ruidos se oían más fuerte pero siempre sordos, a espaldas nuestras. Cerré de un golpe la cancel y nos quedamos en el zaguán. Ahora no se oía nada.

—Han tomado esta parte —dijo Irene. El tejido le colgaba de las manos y las hebras iban hasta la cancel y se perdían debajo. Cuando vio que los ovillos habían quedado del otro lado, soltó el tejido sin mirarlo.

—¿Tuviste tiempo de traer alguna cosa? —le pregunté inútilmente.

—No, nada.

Estábamos con lo puesto. Me acordé de los quince mil pesos en el armario de mi dormitorio. Ya era tarde ahora.

Como me quedaba el reloj pulsera, vi que eran las once de la noche. Rodeé con mi brazo la cintura de Irene (yo creo que ella estaba llorando) y salimos así a la calle. Antes de alejarnos tuve lástima, cerré bien la puerta de entrada y tiré la llave a la alcantarilla. No fuese que a algún pobre diablo se le ocurriera robar y se metiera en la casa, a esa hora y con la casa tomada.

La autopista del Sur

Gli automobilisti accaldati sembrano non avere storia... Come realtà, un ingorgo automobilistico impressiona ma non ci dice gran che.

Arrigo Benedetti, *L'Espresso,* Roma, 21/6/1946.

Al principio la muchacha del Dauphine había insistido en llevar la cuenta del tiempo, aunque al ingeniero del Peugeot 404 le daba ya lo mismo. Cualquiera podía mirar su reloj pero era como si ese tiempo atado a la muñeca derecha o el *bip bip* de la radio midieran otra cosa, fueran el tiempo de los que no han hecho la estupidez de querer regresar a París por la autopista del sur un domingo de tarde y, apenas salidos de Fontainebleau, han tenido que ponerse al paso, detenerse, seis filas a cada lado (ya se sabe que los domingos la autopista está íntegramente reservada a los que regresan a la capital), poner en marcha el motor, avanzar tres metros, detenerse, charlar con las dos monjas del 2HP a la derecha, con la muchacha del Dauphine a la izquierda, mirar por el retrovisor al hombre pálido que conduce un Caravelle, envidiar irónicamente la felicidad avícola del matrimonio del Peugeot 203 (detrás del Dauphine de la muchacha) que juega con su niñita y hace bromas

y come queso, o sufrir de a ratos los desbordes exaspe-
rados de los dos jovencitos del Simca que precede al
Peugeot 404, y hasta bajarse en los altos, explorar sin
alejarse mucho (porque nunca se sabe en qué momento
los autos de más adelante reanudarán la marcha y habrá
que correr para que los de atrás no inicien la guerra de
las bocinas y los insultos), y así llegar a la altura de un
Taunus delante del Dauphine de la muchacha que mira
a cada momento la hora, y cambiar unas frases descora-
zonadas o burlonas con los dos hombres que viajan con
el niño rubio cuya inmensa diversión en esas precisas
circunstancias consiste en hacer correr libremente su
autito de juguete sobre los asientos y el reborde posterior del Taunus, o atreverse y avanzar todavía un poco
más, puesto que no parece que los autos de adelante
vayan a reanudar la marcha, y contemplar con alguna
lástima al matrimonio de ancianos en el ID Citroën que
parece una gigantesca bañera violeta donde sobrenadan
los dos viejitos, él descansando los antebrazos en el volante con un aire de paciente fatiga, ella mordisqueando
una manzana con más aplicación que ganas.

A la cuarta vez de encontrarse con todo eso, de hacer todo eso, el ingeniero había decidido no salir más
de su coche, a la espera de que la policía disolviese de
alguna manera el embotellamiento. El calor de agosto se
sumaba a ese tiempo a ras de neumáticos para que la
inmovilidad fuese cada vez más enervante. Todo era
olor a gasolina, gritos destemplados de los jovencitos
del Simca, brillo del sol rebotando en los cristales y en
los bordes cromados, y para colmo la sensación contra-
dictoria del encierro en plena selva de máquinas pensa-
das para correr. El 404 del ingeniero ocupaba el segundo lugar de la pista de la derecha contando desde la
franja divisoria de las dos pistas, con lo cual tenía otros
cuatro autos a su derecha y siete a su izquierda, aunque

de hecho sólo pudiera ver distintamente los ocho coches que lo rodeaban y sus ocupantes que ya había
detallado hasta cansarse. Había charlado con todos,
salvo con los muchachos del Simca que le caían anti-
páticos; entre trecho y trecho se había discutido la situación en sus menores detalles, y la impresión general era que hasta Corbeil-Essonnes se avanzaría al
paso o poco menos, pero que entre Corbeil y Juvisy
el ritmo iría acelerándose una vez que los helicópteros
y los motociclistas lograran quebrar lo peor del embotellamiento. A nadie le cabía duda de que algún acci-
dente muy grave debía haberse producido en la zona,
única explicación de una lentitud tan increíble. Y con
eso el gobierno, el calor, los impuestos, la vialidad, un
tópico tras otro, tres metros, otro lugar común, cinco
metros, una frase sentenciosa o una maldición conte-
nida.

A las dos monjitas del 2HP les hubiera convenido
llegar a Milly-la-Fôret antes de las ocho, pues llevaban
una cesta de hortalizas para la cocinera. Al matrimonio del Peugeot 203 le importaba sobre todo no perder los juegos televisados de las nueve y media; la
muchacha del Dauphine le había dicho al ingeniero
que le daba lo mismo llegar más tarde a París pero
que se quejaba por principio, porque le parecía un
atropello someter a millares de personas a un régimen
de caravana de camellos. En esas últimas horas (debían de ser casi las cinco pero el calor los hostigaba
insoportablemente) habían avanzado unos cincuenta
metros a juicio del ingeniero, aunque uno de los hombres del Taunus que se había acercado a charlar llevando de la mano al niño con su autito, mostró irónicamente la copa de un plátano solitario y la muchacha
del Dauphine recordó que ese plátano (si no era un
castaño) había estado en la misma línea que su auto

durante tanto tiempo que ya no valía la pena mirar el reloj pulsera para perderse en cálculos inútiles.

No atardecía nunca, la vibración del sol sobre la pista y las carrocerías dilataba el vértigo hasta la náusea. Los anteojos negros, los pañuelos con agua de colonia en la cabeza, los recursos improvisados para protegerse, para evitar un reflejo chirriante o las bocanadas de los caños de escape a cada avance, se organizaban y perfeccionaban, eran objeto de comunicación y comentario. El ingeniero bajó otra vez para estirar las piernas, cambió unas palabras con la pareja de aire campesino del Ariane que precedía al 2HP de las monjas. Detrás del 2HP había un Volkswagen con un soldado y una muchacha que parecían recién casados. La tercera fila hacia el exterior dejaba de interesarle porque hubiera tenido que alejarse peligrosamente del 404; veía colores, formas, Mercedes Benz, ID, 4R, Lancia, Skoda, Morris Minor, el catálogo completo. A la izquierda, sobre la pista opuesta, se tendía otra maleza inalcanzable de Renault, Anglia, Peugeot, Porsche, Volvo; era tan monótono que al final, después de charlar con los dos hombres del Taunus y de intentar sin éxito un cambio de impresiones con el solitario conductor del Caravelle, no quedaba nada mejor que volver al 404 y reanudar la misma conversación sobre la hora, las distancias y el cine con la muchacha del Dauphine.

A veces llegaba un extranjero, alguien que se deslizaba entre los autos viniendo desde el otro lado de la pista o desde las filas exteriores de la derecha, y que traía alguna noticia probablemente falsa repetida de auto en auto a lo largo de calientes kilómetros. El extranjero saboreaba el éxito de sus novedades, los golpes de las portezuelas cuando los pasajeros se precipitaban para comentar lo sucedido, pero al cabo de un rato se oía alguna bocina o el arranque de un motor, y el extranjero salía corriendo, se lo veía zigzaguear entre los autos para reintegrarse al suyo y no quedar expuesto a la justa cólera de los demás. A lo largo de la tarde se había sabido así del choque de un Floride contra un 2HP cerca de Corbeil, tres muertos y un niño herido, el doble choque de un Fiat 1500 contra un furgón Renault que había aplastado a un Austin lleno de turistas ingleses, el vuelco de un autocar de Orly colmado de pasajeros procedentes del avión de Copenhague. El ingeniero estaba seguro de que todo o casi todo era falso, aunque algo grave debía haber ocurrido cerca de Corbeil e incluso en las proximidades de París para que la circulación se hubiera paralizado hasta ese punto. Los compesinos del Ariane, que tenían una granja del lado de Montereau y conocían bien la región, contaban de otro domingo en que el tránsito había estado detenido durante cinco horas, pero ese tiempo empezaba a parecer casi nimio ahora que el sol acostándose hacia la izquierda de la ruta, volcaba en cada auto una última avalancha de jalea anaranjada que hacía hervir los metales y ofuscaba la vista, sin que jamás una copa de árbol desapareciera del todo a la espalda, sin que otra sombra apenas entrevista a la distacia se acercara como para poder sentir de verdad que la columna se estaba moviendo aunque fuera apenas, aunque hubiera que deternse y arrancar y bruscamente clavar el freno y no salir nunca de la primera velocidad, del desencanto insultante de pasar una vez más de la primera al punto muerto, freno de pie, freno de mano, stop, y así otra vez y otra vez y otra.

En algún momento, harto de inacción, el ingeniero se había decidido a aprovechar un alto especialmente interminable para recorrer las filas de la izquierda, y dejando a su espalda el Dauphine había encontrado un DKW, otro 2HP, un Fiat 600, y se había detenido junto a un De Soto para cambiar impresiones con el azorado turista de Washington que no entendía casi el francés pero que tenía que estar a las ocho en la Place de l'Opére sin falta you understand, my wifewill de awfully anxious, damn it, y se hablaba un poco de todo cuando un hombre con aire de vianjante de comercio salió del DKW para contarles que alguien había llegado un rato antes con la noticia de que un Piper Cub se había estrellado en plena autopista, varios muertos. Al americano el Piper Cub lo tenía profundamente sin cuidado, y también al ingeniero que oyó un coro de bocinas y se apresuró a regresar al 404, trasmitiendo de paso las novedades a los dos hombres del Taunus y al matrimonio del 203. Reservó una explicación más detallada para la muchacha del Dauphine mientras los coches avanzaban lentamente unos pocos metros (ahora el Dauphine estaba ligeramente retrasado con relación al 404, y más tarde sería al revés, pero de hecho las doce filas se movían prácticamente en bloque, como si un gendarme invisible en el fondo de la autopista ordenara el avance simultáneo sin que nadie pudiese obtener ventajas). Piper Cub, señorita, es un pequeño avión de paseo. Ah. Y la mala idea de estrellarse en plena autopista un domingo de tarde. Esas cosas. Si por lo menos hiciera menos calor en los condenados autos, si esos árboles de la derecha quedaran por fin a la espalda, si la última cifra del cuenta kilómetros acabara de caer en su agujerito negro en vez de seguir suspendida por la cola, interminablemente.

En algún momento (suavemente ampezaba a anochecer, el horizonte de techos de automóviles se teñía de lila) una gran mariposa blanca se posó en el parabrisas del Dauphine, y la muchacha y el ingeniero admiraron sus alas en la breve y perfecta suspensión de su reposo; la vieron alejarse con una exasperada nostalgia, sobrevo-

lar el Taunus, el ID violeta de los ancianos, ir hacia el
Fiat 600 ya invisible desde el 404, regresar hacia el
Simca donde una mano cazadora trató inútilmente de
atraparla, aletear amablemente sobre el Ariane de los
campesinos que parecían estar comiendo alguna cosa, y
perderse después hacia la derecha. Al anochecer la columna hizo un primer avance importante, de casi cuarenta metros; cuando el ingeniero miró distraídamente
el cuenta kilómetros, la mitad del 6 había desaparecido
y un asomo de 7 empezaba a descolgarse de lo alto.
Casi todo el mundo escuchaba sus radios, los del Simca
la habían puesto a todo trapo y coreaban un twist con
sacudidas que hacían vibrar la carrocería; las monjas pasaban cuentas de sus rosarios, el niño del Taunus se había dormido con la cara pegada a un cristal, sin soltar el
auto de juguete. En algún momento (ya era noche cerrada) llegaron extranjeros con más noticias, tan contradictorias como las otras ya olvidadas. No había sido un
Piper Cub sino un planeador pilotado por la hija de un
general. Era exacto que un furgón Renault había aplastado a un Austin, pero no en Juvisy sino casi en las
puertas de París; uno de los estranjeros explicó al matrimonio del 203 que el macadam de la autopista había
cedido a la altura de Igny y que cinco autos habían vol-
cado al meter las ruedas delanteras en la grieta. La idea
de una catástrofe natural se propagó hasta el ingeniero,
que se encogió de hombros sin hacer comentarios. Más
tarde, pensando en esas primeras horas de oscuridad en
que habían respirado un poco más libremente, recordó
que en algún momento había sacado el brazo por la
ventanilla para tamborilear en la carrocería del Dauphi-
hine y despertar a la muchacha que se había dormido
reclinada sobre el volante, sin preocuparse de un nuevo
avance. Quizá ya era medianoche cuando una de las
monjas le ofreció tímidamente un sándwich de jamón,

suponiendo que tendría hambre. El ingeniero lo aceptó por cortesía (en realidad sentía náuseas) y pidió permiso para dividirlo con la muchacha del Dauphine, que aceptó y comió golosamente el sándwich y la tableta de chocolate que le había pasado el viajante del DKW, su vecino de la izquierda. Mucha gente había salido de los autos recalentados, porque otra vez llevaban horas sin avanzar; se empezaba a sentir sed, ya agotadas las botellas de limonada, la coca-cola y hasta los vinos de a bordo. La primera en quejarse fue la niña del 203, y el soldado y el ingeniero abandonaron los autos junto con el padre de la niña para buscar ague. Delante del Simca, donde la radio parecía suficiente alimento, el ingeniero encontró un Beaulieu ocupado por una mujer madura de ojos inquietos. No, no tenía agua pero podía darle unos caramelos para la niña. El matrimonio del ID se consultó un momento antes de que la anciana metiera la mano en un bolso y sacara una pequeña lata de jugo de frutas. El ingeniero agradeció y quiso saber si tenían hambre y si podía serles útil; el viejo movió negativamente la cabeza, pero la mujer pareció asentir sin palabras. Más tarde la muchacha del Dauphine y el ingeniero exploraron juntos las filas de la izquierda, sin alejarse demasiado; volvieron con algunos bizcochos y los llevaron a la anciana del ID, con el tiempo justo para regresar corriendo a sus autos bajo una lluvia de bocinas.

Aparte de esas mínimas salidas, era tan poco lo que podía hacerse que las horas acababan por superponerse, por ser siempre la misma en el recuerdo; en algún momento el ingeniero pensó en tachar ese día en su agenda y contuvo una risotada, pero más adelante, cuando empezaron los cálculos contradictorios de las monjas, los hombres del Taunus y la muchacha del Dauphine, se vio que hubiera convenido llevar mejor la cuenta. Las radios locales habían suspendido las emisiones, y sólo el viajante del DKW tenía un aparato de ondas cortas que se empeñaba en transmitir noticias bursátiles. Hacia las tres de la madrugada pareció llegarse a un acuerdo tácito para descasar, y hasta el amanecer la columna no se movió. Los muchachos del Simca sacaron unas camas neumáticas y se tendieron al lado del auto; el ingeniero bajó el respaldo de los asientos delanteros del 404 y ofreció las cuchetas a las monjas, que rehusaron; antes de acostarse un rato el ingeniero pensó en la muchacha del Dauphine, muy quieta contra el volante, y como sin darle importancia le propuso que cambiaran de autos hasta el amanecer; ella se negó, alegando que podía dormir muy bien de cualquier manera. Durante un rato se oyó llorar al niño del Taunus, acostado en el asiento trasero donde debía tener demasiado calor. Las monjas rezaban todavía cuando el ingeniero se dejó caer en la cucheta y se fue quedando dormido, pero su sueño seguía demasiado cerca de la vigilia y acabó por despertarse sudoroso e inquieto, sin comprender en un primer momento dónde estaba; enderezándose, empezó a percibir los confusos movimientos del exterior, un deslizarse de sombras entre los autos, y vio un bulto que se alejaba hacia el borde de la autopista; adivinó las razones, y más tarde también él salió del auto sin hacer ruido y fue a aliviarse al borde de la ruta; no había setos ni árboles, solamente el campo negro y sin estrellas, algo que parecía un muro abstracto limitando la cinta blanca del macadam con su río inmóvil de vehículos. Casi tropezó con el campesino del Ariane, que balbuceó una frase ininteligible; al olor de la gasolina, persistente en la autopista recalentada, se sumaba ahora la presencia más ácida del hombre, y el ingeniero volvió lo antes posible a su auto. La chica del Dauphine dormía apoyada sobre el volante, un mechón

de pelo contra los ojos; antes de subir al 404, el ingeniero se divirtió explorando en la sombra su perfil, adi-
vinando la curva de los labios que soplaban suavemente. Del otro lado, el hombre del DKW miraba
también dormir a la muchacha, fumando en silencio.

Por la mañana se avanzó muy poco pero lo bastante
como para darles la esperanza de que esa tarde se abriría la ruta hacia París. A las nueve llegó un extrajero
con buenas noticias: habían rellenado las grietas y
pronto se podría circular normalmente. Los muchachos
del Simca encendieron la radio y uno de ellos trepó al
techo del auto y gritó y cantó. El ingeniero se dijo que
la noticia era tan dudosa como las de la víspera, y que
el extranjero había aprovechado la alegría del grupo
para pedir y obtener una naranja que le dio el matrimonio del Ariane. Más tarde llegó otro extranjero con la
misma treta, pero nadie quiso darle nada. El calor empezaba a subir y la gente prefería quedarse en los autos
a la espera de que se concretaran las buenas noticias. A
mediodía la niña del 203 empezó a llorar otra vez, y la
muchacha del Dauphine fue a jugar con ella y se hizo
amiga del matrimonio. Los del 203 no tenían suerte: a
su derecha estaba el hombre silencioso del Caravelle,
ajeno a todo lo que ocurría en torno, y a su izquierda
tenían que aguantar la verbosa indignación del conductor de un Floride, para quien el embotellamiento era
una afrenta exclusivamente personal. Cuando la niña
volvió a quejarse de sed, al ingeniero se le ocurrió ir a
hablar con los campesinos del Ariane, seguro de que en
ese auto había cantidad de provisiones. Para su sorpresa
los campesinos se mostraron muy amables; compren-
dían que en una situación semejante era necesario ayudarse, y pensaban que si alguien se encargaba de dirigir
el grupo (la mujer hacía un gesto circular con la mano,
abarcando la docena de autos que los rodeaba) no se

pasarían apreturas hasta llegar a París. Al ingeniero lo molestaba la idea de erigirse en organizador, y prefirió llamar a los hombres del Taurus para conferenciar con ellos y con el matrimonio del Ariane. Un rato después consultaron sucesivamente a todo los del grupo. El joven soldado del Volkswagen estuvo inmediatamente de acuerdo, y el matrimonio del 203 ofreció las pocas provisiones que les quedaban (la muchacha del Dauphine había conseguido un vaso de granadina con agua para la niña, que reía y jugaba). Uno de los hombres del Taunus, que había ido a consultar a los muchachos del Simca, obtuvo un asentimiento burlón; el hombre pálido del Caravella se encogió de hombros y dijo que le daba lo mismo, que hicieran lo que les pareciese mejor. Los ancianos del ID y la señora del Beaulieu se mostraron visiblemente contentos, como si se sintieran más protegidos. Los pilotos del Floride y del DKW no hicieron observaciones, y el americano del De Soto los miró asombrado y dijo algo sobre la voluntad de Dios. Al ingeniero le resultó fácil proponer que uno de los ocupantes del Taunus, en el que tenía una confianza instintiva, se encargara de coordinar las actividades. A nadie le faltaría de comer por el momento, pero era necesario conseguir agua; el jefe, al que los muchachos del Simca llamaban Taunus a secas para divertirse, pidió al ingeniero, al soldado y a uno de los muchachos que exploraran la zona circundante de la autopista y ofrecieran alimentos a cambio de bebidas. Taunus, que evidentemente sabía mandar, había calculado que deberían cubrirse las necesidades de un día y medio como máximo, poniéndose en la posición menos optimista. En el 2HP de las monjas y en el Ariane de los campesinos había provisiones suficientes para ese tiempo, y si los exploradores volvían con agua el problema quedaría resuelto. Pero solamente el soldado regresó con una cantimplora llena, cuyo dueño exigía en cambio comida para dos personas. El ingeniero no encontró a nadie que pudiera ofrecer agua, pero el viaje le sirvió para advertir que más allá de su grupo se estaban constituyendo otras células con problemas semejantes; en un momento dado el ocupante de un Alfa Romeo se negó a hablar con él del asunto, y le dijo que se dirigiera al representante de su grupo, cinco autos atrás en la misma fila. Más tarde vieron volver al muchacho del Simca que no había podido conseguir agua, pero Taunus calculó que ya tenían bastante los dos niños, la anciana del ID y el resto de las mujeres. El ingeniero le estaba contando a la muchacha del Dauphine su circuito de la periferia (era la una de la tarde, y el sol los acorralaba en los autos) cuando ella lo interrumpió con un gesto y le señaló el Simca. En dos saltos el ingeniero llegó hasta el auto y sujetó por el codo a uno de los muchachos, que se repantigaba en su asiento para beber a grandes tragos de la cantimplora que había traído escondida en la chaqueta. A su gesto iracundo, el ingeniero respondió aumentando la presión en el brazo; el otro muchacho bajó del auto y se tiró sobre el ingeniero, que dio dos pasos atrás y lo esperó casi con lástima. El soldado ya venía corriendo, y los gritos de las monjas alertaron a Taunus y a su compañero; Taunus escuchó lo sucedido, se acercó al muchacho de la botella, y le dio un par de bofetadas. El muchacho gritó y protestó lloriqueando, mientras el otro rezongaba sin atreverse a intervenir. El ingeniero le quitó la botella y se la alcanzó a Taunus. Empezaban a sonar bocinas y cada cual regresó a su auto, por lo demás inútilmente puesto que la columna avanzó apenas cinco metros.

A la hora de la siesta, bajo un sol todavía más duro que la víspera, una de las monjas se quitó la toca y su compañera le mojó las sienes con agua de colonia. Las

mujeres improvisaban de a poco sus actividades samari-
tanas, yendo de un auto a otro, ocupándose de los niños para que los hombres estuvieran más libres; nadie
se quejaba pero el buen humor era forzado, se basaba
siempre en los mismos juegos de palabras, en un escepticismo de buen tono. Para el ingeniero y la muchacha
del Dauphine sentirse sudorosos y sucios era la vejación
más grande; los enternecía casi la rotunda indiferencia
del matrimonio de campesinos al olor que les brotaba
de las axilas cada vez que venían a charlar con ellos o a
repetir alguna noticia de último momento. Hacia el atardecer el ingeniero miró casualmente por el retrovisor y
encontró como siempre la cara pálida y de rasgos tensos
del hombre del Caravelle, que al igual que el gordo piloto del Floride se había mantenido ajeno a todas las
actividades. Le pareció que sus facciones se habían afi-
lado todavía más, y se preguntó si no estaría enfermo.
Pero después, cuando al ir a charlar con el soldado y su
mujer tuvo ocasión de mirarlo desde más cerca, se dijo
que ese hombre no estaba enfermo; era otra cosa, una
separación, por darle algún nombre. El soldado del
Volkswagen le contó más tarde que a su mujer le daba
miedo ese hombre silencioso que no se apartaba jamás
del volante y que parecía dormir despierto. Nacían hi-
pótesis, se creaba un folklore para luchar contra la inacción. Los niños del Taunus y el 203 se habían hecho
amigos y se habían peleado y luego se habían reconci-
liado; sus padres se visitaban, y la muchacha del Dauphine iba cada tanto a ver cómo se sentía la anciana del
ID y la señora del Beaulieu. Cuando al atardecer sopla-
ron bruscamente unas ráfagas tormentosas y el sol se
perdió entre las nubes que se alzaban al oeste, la gente
se alegró pensando que iba a refrescar. Cayeron algunas
gotas, coincidiendo con un avance extraordinario de
casi cien metros; a lo lejos brilló un relámpago y el ca-

lor subió todavía más. Había tanta electricidad en la atmósfera que Taunus, con un instinto que el ingeniero admiró sin comentarios, dejó al grupo en paz hasta la noche, como si temiera los efectos del cansancio y el calor. A las ocho las mujeres se encargaron de distribuir las provisiones; se había decidido que el Ariane de los campesinos sería el almacén general, y que el 2HP de las monjas serviría de depósito suplementario. Taunus había ido en persona a hablar con los jefes de los cuatro o cinco grupos vecinos; después, con ayuda del soldado y el hombre del 203, llevó una cantidad de alimentos a los otros grupos, regresando con más agua y un poco de vino. Se decidió que los muchachos del Simca cederían sus colchones neumáticos a la anciana del ID y a la señora del Beaulieu; la muchacha del Dauphine, les llevó dos mantas escocesas y el ingeniero ofreció su coche, que llamaba burlonamente el wagon-lit, a quienes los necesitaran. Para su sorpresa, la muchacha del Dauphine aceptó el ofrecimiento y esa noche compartió las cuchetas de 404 con una de las monjas; la otra fue a dormir al 203 junto a la niña y su madre, mientras el marido pasaba la noche sobre el macadam, envuelto en una frazada. El ingeniero no tenía sueño y jugó a los dados con Taunus y su amigo; en algún momento se les agregó el campesino del Ariane y hablaron de política bebiendo unos tragos del aguardiente que el campesino había entregado a Taurus esa mañana. La noche no fue mala, había refrescado y brillaban algunas estrellas entre las nubes.

Hacia el amanecer, los ganó el sueño, esa necesidad de estar a cubierto que nacía con la grisalla del alba. Mientras Taunus dormía junto al niño en el asiento trasero, su amigo y el ingeniero descansaron un rato en la delantera. Entre dos imágenes de sueño, el ingeniero creyó oír gritos a la distancia y vio un resplandor indis-

tinto; el jefe de otro grupo vino a decirle que treinta autos más adelante había habido un principio de incendio
en Estafette, provocado por alguien que había querido
hervir clandestinamente unas legumbres. Taunus bromeó sobre lo sucedido mientras iba de auto en auto
para ver cómo habían pasado todos la noche, pero a nadie se le escapó lo que quería decir. Esa mañana la columna empezó a moverse muy temprano y hubo de correr y agitarse para recuperar los colchones y las
mantas, pero como en todas partes debía estar suce-
diendo la mismo casi nadie se impacientaba ni hacía sonar las bocinas. A mediodía habían avanzado más de
cincuenta metros, y empezaba a divisarse la sombra de
un bosque a la derecha de la ruta. Se envidiaba la
suerte de los que en ese momento podían ir hasta la
banquina y aprovechar la frescura de la sombra; quizá
había un arroyo, o un grifo de agua potable. La muchacha del Dauphine cerró los ojos y pensó en una ducha
cayéndole por el cuello y la espalda, corriéndole por las
piernas; el ingeniero, que la miraba de reojo, vio dos lágrimas que le resbalaban por las mejillas.

Taunus, que acababa de adelantarse hasta el ID, vino
a buscar a las mujeres más jóvenes para que atendieran
a la anciana que no se sentía bien. El jefe del tercer
grupo a retaguardia contaba con un médico entre sus
hombres, y el soldado corrió a buscarlo. El ingeniero,
que había seguido con irónica benevolencia los esfuerzos de los muchachitos del Simca para hacerse perdonar su travesura, entendió que era el momento de darles su oportunidad. Con los elementos de una tienda de
campaña los muchachos cubrieron las ventanillas del
404, y el wagon-lit se trasformó en ambulancia para que
la anciana descansara en una oscuridad relativa. Su marido se tendió a su lado, teniéndole la mano, y los dejaron solos con el médico. Después las monjas se ocupa-

ron de la anciana, que se sentía mejor, y el ingeniero
pasó la tarde como pudo, visitando otros autos y descansando en el de Taunus cuando el sol castigaba demasiado; sólo tres veces le tocó correr su auto, donde
los viejitos parecían dormir, para hacerlo avanzar junto
con la columna hasta el alto siguiente. Los ganó la noche sin que hubiesen llegado a la altura del bosque.

Hacia las dos de la madrugada bajó la temperatura, y
los que tenían mantas se alegraron de poder envolverse
en ellas. Como la columna no se movería hasta el alba
(era algo que se sentía en el aire, que venía desde el horizonte de autos inmóviles en la noche) el ingeniero y
Taunus se sentaron a fumar y a charlar con el campesino del Ariane y el soldado. Los cálculos de Taunus no
correspondían ya a la realidad, y lo dijo francamente;
por la mañana habría que hacer algo para conseguir
más provisiones y bebidas. El soldado fue a buscar a los
jefes de los grupos vecinos, que tampoco dormían, y se
discutió el problema en voz baja para no despertar a las
mujeres. Los jefes habían hablado con los responsables
de los grupos más alejados, en un radio de ochenta o
cien automóviles, y tenían la seguridad de que la situación era análoga en todas partes. El campesino conocía
bien la región y propuso que dos o tres hombres de
cada grupo salieran al alba para comprar provisiones en
las granjas cercanas, mientras Taunus se ocupaba de de-
signar pilotos para los autos que quedaran sin dueño
durante la expedición. La idea era buena y no resultó
difícil reunir dinero entre los asistentes; se decidió que
el campesino, el soldado y el amigo de Taunus irían
juntos y llevarían todas las bolsas, redes y cantimploras
disponibles. Los jefes de los otros grupos volvieron a
sus unidades para organizar expediciones similares, y al
amanecer se explicó la situación a las mujeres y se hizo
lo necesario para que la columna pudiera seguir avan-

zando. La muchacha del Dauphine le dijo al ingeniero que la anciana ya estaba mejor y que insistía en volver a su ID; a las ocho llegó el médico, que no vio inconveniente en que el matrimonio regresara a su auto. De todos modos, Taunus decidió que el 404 quedaría habilitado permanentemente como ambulancia; los muchachos, para divertirse, fabricaron un banderín con una cruz roja y la fijaron en la antena del auto. Hacía ya rato que la gente prefería salir lo menos posible de sus coches, la temperatura seguía bajando y a mediodía empezaron los chaparrones y se vieron relámpagos a la distancia. La mujer del campesino se apresuró a recoger agua con un embudo y una jarra de plástico, para especial regocijo de los muchachos del Simca. Mirando todo eso, inclinado sobre el volante donde había un libro abierto que no le interesaba demasiado, el ingeniero se preguntó por qué los expedicionarios tardaban tanto en regresar; más tarde Taunus lo llamó discretamente a su auto y cuando estuvieron dentro le dijo que habían fracasado. El amigo de Taunus dio detalles: la granjas estaban abandonadas o la gente se negaba a venderles nada, aduciendo las reglamentaciones sobre ventas a particulares y sospechando que podían ser inspectores que se valían de las circunstancias para ponerlos a prueba. A pesar de todo habían podido traer una pequeña cantidad de agua y algunas provisiones, quizá robadas por el soldado que sonreía sin entrar en detalles. Desde luego ya no podía pasar mucho tiempo sin que cesara el embotellamiento, pero los alimentos de que se disponía no eran los más adecuados para los dos niños y la anciana. El médico, que vino hacia las cuatro y media para ver a la enferma, hizo un gesto de exasperación y cansancio y dijo a Taunus que en su grupo y en todos los grupos vecinos pasaba lo mismo. Por la radio se había hablado de una operación de emergencia para despejar la auto-

pista, pero aparte de un helicóptero que apareció breve-
mente al anochecer no se vieron otros aprestos. De todas maneras hacía cada vez menos calor, y la gente parecía esperar la llegada de la noche para taparse con las
mantas y abolir en el sueño algunas horas más de espera. Desde su auto el ingeniero escuchaba la charla de
la muchacba del Dauphine con el viajante del DKW,
que le contaba cuentos y la hacía reír sin ganas. Lo sorprendió ver a la señora del Beaulieu que casi nunca
abandonaba su auto, y bajó para saber si nesecitaba alguna cosa, pero la señora buscaba solamente las últimas
noticias y se puso a hablar con las monjas. Un hastío
sin nombre pesaba sobre ellos al anochecer; se esperaba
más del sueño que de las noticias siempre contradictorias o desmentidas. El amigo de Taunus llegó discretamente a buscar al ingeniero, al soldado y al hombre del
203. Taunus les anunció que el tripulante del Floride
acababa de desertar; uno de los muchachos del Simca
había visto el coche vacío, y después de un rato se había puesto a buscar a su dueño para matar el tedio. Nadie conocía mucho al hombre gordo del Floride, que
tanto había protestado el primer día aunque después
acabara por quedarse tan callado como el piloto del Caravelle. Cuando a las cinco de la mañana no quedó la
menor duda de que Floride, como se divertían en llamarlo los chicos del Simca, había desertado llevándose
una valija de mano y abandonando otra llena de cami-
sas y ropa interior, Taunus decidió que uno de los muchachos se haría cargo del auto abandonado para no in-
movilizar la columna. A todos los había fastidiado
vagamente esa deserción en la oscuridad, y se preguntaban hasta dónde habría podido llegar Floride en su
fuga a través de los campos. Por lo demás parecía ser la
noche de las grandes decisiones: tendido en su cucheta
del 404, al ingeniero le pareció oír un quejido, pero

pensó que el soldado y su mujer serían responsables de
algo que, después de todo, resultaba comprensible en
plena noche y en esas circunstancias. Después lo pensó
mejor y levantó la lona que cubría la ventanilla trasera;
a la luz de unas pocas estrellas vio a un metro y medio
el eterno parabrisas del Caravelle y detrás, como pegada
al vidrio y un poco ladeada, la cara convulsa del hombre. Sin hacer ruido salió por el lado izquierdo para no
derpertar a las monjas, y se acercó al Caravelle. Después
buscó a Taunus, y el soldado corrió a prevenir al médico. Desde luego el hombre se había suicidado tomando algún veneno; las líneas a lápiz en la agenda bas-
taban, y la carta dirigida a una tal Yvette, alguien que lo
había abandonado en Vierzon. Por suerte la costumbre
de dormir en los autos estaba bien establecida (las noches eran ya tan frías que a nadie se le hubiera ocurrido quedarse fuera) y a pocos les preocupaba que
otros anduvieran entre los coches y se deslizaran hacia
los bordes de la autopista para aliviarse. Taunus llamó a
un consejo de guerra, y el médico estuvo de acuerdo
con su propuesta. Dejar el cadáver al borde de la autopista significaba someter a los que venían más atrás a
una sorpresa por lo menos penosa; llevarlo más lejos, en
pleno campo, podía provocar la violenta repulsa de los
lugareños, que la noche anterior habían amenazado y
golpeado a un muchacho de otro grupo que buscaba de
comer. El campesino del Ariane y el viajante del DKW
tenían lo necesario para cerrar herméticamente el portaequipajes del Carabelle. Cuando empezaban su trabajo
se les agregó la muchacha del Dauphine, que se colgó
temblando del brazo del ingeniero. El le explicó en voz
baja lo que acababa de ocurrir y la devolvió a su auto,
ya más tranquila. Taunus y sus hombres habían metido
el cuerpo en el portaequipajes, y el viajante trabajó con
scoth tape y tubos de cola líquida y la luz de la linterna

del soldado. Como la mujer del 203 sabía conducir, Taunus resolvió que su marido se haría cargo del Caravelle que quedaba a la derecha del 203; así, por la mañana, la niña del 203 descubrió que su papá tenía otro auto, y jugó horas a pasar de uno a otro y a instalar parte de sus juguetes en el Caravelle.

Por primera vez el frío se hacía sentir en pleno día, y nadie pensaba en quitarse las chaquetas. La muchacha del Dauphine y las monjas hicieron el inventario de los abrigos disponibles en el grupo. Había unos pocos pulóveres que aparecían por casualidad en los autos o en alguna valija, mantas, alguna gabardina o abrigo ligero. Se estableció una lista de prioridades, se distribuyeron los abrigos. Otra vez volvía a faltar el agua, y Taunus envió a tres de sus hombres, entre ellos el ingeniero, para que trataran de establecer contacto con los lugareños. Sin que pudiera saberse por qué, la resistencia exterior era total; bastaba salir del límite de la autopista para que desde cualquier sitio llovieran piedras. En plena noche alguien tiró una guadaña que golpeó sobre el techo del DKW y cayó al lado del Dauphine. El viajante se puso muy pálido y no se movió de su auto, pero el americano del De Soto (que no formaba parte del grupo de Taunus pero que todos apreciaban por su buen humor y sus risotadas) vino a la carrera y después de revolear la guadaña la devolvió campo afuera con todas sus fuerzas, maldiciendo a gritos. Sin embargo, Taunus no creía que conviniera ahondar la hostilidad; quizá fuese todavía posible hacer una salida en busca de agua.

Ya nadie llevaba la cuenta de lo que había avanzado ese día o esos días; la muchacha del Dauphine creía que entre ochenta y doscientos metros; el ingeniero era menos optimista pero se divertía en prolongar y complicar los cálculos con su vecina, interesado de a ratos en quitarle la compañía del viajante del DKW que le hacía la corte a su manera profesional. Esa misma tarde el muchacho encargado del Floride corrió a avisar a Taunus que un Ford Mercury ofrecía agua a buen precio. Taunus se negó, pero al anochecer una de las monjas le pidió al ingeniero un sorbo de agua para la anciana del ID que sufría sin quejarse, siempre tomada de la mano de su marido y atendida alternativamente por las monjas y la muchacha del Dauphine. Quedaba medio litro de agua, y las mujeres lo destinaron a la anciana y a la señora del Beaulieu. Esa misma noche Taurus pagó de su bolsillo dos litros de agua; el Ford Mercury prometió conseguir más para el día siguiente, al doble del precio.

Era difícil reunirse para discutir, porque hacía tanto frío que nadie abandonaba los autos como no fuera por un motivo imperioso. Las baterías empezaban a descargarse y no se podía hacer funcionar todo el tiempo la calefacción; Taunus decidió que los dos coches mejor equipados se reservarían llegado el caso para los enfermos. Envueltos en mantas (los muchachos del Simca habían arrancado el tapizado de su auto para fabricarse chalecos y gorros, y otros empezaban a imitarlos), cada uno trataba de abrir lo menos posible las portezuelas para conservar el calor. En algunas de esas noches heladas el ingeniero oyó llorar ahogadamente a la muchacha del Dauphine. Sin hacer ruido, abrió poco a poco la portezuela y tanteó en la sombra hasta rozar una mejilla mojada. Casi sin resistencia la chica se dejó atraer al 404; el ingeniero la ayudó a tenderse en la cucheta, la abrigó con la única manta y le echó encima su gabardina. La oscuridad era más densa en el coche ambulancia con sus ventanillas tapadas por las lonas de la tienda. En algún momento el ingeniero bajó los dos parasoles y colgó de ellos su camisa y un pulóver para aislar completamente el auto. Hacia el

amanecer ella le dijo al oído que antes de empezar a
llorar había creído ver a lo lejos, sobre la derecha, las
luces de una ciudad.

Quizá fuera una ciudad pero las nieblas de la mañana no dejaban ver ni a veinte metros. Curiosamente
ese día la columna avanzó bastante más, quizá doscientos o trescientos metros. Coincidió con nuevos anuncios
de la radio (que casi nadie escuchaba, salvo Taunus que
se sentía obligado a mantenerse al corriente); los locuto-
res hablaban enfáticamente de medidas de excepción
que liberarían la autopista, y se hacían referencias al
agotador trabajo de las cuadrillas camineras y de las
fuerzas policiales. Bruscamente, una de las monjas de-
liró. Mientras su compañera la contemplaba aterrada y
la muchacha del Dauphine le humedecía las sienes con
un resto de perfume, la monja habló de Armagedón, del
noveno día, de la cadena de cinabrio. El médico vino
mucho después, abriéndose paso entre la nieve que caía
desde el mediodía y amurallaba poco a poco los autos.
Deploró la carencia de una inyección calmante y acon-
sejó que llevaran a la monja a un auto con buena calefacción. Taunus la instaló en su coche, y el niño pasó al
Caravelle donde también estaba su amiguita del 203; ju-
gaban con sus autos y se divertían mucho porque eran
los únicos que no pasaban hambre. Todo ese día y los
siguientes nevó casi de continuo, y cuando la columna
avanzaba unos metros había que despejar con medios
improvisados las masas de nieve amontonadas entre los
autos.

A nadie le hubiera ocurrido asombrarse por la forma
en que se obtenían las provisiones y el agua. Lo único
que podía hacer Taunus era administrar los fondos comunes y tratar de sacar el mejor partido posible de algunos trueques. El Ford Mercury y un Porsche venían
cada noche a traficar con las vituallas: Taunus y el inge-

niero se encargaban de distribuirlas de acuerdo con el
estado físico de cada uno. Increíblemente la anciana del
ID sobrevivía, perdida en un sopor que las mujeres se
cuidaban de disipar. La señora del Beaulieu que unos
días antes había sufrido de náuseas y vahídos, se había
repuesto con el frío y era de las que más ayudaban a la
monja a cuidar a su compañera, siempre débil y un
poco extraviada. La mujer del soldado y la del 203 se
encargaban de los dos niños; el viajante del DKW,
quizá para consolarse de que la ocupante del Dauphine
hubiera preferido al ingeniero, pasaba horas contándoles
cuentos a los niños. En la noche los grupos ingresaban
en otra vida sigilosa y privada; las portezuelas se abrían
silenciosamente para dejar entrar o salir alguna silueta
aterida; nadie miraba a los demás, los ojos estaban tan
ciegos como la sombra misma. Bajo mantas sucias, con
manos de uñas crecidas, oliendo a encierro y a ropa sin
cambiar, algo de felicidad duraba aquí y allá. La muchacha del Dauphine no se había equivocado: a lo lejos
brillaba una ciudad, y poco a poco se irían acercando.
Por las tardes el chico del Simca se trepaba al techo de
su coche, vigía incorregible envuelto en pedazos de tapizado y estopa verde. Cansado de explorar el horizonte
inútil, miraba por milésima vez los autos que lo rodeaban; con alguna envidia descubría a Dauphine en el
auto 404, una mano acariciando un cuello, el final de
un beso. Por pura broma, ahora había reconquistado la
amistad del 404, les gritaba que la columna iba a moverse; entonces Dauphine tenía que abandonar el 404 y
entrar en su auto, pero al rato volvía a pasarse en busca
de calor, y al muchacho del Simca le hubiera gustado
tanto poder traer a su coche a alguna chica de otro
grupo, pero no era ni para pensarlo con ese frío y esa
hambre, sin contar que el grupo de más adelante estaba
en franco tren de hostilidad con el de Taunus por una

historia de un tubo de leche condensada, y salvo las transacciones oficiales con Ford Mercury y con Porsche no había relación posible con los otros grupos. Entonces el muchacho del Simca suspiraba descontento y volvía a hacer de vigía hasta que la nieve y el frío lo obligaban a meterse tiritando en su auto.

Pero el frío empezó a ceder, y después de un período de lluvias y vientos que enervaron los ánimos y aumentaron las dificultades de aprovisionamiento, siguieron días frescos y soleados en que ya era posible salir de los autos, visitarse, reanudar relaciones con los grupos vecinos. Los jefes habían discutido la situación, y finalmente se logró hacer la paz con el grupo de más adelante. De la brusca desaparición de Ford Mercury se habló mucho tiempo sin que nadie supiera lo que había podido ocurrirle, pero Porsche siguió viniendo y controlando el mercado negro. Nunca faltaban del todo el agua o las conservas, aunque los fondos del grupo disminuían y Taunus y el ingeniero se preguntaban qué ocurriría el día en que no hubiera más dinero para Porsche. Se habló de un golpe de mano, de hacerlo prisionero y exigirle que revelara la fuente de los suministros, pero en esos días la columna había avanzado un buen trecho y los jefes prefirieron seguir esperando y evitar el riesgo de echarlo todo a perder por una decisión violenta. Al ingeniero, que había acabado por ceder a una indiferencia casi agradable, lo sobresaltó por un momento el tímido anuncio de la muchacha del Dauphine, pero después comprendió que no se podía hacer nada para evitarlo y la idea de tener un hijo de ella acabó por parecerle tan natural como el reparto nocturno de las provisiones o los viajes furtivos hasta el borde de la autopista. Tampoco la muerte de la anciana del ID podía sorprender a nadie. Hubo que trabajar otra vez en plena noche, acompañar y consolar al marido que no se resignaba a entender. Entre dos de los grupos de vanguardia estalló una pelea y Taunus tuvo que oficiar de árbitro y resolver precariamente la diferencia. Todo sucedía en cualquier momento, sin horarios previsibles; lo más importante empezó cuando ya nadie lo esperaba, y al menos responsable le tocó darse cuenta el primero. Trapado en el techo del Simca, el alegre vigía tuvo la impresión de que el horizonte había cambiado (era el atardecer, un sol amarillento deslizaba su luz rasante y mezquina) y que algo inconcebible estaba ocurriendo a quinientos metros, a trescientos, a doscientos cincuenta. Se lo gritó al 404 y el 404 le dijo algo a Dauphine que se pasó rápidamente a su auto cuando ya Taunus, el soldado y el campesino venían corriendo y desde el techo del Simca el muchacho señalaba hacia adelante y repetía interminablemente el anuncio como si quisiera convencerse de que lo que estaba viendo era verdad; entonces oyeron la conmoción, algo como un pesado pero incontenible movimiento migratorio que despertaba de un interminable sopor y ensayaba sus fuerzas. Taunus les ordenó a gritos que volvieran a sus coches; el Beaulieu, el ID, el Fiat 600 y el De Soto arrancaron con un mismo impulso. Ahora el 2HP, el Taunus, el Simca y el Ariane empezaban a moverse, y el muchacho del Simca, orgulloso de algo que era como un triunfo, se volvía hacia el 404 y agitaba el brazo mientras el 404, el Dauphine, el 2HP, de las monjas y el DKW se ponían a su vez en marcha. Pero todo estaba en saber cuánto iba a durar eso; el 404 se lo preguntó casi por rutina mientras se mantenía a la par de Dauphine y le sonreía para darle ánimo. Detrás, el Volkswagen, el Caravelle, el 203 y el Floride arrancaban a su vez lentamente, un trecho en primera velocidad, después la segunda, interminablemente la segunda pero ya sin desembragar como tantas veces, con el pie firme en el acelerador, esperando poder pasar a tercera. Estirando el brazo izquierdo el 404 buscó la mano de Dauphine, rozó apenas la punta de sus dedos, vio en su cara una sonrisa de incrédula esperanza y pensó que iban a llegar a París y que se bañarían, que irían juntos a cualquier lado, a su casa o a la de ella a bañarse, a comer, a bañarse interminablemente y a comer y beber, y que después habría muebles, habría un dormitorio con muebles y un cuarto de baño con espuma de jabón para afeitarse de verdad, y retretes, comida y retretes y sábanas. París era un retrete y dos sábanas y el agua caliente por el pecho y las piernas, y una tijera de uñas, y vino blanco, beberían vino blanco antes de besarse y sentirse oler a lavanda y a colonia, antes de conocerse de verdad a plena luz, entre sábanas limpias, y volver a bañarse por juego, amarse y bañarse y beber y entrar en la peluquería, entrar en el baño, acariciar las sábanas y acariciarse entre las sábanas y amarse entre la espuma y la lavanda y los cepillos antes de empezar a pensar en lo que iban a hacer, en el hijo y los problemas y el futuro, y todo eso siempre que no se detuvieran, que la columna continuara aunque todavía no se pudiese subir a la tercera velocidad, seguir así en segunda, pero seguir. Con los paragolpes rozando el Simca, el 404 se echó atrás en el asiento, sintió aumentar la velocidad, sintió que podía acelerar sin peligro de irse contra el Simca, y que el Simca aceleraba sin peligro de chocar contra el Beaulieu, y que detrás venía el Caravelle y que todos aceleraban más y más, y que ya se podía pasar a tercera sin que el motor penara, y la palabra calzó increíblemente en la tercera y la marcha se hizo suave y se aceleró todavía más, y el 404 miró enternecido y deslumbrado a su izquierda buscando los ojos de Dauphine. Era natural que con tanta aceleración las filas ya no se mantuvieran paralelas, Dauphine se había adelan-

tado casi un metro y el 404 le veía la nuca y apenas el
perfil, justamente cuando ella se volvía para mirarlo y
hacía un gesto de sorpresa al ver que el 404 se retra-
saba todavía más. Tranquilizándola con una sonrisa el
404 aceleró bruscamente, pero casi enseguida tuvo que
frenar porque estaba a punto de rozar el Simca; le tocó
secamente la bocina y el muchacho del Simca lo miró
por el retrovisor y le hizo un gesto de impotencia, mos-
trándole con la mano izquierda el Beaulieu pegado a su
auto. El Dauphine iba tres metros más adelante, a la altura del Simca, y la niña del 203, al nivel del 404, agitaba los brazos y le mostraba su muñeca. Una mancha
roja a la derecha desconcertó al 404; en vez del 2HP de
las monjas o del Volkswagen del soldado vio un Chevrolet desconocido, y casi enseguida el Chevrolet se ade-
lantó seguido por un Lancia y por un Renault 8. A su
izquierda se le apareaba un ID que empezaba a sacarle
ventaja metro a metro, pero antes de que fuera susti-
tuido por un 403, el 404 alcanzó a distinguir todavía en
la delantera el 203 que ocultaba ya a Dauphine. El
grupo se dislocaba, ya no existía, Taunus debía de estar
a más de veinte metros adelante, seguido de Dauphine;
al mismo tiempo la tercera fila de la izquierda se atra-
saba porque en vez del DKW del viajante, el 404 alcanzaba a ver la parte trasera de un viejo furgón negro,
quizá un Citroën o un Peugeot. Los autos corrían en
tercera, adelantándose o perdiendo terreno según el
ritmo de su fila, y a los lados de la autopista se veían
huir los árboles, algunas casas entre las masas de niebla
y el anochecer. Después fueron las luces rojas que todos encendían siguiendo el ejemplo de los que iban
adelante, la noche que se cerraba bruscamente. De
cuando en cuando sonaban bocinas, las agujas de los
velocímetros subían cada vez más, algunas filas corrían
a setenta kilómetros, otras a sesenta y cinco, algunas a

sesenta. El 404 había esperado todavía que el avance y el retroceso de las filas le permitiera alcanzar otra vez a Dauphine, pero cada minuto lo iba convenciendo de que era inútil, que el grupo se había disuelto irrevocablemente, que ya no volverían a repetirse los encuentros rutinarios, los mínimos rituales, los consejos de guerra en el auto de Taunus, las caricias de Dauphine en la paz de la madrugada, las risas de los niños jugando con sus autos, la imagen de la monja pasando las cuentas del rosario. Cuando se encendieron las luces de los frenos del Simca, el 404 redujo la marcha con un absurdo sentimiento de esperanza, y apenas puesto el freno de mano saltó del auto y corrió hacia adelante. Fuera del Simca y el Beaulieu (más atrás estaría el Caravelle, pero poco le importaba) no reconoció ningún auto; a través de cristales diferentes lo miraban con sorpresa y quizá escándalo otros rostros que no había visto nunca. Sonaban las bocinas, y el 404 tuvo que volver a su auto; el chico de Simca le hizo un gesto amistoso, como si comprendiera, y señaló alentadoramente en dirección de París. La columna volvía a ponerse en marcha, lentamente durante unos minutos y luego como si la autopista estuviera definitivamente libre. A la izquierda del 404 corría un Taunus, y por un segundo al 404 le pareció que el grupo se recomponía, que todo entraba en el orden, que se podría seguir adelante sin destruir nada. Pero era un Taunus verde, y en el volante había una mujer con anteojos ahumados que miraba fijamente hacia adelante. No se podía hacer otra cosa que abandonarse a la marcha, adaptarse mecánicamente a la velocidad de los autos que lo rodeaban, no pensar. En el Volkswagen del soldado debía de estar su chaqueta de cuero. Taunus tenía la novela que él había leído en los primeros días. Un frasco de lavanda casi vacío en el 2HP de las monjas. Y él tenía ahí, tocándolo a veces con la mano derecha, el osito de felpa que Dauphine le había regalado como mascota. Absurdamente se aferró a la idea de que a las nueve y media se distribuirían los alimentos, habría que visitar a los enfermos, examinar la situación con Taunus y el campesino del Ariane; después sería la noche, sería Dauphine subiendo sigilosamente a su auto, las estrellas o las nubes, la vida. Sí, tenía que ser así, no era posible que eso hubiera terminado para siempre. Tal vez el soldado consiguiera una ración de agua, que había escaseado en las últimas horas; de todos modos se podía contar con Porsche, siempre que se le pagara el precio que pedía. Y en la antena de la radio flotaba locamente la bandera con la cruz roja, y se corría a ochenta kilómetros por hora hacia las luces que crecían poco a poco, sin que ya se supiera bien por qué tanto apuro, por qué esa carrera en la noche entre autos desconodidos donde nadie sabía nada de los otros, donde todo el mundo miraba fijamente hacia adelante, exclusivamente hacia adelante.

(Acapulco, México, 1918-México, 1986)

La brevedad de su obra literaria —esencialmente consiste en
el libro de cuentos El llano en llamas y la novela Pedro Páramo, ambos escuetos—, no impide considerarla una de las mayores contribuciones a la renovación de la narrativa hispanoamericana, una década antes de que se hablase del «boom». De hecho
esa exigüidad ha alcanzado un carácter casi legendario porque
ambos títulos son obras maestras en sus respectivos géneros, difíciles de superar aun por su propio autor. En efecto, poco después
de publicarlos, Rulfo entró en una honda crisis personal y en un
período de silencio casi total (salvo por un libro de guiones y
textos para el cine) que se prolongó hasta su muerte. Irónico destino de un escritor cuya obra hizo de la elipsis, la soledad y el
silencio vehículos de una enorme fuerza expresiva. Clausurando
efectivamente su ciclo creador, en 1974 Rulfo destruyó el original inconcluso de La cordillera, la novela en la que había trabajado infructuosamente por más de una década.

Una experiencia fundamental de su infancia es la violencia
desatada por la rebelión cristera (1926-1928), esa reacción de los

sectores católicos tradicionales contra el laicismo revoluciona-
rio; las escenas de bandolerismo y luchas faccionales de sus
cuentos y el clima general de su novela deben mucho a este
crítico momento de la historia mexicana. En 1934 Rulfo llega
a la capital e inicia estudios de leyes, que abandona muy pron-
to, pasando a desempeñar diversos trabajos burocráticos, hasta
que en 1962 —después de vivir tres años en Guadalajara—
entra a ocupar un cargo en el Instituto Nacional Indigenista,
que mantuvo hasta el final de su vida. A partir de 1945 había
empezado a publicar relatos en revistas y periódicos mexica-
nos. Poco más puede agregarse de una vida muy privada, y no
es exagerado decir que los hechos más notorios son sus libros.
Ambos tuvieron inmediato éxito de público y de crítica, pero
produjeron también —sobre todo Pedro Páramo— *algún des-*
concierto y confusión: aunque trataban temas mexicanos y
presentaban situaciones reconocibles, no eran narraciones tra-
dicionales. Señalaban la crisis y la renovación más radical de
esa peculiar forma del regionalismo mexicano que se conoce
como «la novela de la revolución». Su posición frente a ella es
semejante a la que tiene José María Arguedas (véase) respecto
del indigenismo peruano, aparte de otras conexiones entre sus
respectivas obras y vidas.

En su cosmovisión del hombre y el ámbito rural mexicanos
son decisivos los aportes técnicos de la novela norteamericana,
sobre todo el de Faulkner, pero también las hondas visiones
del mundo campesino de los escritores rusos, franceses y nórdi-
cos, que sin dejar de ser realistas capturan un sentido místico y
«primitivo» en un orden de vida ligado a la tierra. Un aspecto
capital en Rulfo es su aguda fragmentación del tiempo narrati-
vo. En su obra, el tiempo no es un dato objetivo y confiable,
sino la percepción discontinua y oscura de una conciencia sub-
jetiva frecuentemente limitada (como ocurre en «Macario») o
sospechosa (como vemos en «En la madrugada»). No tenemos
la totalidad del hilo temporal sino su precaria composición
por la memoria y el designio íntimo de cada individuo. La

*imaginación del autor opera con secuencias sintetizadoras del
proceso general, cuyos bordes se superponen o dejan vacíos que
empañan la visión del conjunto y desordenan la sucesión temporal lógica. Rompecabezas o laberinto temporal que tiene
mucho del montaje cinematográfico, con sus técnicas del* flash-
back, *el* fade-out *y las voces en* off. *Esas distintas perspectivas crean estructuras narrativas marcadas por reiteraciones,
adelantos y retornos, ecos y reflejos que diseminan y profun-
dizan los valores simbólicos en el relato.*

*Otro aspecto relacionado con éste es la presentación de una
realidad cuyas fronteras con las formas de la imaginación popular se han borrado y confundido casi por completo. Así, a la
difusión del tiempo corresponde una difuminación del espacio en
el que los personajes viven sus dramas. En* Pedro Páramo, *las
dicotomías vida/muerte, y mundo concreto/ultratumba se
disuelven en una realidad ambigua que contradice las evidencias
racionales. Los muertos hablan entre ellos y con los vivos, en un
trasmundo de sueños anticipatorios, promesas rituales y castigos
predestinados. Esta visión, siendo muy personal, hunde sus raíces
en la mitología del antiguo México y en creencias mágico-católi-
cas del presente. Por ejemplo, la asociación de la muerte con las
experiencias de la ebriedad, el sueño y la sexualidad, tan frecuentes en Rulfo, tienen una base en la teología náhuatl. Según
ésta, la muerte era irreversible pero no acarreaba la aniquilación
total del individuo y contenía, en cierto modo, una forma de
«vida». Los lectores de Rulfo reconocerán fácilmente cómo el
autor reactiva ese fondo de creencias y las convierte en una coherente interpretación del alma colectiva mexicana.*

*La violencia, el odio, la venganza generalizada (aun dentro
de una familia) y el abandono que el campo había sufrido
debido a la guerra revolucionaria, están presentes en los cuentos de Rulfo; pero también la agónica ternura y la piedad que
resiste la fuerza de esas divisiones. La atmósfera luctuosa,
desolada y sin esperanza domina en* El llano en llamas. *El
ardido laconismo del lenguaje, las elipsis de las estructuras que*

dejan mucho librado a la imaginación, la rigurosa economía formal que prescinde de todo lo accesorio, producen un efecto imborrable, de que algo tremendo e inevitable está ocurriendo por razones que no comprendemos bien. Una extraordinaria muestra de ese arte puede verse en «No oyes ladrar los perros», conmovedora parábola de amor paternal. En ella vemos a un viejo cargando sobre sus hombros el cuerpo herido del hijo bandolero, mientras reniega de él por la vergüenza que le causa. La enorme concentración dramática que alcanza el texto no sólo se debe a su brevedad, sino a la forma austera de su composición: lo que pasa es mínimo, pues todo se reduce a la contemplación de esa imagen terrible de dos cuerpos entrelazados en su penoso trayecto, cada uno con su propia agonía pero con un doloroso lazo común. El narrador nos coloca, con un arranque in medias res, *en una situación que prácticamente no cambia y que es intolerable.*

Al principio no entendemos bien qué es lo que está pasando y menos la razón por la cual el padre lleva sobre sí al hijo. Pero la imagen es tremenda y lo dice todo: los dos hombres forman un solo cuerpo, una figura contrahecha en el que va «arriba» ve pero no puede caminar, y el que va «abajo» camina sin ver. El desolado y hostil paisaje, que parece dibujado con tintas expresionistas, también divide al mundo en dos partes: la espectral luz de la luna arriba, la tierra bañada en sombras abajo. Se diría que la imagen expresa la más intensa piedad que un padre puede sentir por su hijo, pero el diálogo —filoso, lleno de rencores y distancias— nos revela que ese amor está rodeado de repudio; por eso el padre no vacila en añadir a la agonía del hijo las duras palabras que tiene que decirle. En su descargo, hay que admitir que no hay otra salida: el hijo está muriendo. El monstruoso —y humanísimo— centauro que crean acoplados, es la más patética figura que pueda existir de la relación paterno-filial y su ambivalencia. El lugar común de que los hijos son una «carga» para sus padres está concretado en esta imagen sin duda trágica y desgarrada, que es también esencial en Pedro Páramo. *Pero su simbolismo no se agota allí y evoca otras alegorías de origen mitológico, bíblico o estético: el pastor que salva a la oveja descarriada llevándola sobre los hombros; el Vía Crucis de Cristo y su clamor al sentirse abandonado por el Padre; La Pietà de Miguel Angel; el verso de Vallejo que dice: «Un cojo pasa dando el brazo a un niño», etc. Y no olvidemos que el final nos niega la certeza de la muerte del hijo, pues Rulfo no nos dice que las gotas que caían sobre el viejo eran o no de sangre; sólo que eran «gruesas gotas como de lágrimas».*

Obra narrativa: *El llano en llamas*, México: Fondo de Cultura Económica, 1953; ed. de Carlos Blanco Aguinaga, Madrid: Cátedra, 1985; *Pedro Páramo*, México: Fondo de Cultura Económica, 1955; *Obras completas*, ed. de Jorge Ruffinelli, Caracas: Ayacucho, 1977; *Antología personal*, pról. de Jorge Ruffinelli, México: Era, 1988; Madrid: Alianza Editorial, 1988.

Crítica: Durán, Manuel, *Tríptico mexicano* *, pp. 9-50; «El primer cuento de R.», *La Jornada Semanal*, México, n.º 78 (1990), pp. 27-30; Estrada, Julio, *El sonido de R.*, México: UNAM, 1990; Gordon, Donald K., *Los cuentos de J. R.*, Madrid: Playor, 1976; Giacoman, Helmy F., *Homenaje a J. R.*, Nueva York: Las Américas, 1974; Janney, Frank, ed., *Inframundo. El México de J. R.*, [inc. fotografías de J. R.], Nueva York: Ediciones del Norte, 1983; Leal, Luis, *J. R.*, Boston: Twayne, 1983; Medina, Dante, ed., *Homenaje a R.*, Guadalajara, México: Universidad, 1989; Peralta, Violeta y Befumo Boschi, Liliana, *R. La soledad creadora*, Buenos Aires: García Cambeiro, 1975; Rama, Angel, *Primeros cuentos...* *, pp. 203-223; Rodríguez Alcalá, Hugo, *El arte de J. R.*, México: INBA, 1965; Rowe, William, *R. El llano en llamas*, Valencia: Grant & Cutler/Tamesis Books, 1987; Ruffinelli, Jorge, *El lugar de Rulfo...* *, pp. 9-65; Sommers, Joseph, ed., *La narrativa de J. R.: Interpretaciones críticas*, México: SEP-Setenta, 1974.

—Tú que vas allá arriba, Ignacio, dime si no oyes alguna señal de algo o si ves alguna luz en alguna parte.

—No se ve nada.

—Ya debemos estar cerca.

—Sí, pero no se oye nada.

—Mira bien.

—No se ve nada.

—Pobre de ti, Ignacio.

La sombra larga y negra de los hombres siguió moviéndose de arriba abajo, trepándose a las piedras, disminuyendo y creciendo según avanzaba por la orilla del arroyo. Era una sola sombra, tambaleante.

La luna venía saliendo de la tierra, como una llamarada redonda.

—Ya debemos estar llegando a ese pueblo, Ignacio. Tú que llevas las orejas de fuera, fíjate a ver si no oyes ladrar los perros. Acuérdate que nos dijeron que

Tonaya estaba detrasito del monte. Y desde qué horas que hemos dejado el monte. Acuérdate, Ignacio.

—Sí, pero no veo rastro de nada.

—Me estoy cansando.

—Bájame.

El viejo se fue reculando hasta encontrarse con el paredón y se recargó allí, sin soltar la carga de sus hombros. Aunque se le doblaban las piernas, no quería sentarse, porque después no hubiera podido levantar el cuerpo de su hijo, al que allá atrás, horas antes, le habían ayudado a echárselo a la espalda. Y así lo había traído desde entonces.

—¿Cómo te sientes?

—Mal.

Hablaba poco. Cada vez menos. En ratos parecía dormir. En ratos parecía tener frío. Temblaba. Sabía cuándo le agarraba a su hijo el temblor por las sacudidas que le daba, y porque los pies se le encajaban en los ijares como espuelas. Luego las manos del hijo, que traía trabadas en su pescuezo, le zarandeaban la cabeza como si fuera una sonaja.

El apretaba los dientes para no morderse la lengua y cuando acababa aquello le preguntaba:

—¿Te duele mucho?

—Algo —contestaba él.

Primero le había dicho: «Apéame aquí... Déjame aquí... Vete tú solo. Yo te alcanzaré mañana o en cuanto me reponga un poco». Se lo había dicho como cincuenta veces. Ahora ni siquiera eso decía.

Allí estaba la luna. Enfrente de ellos. Una luna grande y colorada que les llenaba de luz los ojos y que estiraba y oscurecía más su sombra sobre la tierra.

—No veo ya por dónde voy —decía él.

Pero nadie le contestaba.

El otro iba allá arriba, todo iluminado por la luna,

con su cara descolorida, sin sangre, reflejando una luz opaca. Y él acá abajo.

—¿Me oíste, Ignacio? Te digo que no veo bien.

Y el otro se quedaba callado.

Siguió caminando, a tropezones. Encogía el cuerpo y luego se enderezaba para volver a tropezar de nuevo.

—Este no es ningún camino. Nos dijeron que detrás del cerro estaba Tonaya. Ya hemos pasado el cerro. Y Tonaya no se ve, ni se oye ningún ruido que nos diga que está cerca. ¿Por qué no quieres decirme qué ves, tú que vas allá arriba, Ignacio?

—Bájame, padre.

—¿Te sientes mal?

—Sí.

—Te llevaré a Tonaya a como dé lugar. Allí encontraré quien te cuide. Dicen que allí hay un doctor. Yo te llevaré con él. Te ha traído cargando desde hace horas y no te dejaré tirado aquí para que acaben contigo quienes sean.

Se tambaleó un poco. Dio dos o tres pasos de lado y volvió a enderezarse.

—Te llevaré a Tonaya.

—Bájame.

Su voz se hizo quedita, apenas murmurada:

—Quiero acostarme un rato.

—Duérmete allí arriba. Al cabo te llevo bien agarrado.

La luna iba subiendo, casi azul, sobre un cielo claro. La cara del viejo, mojada en sudor, se llenó de luz. Escondió los ojos para no mirar de frente, ya que no podía agachar la cabeza agarrotada entre las manos de su hijo.

—Todo esto que hago, no lo hago por usted. Lo hago por su difunta madre. Porque usted fue su hijo. Por eso lo hago. Ella me reconvendría si yo lo hubiera dejado tirado allí, donde lo encontré, y no lo hubiera recogido para llevarlo a que lo curen, como estoy haciéndolo. Es ella la que me da ánimos, no usted. Comenzando porque a usted no le debo más que puras dificultades, puras mortificaciones, puras vergüenzas.

Sudaba al hablar. Pero el viento de la noche le secaba el sudor. Y sobre el sudor seco volvía a sudar.

—Me derrengaré, pero llegaré con usted a Tonaya, para que le alivien esas heridas que le han hecho. Y estoy seguro de que, en cuanto se sienta usted bien, volverá a sus malos pasos. Eso ya no me importa. Con tal que se vaya lejos, donde yo no vuelva a saber de usted. Con tal de eso... Porque para mí usted ya no es mi hijo. He maldecido la sangre que usted tiene de mí. La parte que a mí me tocaba la he maldecido. He dicho: «¡Que se le pudra en los riñones la sangre que yo le di!» Lo dije desde que supe que usted andaba trajinando por los caminos, viviendo del robo y matando gente... Y gente buena. Y si no, allí está mi compadre Tranquilino. El que lo bautizó a usted. El que le dio su nombre. A él también le tocó la mala suerte de encontrarse con usted. Desde entonces dije: «Ese no puede ser mi hijo».

—Mira a ver si ya ves algo. O si oyes algo. Tú que puedes hacerlo desde allá arriba, porque yo me siento sordo.

—No veo nada.

—Peor para ti, Ignacio.

—Tengo sed.

—¡Aguántate! Ya debemos estar cerca. Lo que pasa es que ya es muy noche y han de haber apagado la luz en el pueblo. Pero al menos debías de oír si ladran los perros. Haz por oír.

—Dame agua.

—Aquí no hay agua. No hay más que piedras. Aguántate. Y aunque la hubiera, no te bajaría a tomar agua. Nadie me ayudaría a subirte otra vez y yo solo no puedo.

—Tengo mucha sed y mucho sueño.

—Me acuerdo cuando naciste. Así eras entonces. Despertabas con hambre y comías para volver a dormirte. Y tu madre te daba agua, porque ya te habías acabado la leche de ella. No tenías llenadero. Y eras muy rabioso. Nunca pensé que con el tiempo se te fuera a subir aquella rabia a la cabeza... Pero así fue. Tu madre, que descanse en paz, quería que te criaras fuerte. Creía que cuando tú crecieras irías a ser su sostén. No te tuvo más que a ti. El otro hijo que iba a tener la mató. Y tú la hubieras matado otra vez si ella estuviera viva a estas alturas.

Sintió que el hombre aquel que llevaba sobre sus hombros dejó de apretar las rodillas y comenzó a soltar los pies, balanceándolos de un lado para otro. Y le pareció que la cabeza, allá arriba, se sacudía como si sollozara.

Sobre su cabello sintió que caían gruesas gotas, como de lágrimas.

—¿Lloras, Ignacio? Lo hace llorar a usted el recuerdo de su madre, ¿verdad? pero nunca hizo usted nada por ella. Nos pagó siempre mal. Parece que, en lugar de cariño, le hubiéramos retacado el cuerpo de maldad. ¿Y ya ve? Ahora lo han herido. ¿Qué pasó con sus amigos? Los mataron a todos. Pero ellos no tenían a nadie. Ellos bien hubieran podido decir: «No tenemos a quién darle nuestra lástima». ¿Pero usted, Ignacio?

Allí estaba ya el pueblo. Vio brillar los tejados bajo la luz de la luna. Tuvo la impresión de que lo aplastaba el peso de su hijo al sentir que las corvas se le doblaban en el último esfuerzo. Al llegar al primer tejabán, se recostó sobre el pretil de la acera y soltó el cuerpo, flojo, como si lo hubieran descoyuntado.

Destrabó difícilmente los dedos con que su hijo había venido sosteniéndose de su cuello y, al quedar libre, oyó cómo por todas partes ladraban los perros.

—¿Y tú no los oías, Ignacio? —dijo—. No me ayudaste ni siquiera con esta esperanza.

José Donoso

(Santiago, 1924-)

La situación de Donoso dentro del grupo de escritores del
«boom» es bastante singular: mientras algunos críticos lo colocan fuera o al margen de él, otros señalan que sus innovaciones técnicas, preocupaciones estéticas y su concepción misma
del arte narrativo son esencialmente análogas a las de, digamos, Onetti, Cortázar, Fuentes o Vargas Llosa (véanse).
Habría que agregar dos elementos más para entender bien esa
relación: en El jardín de al lado —una de sus mejores novelas y quizá la menos bien entendida— Donoso examina precisamente el asunto de su posición periférica respecto del men-
cionado grupo, y la presenta como una variante o agravante de
los temas del exilio y el fracaso, que son dos de las constantes
de su obra; y en el ensayo-crónica titulado Historia personal
del boom (1972), adopta la triple actitud del testigo, protagonista y crítico de ese fenómeno literario que definió toda una
época.

Tampoco parece haber mucho acuerdo sobre la caracteriza-
ción general de su obra narrativa. Unos destacan los rasgos

que lo ligan a la tradición realista chilena; otros, en cambio, han hablado de su «irrealismo grotesco»; y hay quienes lo consideran como un tardío heredero del surrealismo. Sin ánimo de agregar a la polémica, habría que señalar que Donoso trabaja, dentro de la visión realista, contra el mimetismo y la verosimilitud de su representación estética. Puede llamársele realista en el sentido en el que usamos esa expresión para aplicarla a Henry James, Onetti (véase) o Sábato; es decir, los que exploran sus límites más extremos y descienden a sus zonas más oscuras, donde lo «real» se disuelve en una red de obsesiones, fantasmas y transfiguraciones que alteran la lógica de la percepción habitual. Su visión negra y hasta esperpéntica de la psiquis humana está asociada a una intensa experimentación del lenguaje narrativo, sobre todo a partir de El obsceno pájaro de la noche (el título es jamesiano), una de sus obras mayores. Una cuestión fundamental para Donoso es la de la relación del narrador con su mundo narrativo y con sus criaturas como proyecciones u objetivaciones de algo que él está lejos de conocer bien. Las complejas formas y estructuras de sus relatos son indicios de un pathos que trata de resolver angustiosos dilemas en el acto creador: una trasnferencia de la vida real al plano de la imaginación. Por eso es posible afirmar que el de Donoso es una especie de realismo neurótico o freudiano. El ha dicho que quiere «novelar un mundo esquizofrénico dando por absolutamente real lo más caprichoso».

Pero este elemento de psicología profunda que constituye el núcleo de su obra creadora, se ha integrado, más tarde, con otro de carácter ideológico (como puede verse en la notable Casa de campo) o francamente político (como en La desesperanza); al mismo tiempo, la cuestión narrador-narración lo ha llevado a replantear por completo la función autorial y las formas de la imaginación humana. Lo ha hecho bajo muy variados estímulos intelectuales: por un lado, su sólido conocimiento de la novela anglosajona moderna y contemporánea; por otro, los aportes teóricos de Lévi-Strauss, Jung, Bajtin y la *nueva psiquiatría. En verdad, la evolución de su arte ha sido compleja y a veces desconcertante. Al comienzo, en los años que pasó básicamente en Santiago con breves estancias en Estados Unidos y Argentina, Donoso era un narrador que parecía escribir cómodamente dentro del cauce realista que, por otra parte, era común a la generación chilena del 50, a la que pertenecía entre otros Jorge Edwards* (véase). *Ese realismo tenía un tópico favorito —las viejas familias burguesas chilenas un poco venidas a menos— y un agridulce tono evocativo, a medias entre la nostalgia y la distancia crítica. En la década del 60 hay un marcado proceso de maduración que da a su obra una ambigua cualidad visionaria, que es notoria en* El lugar sin límites *y* El obsceno... *(cuya redacción le llevó 8 años). Durante esta etapa viaja por diferentes lugares, pero sus largos años en España (Mallorca, Barcelona, Teruel) fueron decisivos porque le aseguraron una rara mezcla de reclusión y visibilidad en esa década agitada. En los últimos años de esa experiencia, Donoso continuó su búsqueda con dos obras importantes por muy distintas razones (*Casa de campo, El jardín...*), y practicó una forma en la que alcanzará gran maestría: la novela corta, que ha usado para parodiar el realismo burgués del* XIX *y practicar el género erótico. Tras su vuelta a Chile, en 1982, el aspecto testimonial e histórico ha sido dominante en una obra narrativa que parece estar en constante renovación, apuntando a varias direcciones a la vez.*

Donoso comenzó su obra literaria como cuentista y ha continuado alternando su cultivo del género con el de la novela y el relato breve. «Dos cartas», escrito hacia 1954, pertenece a su primer volumen: Veraneo y otros cuentos. *Se trata, por lo tanto, de un texto correspondiente a su período formativo, pero que deja traslucir algunos rasgos que aparecerán, desarrollados, en su arte maduro: el malestar existencial de los personajes, la frustración enmascarada por las buenas maneras, el destino de solitarios en el que lentamente naufragan. Hay un hermetismo insuperable en el mundo social que este cuento*

*presenta: la relación entre el chileno Jaime Martínez y el
inglés John Duttfield no es realmente una amistad y se reduce
a unos cuantos vagos recuerdos de la adolescencia compartida
en un colegio (Donoso parece estar evocando imágenes de su
propia experiencia en The Grange, colegio británico de Santiago, donde también estudiaba por entonces Carlos Fuentes), y
una serie de cartas espaciadas a lo largo de varios años. En
realidad, poco hay de común entre ambos, comenzando por el
origen y terminando por el opuesto tipo de vida que llevan
como adultos: Martínez llega a ser un próspero abogado de
Santiago; Duttfield es un aventurero que acaba de colono en
Kenya. El tema que el autor está tratando en el fondo es el del
desarraigo, el exilio interno o físico que impide sentirse formando parte de algo estable y propio. Al volver a Inglaterra,
Duttfield descubre que ya no soporta vivir en su país y busca,
para expatriarse, las lejanas tierras de Sudáfrica. Aparentemente, su destino errante contrasta con el sedentario y confortable
de Martínez, pero luego nos enteramos por éste de que «las
raíces [familiares] lo hacían prisionero sin darle estabilidad» y
que, por practicar una profesión que no ha elegido, «vivía presa
de la insatisfacción y la zozobra». En la carta que le escribe a
Duttfield compara su posición privilegiada a una «jaula» que
lo aísla de la realidad concreta. Se trata, pues, de dos destinos
que sólo tangencialmente se rozan y permanecen insensibles
uno respecto del otro. Irónicamente, y para subrayar esa inco-
municación, las dos cartas no llegan a sus respectivos destina-
tarios: una se extravía, la otra es destruida antes de ser envia-
da. La atmósfera sombría del relato, el tono impasible con el
que el lenguaje registra lo trivial y lo trascendente, la resignada
reflexión que hace sobre el inexorable paso del tiempo, dan
especial densidad a una historia aparentemente simple.*

Obra narrativa: *Veraneo y otros cuentos*, Santiago: Editorial Universitaria, 1955; *Dos cuentos*, Santiago: Guardia
Vieja, 1956; *Coronación*, Santiago: Nascimento, 1956; *El*

charleston, Santiago: Nascimento, 1960; *Los mejores cuentos de J. D.*, ed. de Luis Domínguez, Santiago: Zig-Zag, 1965; *Este domingo*, Santiago: Zig-Zag, 1966; *El lugar sin límites*, México: Joaquín Mortiz, 1966; *El obsceno pájaro de la noche*, Barcelona: Seix Barral, 1970; *Cuentos*, pról. de Ana María Moix, Barcelona: Seix Barral, 1971; *Tres novelitas burguesas*, Barcelona: Seix Barral, 1973; *Casa de campo*, Barcelona: Seix Barral, 1978; *La misteriosa desaparición de la marquesita de Loria*, Barcelona: Seix Barral, 1980; *El jardín de al lado*, Barcelona: Seix Barral, 1981; *Cuatro para Delfina*, Barcelona: Seix Barral, 1982; *La desesperanza*, Barcelona: Seix Barral, 1986; *Taratuta. Naturaleza muerta con cachimba*, Madrid: Mondadori, 1990; *El lugar sin límites. El obsceno pájaro de la noche*, ed. de Hugo Achúgar, Caracas: Biblioteca Ayacucho, 1990.

Crítica: Achúgar, Hugo, *Ideología y estructuras narrativas en J. D.*, Caracas: Centro de Estudios Latinoamericanos Rómulo Gallegos, 1979; Castillo-Feliú, Guillermo I., ed., *The Creative Process in the Works of J. D.*, Rock Hill, Carolina del Sur: Winthrop College/Winthrop Studies On Major Modern Writers, 1982; Cerda, Carlos, *J. D.: originales y metáforas*, Santiago: Planeta/Biblioteca del Sur, 1988; Cornejo Polar, Antonio, ed., *J. D. La destrucción de un mundo*, Buenos Aires: García Cambeiro, 1975; Fleak, Kenneth *, pp. 91-114; Goic, Cedomil, «J. D.», en Carlos A. Solé, ed. *, vol. 3, pp. 1277-1288; Gutiérrez Mouat, Ricardo, *J. D.: Impostura e impostación. La modelización lúdica y carnavalesca de una producción literaria*, Gaithersburg, Maryland: Hispamérica, 1983; Mac Adam, Alfred, *Textual Confrontations* *, pp. 110-118; McMurray, George, *J. D.*, Boston: Twayne, 1979; Quinteros, Isis, *J. D. Una insurrección contra la realidad*, Madrid: Hispanova, 1978; Solotorevsky, Myrna, *J. D. Incursiones en su producción novelesca*, Valparaíso: Ediciones Universitarias de

Valparaíso/Universidad Católica de Valparaíso, 1983;
Swanson, Philip, *J. D., the «Boom» and Beyond*, Liverpool,
Liverpool Monographs in Hispanic Studies, 1988; Vidal,
Hernán, *J. D.: surrealismo y rebelión de los instintos*, Calonge, Gerona: Aubí, 1972.

Dos cartas

Para John B. Elliott

Estas son las últimas cartas que se escribieron dos hombres, Jaime Martínez, un chileno, y John Dutfield, un inglés.

Se conocieron como compañeros en los cursos infantiles de un colegio de Santiago, y continuaron en la misma clase hasta terminar sus humanidades. Pero jamás fueron amigos. No podía haber sido de otro modo, ya que sus aficiones y personalidades se marcaron desde temprano como opuestas. Sin embargo, el chileno solía llevar sandwiches al inglés, porque Dutfield era interno, y como todos los internos de todos los colegios, sufría de un hambre constante. Esto no fue causa para que sus relaciones se hicieran más íntimas. En un torneo de boxeo que se llevara a cabo en el colegio, John Dutfield y Jaime Martínez se vieron obligados a enfrentarse. Los vítores de los compañeros enardecieron por un momento los puños del chileno, de ordinario inseguros, e hizo sangrar la nariz de su contrincante. No obstante, el inglés fue vencedor de la jornada. Esto a nadie sorprendió, ya que Dutfield era deportista por vocación, mientras que Martínez era dado a las conversaciones y a los libros. Duespués, el chileno siguió llevando sandwiches al inglés.

Una vez rendido el bachillerato, que ambos aprobaron mediocremente. se efectuó una cena de fin de estudios. Aquella noche fluyeron el alcohol y las efusiones, cimentando lealtades viejas mientras nuevas lealtades se iban forjando en la llama de una hombría recientemente descubierta. Dutfield debía partir en breve. Pertenecía a una de esas familias inglesas errantes e incoloras, nómades comerciales, que impulsada por la voz omnipotente de la firma que el padre representara en varios países, cambiaba de sitio de residencia cada tantos años. Debían trasladarse ahora, siguiendo el mandato todopoderoso, a Cape Town, en la Unión Sudafricana. Al final de la comida, agotadas las rememoraciones y los cantos, Dutfield y Martínez apuntaron direcciones, prometiendo escribirse.

Y así lo hicieron de tarde en tarde, por más de diez años, Dutfield se instaló por un tiempo al lado de sus padres en Cape Town. Pero tenía sangre nómade. Cruzó el veldt y la selva, pasó a Rhodesia, solo, en busca de fortuna, y por último echó raíces en Kenya, donde contrajo matrimonio y adquirió tierras. El resto de su vida transcurrió allí, cercano a los ruidos de la selva, cuidando de sus acres de maíz, y contemplando cómo crecían sus hijos junto a los árboles y los nativos, compartiendo ideales y prejuicios de quienes eran como ellos.

El chileno, en cambio, permaneció en su patria. A medida que los años fueron pasando, constató que había quedado solo, que poco a poco se había alejado de todos los que fueron sus amigos de colegio, sin hacerse, entretanto, de nuevos amigos que valieran el nombre. Sin embargo, y no dejaba de turbarlo la ironía del caso, seguía manteniendo correspondencia, muy distanciada, es cierto, con John Dutfield.

Jaime Martínez estudió leyes. Como abogado chileno su vida transcurrió apacible, rodeada de un círculo de seguridades de toda índole. Desde un principio comenzó a distinguirse en su profesión. Vestía casi siempre de oscuro, y llevaba las manos, quizá demasiado expresivas para un hombre de su posición, invariablemente bien cuidadas. Las cartas que con el plantador de Kenya cruzaba una vez al año, a veces dos, contenían recuerdos humorísticos de sus días de colegio, novedades acerca de los cambios exteriores que la vida de ambos hombres iba acumulando con los años, preguntas y respuestas acerca de las modificaciones experimentadas con el tiempo por la ciudad en que ambos se educaran. Nada más. ¿Y para qué más? ¿Cómo iniciar, después de tanto tiempo y a tantas millas de distancia, una intimidad que, por lo demás, jamás había existido?

Esta es la última carta que John Dutfield, plantador de Kenya, escribió a Jaime Martínez, abogado chileno, más o menos diez años después de haber regresado del colegio en que ambos estudiaban juntos:

«Querido Martínez:

»Aquí me tienes contestando tu carta de meses atrás, aprovechando una enfermedad ligera que me ha tenido en cama unos días. No te había escreto antes, porque, tú sabes, el trabajo de un plantador de Kenya no es cosa fácil, como ha de ser el de un abogado chileno.

»El otro día me sucedió algo curioso. Creo que por eso se me ha ocurrido escribirte. Habíamos salido, mi mujer y yo, a ver los animales de la granja, al atardecer. Cuando llegamos donde estaban los chanchos, vimos un animal peliblanco, que parecía contemplar el crepúsculo, con aire tristón, algo aparte del resto. Cuál no sería mi sorpresa cuando mi mujer me dijo. "Mira, John, ese chancho parece que estuviera inspirado". Figúrate. ¿Te acuerdas del "Chancho inspirado"? Apuesto que no. Era ese profesor recién llegado de Cambridge que tuvimos un semestre, ese rubio gordo, acuérdate, que se lo pasaba leyéndonos odas de no sé quién y admirando los crepúsculos de Chile. Al día siguiente de su llegada, nosotros los internos mojamos las sábanas de su cama, asegurándole que era una costumbre tradicional de bienvenida. El vio nuestra mentira, pero por congraciarse con nosotros no nos acusó. Duró poco en el colegio. Le entró la melancolía, la nostalgia de su patria al pobre, y no tuvo más remedio que volver a Inglaterra. Tendría, entonces, unos veinticinco años, menos de lo que tú y yo tenemos ahora.

»No comprendo cómo se puede sentir nostalgia por Inglaterra. Claro que yo era muy chico cuando salí, y estuvimos en Jamaica unos años antes de pasar a Chile, así es que no puedo juzgar. Pero cuando me dieron de alta en el ejército —por mi pierna herida en batalla, que sigue igual, con dolores cada tantos meses—, por curiosidad más que por interés se me ocurrió recorrer Inglaterra. Encontré todo aglomerado, feo, sucio, viejo, con un clima insoportable. Me dio claustrofobia y volví a Kenya tan pronto como pude. Pero me parece curioso contarte que a mis padres les sucedió algo parecido que al "Chancho inspirado". Mi papá jubiló hace algunos años en la firma que tanto tiempo representara en Kingston, Valparaíso y Cape Town. Acá tenía una espléndida situación. Los viejos eran respetados por todos, tenían un magnífico círculo de amistades, y una casa encantadora mirando al océano, en uno de los barrios buenos de Cape Town. Pero en vez de quedarse para disfrutar de los agrados de la vida, después de jubilar, se les ocurrió comprar un *cottage* en el pueblecito de Yorkshire, donde nacieron, se conocieron y se casaron. Ahora están viviendo allá, felices, como si nunca hubieran salido. Yo conocí el pueblecito ese, porque cuando mis parientes supieron que me habían dado de alta en el ejército, me invitaron a pasar unos días con ellos. Vieras qué pueblo más feo es. Toda la gente es bastante pobre y mis parientes también. Yo no podría vivir allí, con esa gente aburrida y provinciana, en ese pueblo sucio y viejo, cerca de una mina y rodeado de fábricas hediondas. No llego a comprender cómo los viejos están tan contentos.

»No sé si será por mi enfermedad, pero anoche no más estaba pensando que no sabría dónde irme si llegara el momento de retirarme, como mi padre. Yo era muy niño cuando salí de Europa, no siento vínculos con ella. Kingston está fuera de la cuestión, sólo me acuerdo de una mama negra que tuve, lo demás se ha borrado. En Chile no sabría qué hacer: me sentiría, sin duda, fuera de lugar, ya que todos mis amigos estarán dispersos. Además, mi mujer es de estas tierras, y la idea de América la atemoriza. Quizás Cape Town fuera una solución. Comprarme una casita cerca del mar, hacerme socio de un club donde tenga amigos y donde el whisky no sea caro.

»En fin, tengo apenas treinta años y no ha llegado el momento para pensar en eso seriamente. Creo que en todo caso, como se presenta la situación, terminaré mis días aquí, en esta plantación, en esta casa que yo mismo construí y a la que ahora último hemos hecho importantes agregados. ¡Vieras qué agradable es! Mi mujer se ocupa del jardín y de la huerta. Pero debo confesarte que la fruta no prospera —los árboles están nuevos todavía— porque Pat y John, mis dos chiquillos, se trepan a ellos como nativos y se comen la fruta verde. ¡Vieras qué indigestiones!

»Bueno, me he alargado mucho y nada te he dicho.

Si alguna vez se te ocurre hacer un safari por estos lados —te repito mi viejo chiste—, tienes tu casa. Escribe.
No dejes pasar el año sin noticias tuyas y de Chile.

JOHN DUTFIELD.»

Esta carta jamás llegó a manos de su destinatario. De
alguna manera se extravió en los correos, y la recibió
un tal Jaime Martínez, calle Chile, en Santiago de Cuba.
El moreno la abrió, leyéndola con extrañeza. Al comprobar que no era para él, la cerró con el propósito de
enviarla al abogado chileno que la carta mencionaba.
Pero en esos días su mujer estaba por tener el noveno
hijo y la misiva se perdió entre mil cosas antes que el
moreno recordara hacerlo. Cuando recordó, no la pudo
hallar. Y decidió que no valía la pena preocuparse: nada
de importancia había en ella. Era una carta que bien
podía no haberse escrito.

El hecho es que John Dutfield ya no volvió a escribir
a Jaime Martínez. Pasaron los años, y la existencia del
plantador de Kenya transcurría apacible en sus tierras. El
trabajo y la lucha eran duros, pero había compensacio-
nes. Cada día se marcaba más la línea oscura que partía
su frente donde el cucalón la protegía del sol, cada día
se desteñían más sus ojos y se enrojecían más sus manos.
De vez en cuando, pero muy a lo lejos, le extrañaba no
recibir noticias de Chile. Después dejó de extrañarse. Varios años más tarde, John Dutfield, su mujer y sus niños
fueron asesinados por los mau-mau, y sus casas y cosechas iluminaron una clara noche africana.

La última carta de Jaime Martínez fue escrita hacia la
misma fecha que la de John Dutfield. El abogado chileno acababa de publicar una reseña histórica sobre un
antepasado suyo que tuviera actuación fugaz en una de

las juntas que afianzaron la independencia de su patria. El libro tuvo un pequeño éxito de *élite:* el lenguaje era justo y la evocación de la época libre de sentimentalismos. Le parecía que en su libro había dado importancia a cuanto tenía dignidad en sus raíces. Pero sólo él sabía, y no con gran claridad, que aquellas raíces lo hacían prisionero sin darle estabilidad. El no había buscado su profesión y modo de vida, sino que había sido arrastrado hacia ellos, y por la tanto vivía presa de la insatisfacción y de la zozobra.

Sin saber cómo ni para qué, una noche de invierno en que el frío se agolpaba a su ventana, y después de haber bebido la acostumbrada taza de té caliente, tomó su pluma y escribió la carta siguiente a John Dutfield, de Kenya, a quien no había escrito por cerca de un año y de quien no había tenido noticias por largo tiempo:

«Querido John:
»No sé por qué te estoy escribiendo esta noche. Posiblemente porque hace tiempo que nada sucede. Te debe extrañar el tono melancólico con que inicio esta carta. Pero no te inquietes: no me van a meter a la cárcel por estafador, ni me voy a suicidar, ni estoy enfermo. Al contrario, porque nada ha pasado, estoy como nunca de bien.

»Quizás por eso te escribo. Por si te interesa, te diré que sigo surgiendo en mi profesión, y que me estoy llenando de dinero. Dentro de pocos años, y tengo apenas treinta, seré, sin duda, uno de los grandes abogados de Chile. Pero inmediatamente que aseguro a alguien lo que acabo de contarte, siento la necesidad de tomar un trago de whisky, para no dudar de que en realidad vale la pena que así sea. Sí vale la pena (acabo de empinarme un gran trago). No dudo de que te reirás de mí al leer estas líneas, y no sin razón, tú, con tus grandes problemas exte-

riores resueltos. Pero, aguarda, no te rías. Precisamente
porque eres tan distinto a mí, y porque vives a tantas y
tantas millas de distancia, y porque no veo tu risa irónica, es que te estoy escribiendo estas cosas. Pero en
realidad no sé qué te estoy contando. Quizás nada.

»Claro, nada. Pero nada da tema para mucho. ¿Te
acuerdas a veces del colegio? Me imagino que nunca. O
si te acuerdas, será como de una especie de gran
country club, donde todo era grande, bonito y fácil. Y
tienes razón, puesto que no has tenido que seguir lu-
chando, como yo, con las terribles ironías que fue dejando. Yo sí lo recuerdo. Sobre todo ahora, en este último tiempo, lo recuerdo muy a menudo. ¿Recuerdas
aquellos últimos años, cuando solíamos ir a esos sitios
que todos asegurábamos haber conocido desde hacía
largo tiempo, y de aquellas borracheras audaces en vís-
peras de algunos exámenes? ¿Te acuerdas de aquella
vez que Duval nos dijera que había invitado a una mujer estupenda para la kermesse anual del colegio, y
luego hizo su aparición, muy orondo, del brazo de una
prima de chapes? [1] Esa prima de Duval se casó y tiene
cuatro hijos.

»No sé por qué tengo de ti una imagen imborrable:
te veo encaramado a una muralla mirando si pasaba
una de las alumnas del colegio para niñas bien que había en la otra esquina. Una vez, fue en el último año,
mis grandes amigos de entonces, Lozano y Benítez, escribieron una carta de amor, por lo demás bastante es-
candalosa, a una alumna de ese colegio. Olga Merino se
llamaba. Una vez que la vimos pasar, dijiste que era la
mujer más despampanante que habías visto en tu vida.
Era menuda y tenía el pelo liso y claro. Yo estaba muy
enamorado de ella, aunque no le había hablado más de

---

[1] *Chapes:* chilenismo por *trenzas.*

dos o tres veces. Pero jamás le dije nada. Y ese amor, como tantos otros amores míos, murió rápidamente. La veo mucho ahora, porque se casó con un colega a quien frecuento. Si la vieras, está tan distinta. Tiene fama de elegancia y de belleza en este rincón del mundo. Pero es otra persona. No conserva nada, nada, de lo que me hizo quererla terriblemente durante un mes, hace más de diez años. No es más que natural, lógico. Pero es también insoportable. Y a todos nos ha pasado lo mismo, ya no nos reconocemos, los únicos que entonces importábamos. ¿Seré yo también, tú crees, un ser tan irreconocible, tan distinto? Olga no tiene importancia en sí, te la nombro sólo porque tú la viste un día. No tiene importancia porque, naturalmente, he querido más muchas veces en mi vida. Y esos amores tampoco me dominaron. Les di vuelta la espalda y no me dominaron. Tampoco me dominaron mis vicios, ni mi deseo de hacer fortuna, ni mis amigos. Nada de lo que he hecho, repentinamente pienso, tiene importancia. Creo que es porque uno olvida. ¡Y yo no he querido olvidar! ¡Jamás he aceptado que un solo átomo de mi vida pasada, las cosas y las personas y los sitios que he amado y odiado, pierdan su importancia y se apaguen! Y todo ha perdido importancia. Lo que demuestra que sólo tengo capacidad para arañar la superficie de las cosas.

»A propósito, recuerdo cuando estabas en la guerra. Me relatabas el asco de aquel mundo que se deshacía. Y yo me felicitaba de estar aquí, en esta jauja, al margen de esa miserable experiencia de la humanidad. Leía los periódicos, me informaba meticulosamente, seguía con interés los tumbos de la batalla. Pero ni eso me conmovió. ¿Por qué? Quizás tú sepas la solución.

»No te rías mucho al leer esta carta. Además, te ruego que no me contestes en el mismo tono. Contéstame como si no hubieras recibido estas líneas de:

JAIME MARTÍNEZ.»

Cuando el autor releyó su carta, constató que sus problemas se habían enfriado notablemente escribiéndola. La encontró incoherente, sentimental, literaria, reveladora de una parte de su ser que, bien mirada, no había tenido mayor importancia en dar forma a su destino. La rompió y, al echarla al canasto, se prometió escribir otra en breve. Recordó también que John Dutfield era hombre de sensibilidades algo romas y no deseó paralogizarlo.

Pasaron los años y el abogado chileno no volvió a escribir al plantador de Kenya. Como si se avergonzara por la carta que había escrito y roto, aplazaba y volvía a aplazar el momento para escribir al Africa. Jaime Martínez llegó pronto a la cúspide de su profesión y ya no tuvo tiempo para recordar su deuda con Dutfield.

Sólo a veces, en el transcurso de los años, hojeando el periódico en el silencio de su biblioteca o de su club, leía por azar el nombre de Kenya en un artículo. Entonces, durante no más de medio segundo, se paralizaba algo en su interior, y pensaba en ese amigo que ya no era su amigo, que jamás lo había sido y que ya jamás lo sería. Pero era sólo por medio segundo. El té caliente que le acababan de traer, y el problema del cobre expuesto en un artículo contiguo al que nombraba casualmente a Kenya, apresaban su atención por completo. Después de ese medio segundo, pasaban años, dos o tres, o cuatro, sin que volviera a pensar en Dutfield. Ignoraba que hacía largo tiempo que los vientos africanos habían dispersado sus cenizas por los cielos del mundo.

CARLOS FUENTES

(Panamá, 1928-)

El mundo narrativo de este escritor mexicano ama la des-
mesura, las fantasmagorías, la monstruosidad; arte de lo gro-
tesco y lo abigarrado, nos recuerda los monumentos aztecas,
la pintura manierista, las fantasías goyescas, las feroces telas
de Antonio Saura. Ese mundo convulso y contorsionado,
donde todo parece querer ocupar un lugar y significar algo, es
el resultado estético de la virtud intelectual más característica
del autor: su pasión. Una pasión múltiple pues absorbe (sin
saciarse) el exuberante poder del lenguaje, el drama de la histo-
ria, la fascinación por la cultura universal, el urgente llamado
de la política. Esas distintas facetas lo acercan a varios escri-
tores hispanoamericanos —Carpentier, Cortázar, García Már-
quez (véanse), entre otros—, pero el sello personal de Fuentes,
en medio de las metamorfosis y constantes zigzagueos de su
proceso creador, es inconfundible. Su activa presencia en el
escenario internacional —como periodista, cómo difusor de
ideas nuevas, como interlocutor o intérprete de lo que pasa en
todas partes—, así como al elemento provocador que con fre-

cuencia acompaña lo que escribe, contribuye al indudable influjo de su obra.

Esa obra es vastísima y cubre varios géneros: novela, nouvelle, cuento, teatro, ensayo, crítica... Su vida no es menos rica e intensa. Hijo de un diplomático mexicano de carrera (lo que explica su nacimiento en Panamá), estuvo expuesto desde temprano a diversos ambientes, culturas, lenguas y experiencias. (De hecho es, junto con Cortázar y Cabrera Infante, uno de los pocos escritores hispanoamericanos con obra escrita originalmente en español e inglés.) Numerosos premios (el Cervantes en 1987 y el Menéndez y Pelayo en 1992 son dos de ellos), incontables viajes y varios cargos internacionales (el más importante de los cuales fue el de Embajador en París entre 1974 y 1977), han marcado una vida siempre activa y visible en toda clase de foros, en los que ha mostrado ser además un polemista ardoroso y un expositor convincente.

Es imposible resumir los diferentes ambientes, personajes, tonos y texturas que presentan esos géneros en las manos del autor, que parece haber hecho una costumbre suya la de exceder constantemente sus propios límites. Pero, como señaló Octavio Paz hace más de 30 años, su narrativa está recorrida por el eje «invención verbal y crítica del lenguaje». Hoy, esa afirmación debe modificarse y ampliarse: crítica de los lenguajes (el del mito, el de la novela, el del hombre contemporáneo, el de las utopías privadas y colectivas); y presencia de otro eje: la cuestión del ser mexicano en el mundo y del mundo en la conciencia del mexicano. La novela (que es el centro de su mundo imaginario) ha sido un formidable vehículo para interrogar, para descifrar ese enigma. Signos y claves, feroces máscaras y terribles rostros, origen y destino, dioses y hombres, caudillos y mártires anónimos, brujas y madres: sus ficciones suelen ser el descubrimiento de una oscura dualidad en toda aventura humana, encerrada en la suprema dualidad de vida y muerte. El mecanismo narrativo mediante el cual el autor las hace aparecer es, por eso, una composición en la que proliferan

*duplicaciones, transfiguraciones y superposiciones intermina-
bles; su efecto es el de una fastuosa cobertura o veladura, bajo
cuyos densos repliegues debemos hallar una indeseable o
entrañable verdad. Lector voraz, las técnicas de Fuentes se ins-
piran en todos los modelos posibles: literarios, plásticos, cine-
matográficos, teóricos, filosóficos, etc. Pero también lo atraen
las formas del* kitsch *y la cultura popular (el melodrama o el*
thriller, *como puede verse en* La cabeza de la hidra*), que
contienen ese elemento grotesco y truculento que ejerce una
especial fascinación sobre él. A veces, su esfuerzo no logra el
resultado que persigue (por ser demasiado consciente o demasiado ambicioso), pero tal vez eso se daba a que Fuentes encara
cada libro como un desafiante salto desde alturas siempre más
elevadas: nunca peca por defecto, sino por exceso.*

*Ha publicado hasta hoy más de una docena de novelas y
seguramente publicará más, si el gran plan novelístico que ha
diseñado para organizar su propia producción —bajo el título
general de «La edad del tiempo»—, llega a ser completado. En
ese conjunto hay varias cimas:* La muerte de Artemio Cruz,
*disección de la vida de un líder en el marco de una sociedad
ilusionada y frustrada por la promesa revolucionaria (cuyo
modelo recuerda tanto al* Citizen Kane *de Orson Welles); la
proteica* Cambio de piel, *en la que unos personajes generan a
otros y se encarnizan con ellos, en un rito sangriento que con-
cilia la ferocidad de los sacrificios aztecas y los campos de concentración nazis;* Terra nostra, *tal vez su construcción más
atrevida y perfecta, pues más que una novela es una cadena de
novelas que se imbrican unas en otras mediante narraciones
por relevos, mitos que desembocan en realidades y un reparto
de personajes propios, ajenos y reinventados, como la Celestina
o el mismo Cervantes;* Cristóbal Nonato, *la macabra proyec-
ción futurística que prevé para México una catástrofe colectiva
que llega disimulada entre anuncios de fecundidad y burlescas
parodias de la perdida arcadia nacional.*

Cuatro son los libros de relatos que Fuentes ha publicado:

Los días enmascarados, Cantar de ciegos, Agua quemada y Constancia. «La muñeca reina» pertenece al segundo y
narra una historia de erotismo infantil que por su tono confe-
sional parece sacada de una página de memorias; el narrador
en primera persona se llama Carlos y nos dice que recuerda a
la bullente Amilamia «detenida para siempre, como en un
álbum». La evocación inicial nos permite además ingresar al
mundo de una imaginación en ciernes, ya estimulada por los
libros; es decir, a la vez una educación sentimental y una educación intelectual, lo cual explicará el incontenible fantaseo al
que asistiremos. El notorio cambio de atmósfera que se produce en la segunda sección nos despista: estamos ahora en el presente y el narrador se convierte en un investigador del parade-
ro de la niña. Su burda estratagema fracasa y desemboca en
una escena que no esperamos: una opresiva y delirante esceno-
grafía que quiere conservar viva su memoria y negar el tiempo.
Pero la ceremonia funeral es otro engaño que el lector sólo
descubre, confundido, en las líneas finales: el «invernadero»
que eterniza a Amilamia es una trampa, un artificio que usur-
pa el lugar de una verdad todavía más sórdida. El ritmo
urgente e in crescendo de las imágenes va formando largas
series asociativas que tienen la exaltación del pensamiento deslumbrado por un acontecimiento inexplicable; eso contribuye
a crear el clima fantasmagórico de la conclusión, donde lo real
parece tan dudoso como el recuerdo. La analogía mujer-
muñeca es una variante del tema del doble, tan frecuente en el
autor, y tiene una larga tradición en la narración sobrenatural;
pero quizá un antecedente más cercano sea una escena de
Ensayo de un crimen (1955), el filme de Buñuel inspirado
en una novela de Rodolfo Usigli: en vez de matar a una mujer
real, el protagonista quema un maniquí que tiene sus rasgos.
El cuento parece una inversión barroquizante de esta idea.

Obra narrativa: Los días enmascarados, México: Los
Presentes, 1954; La región más transparente, México:

Fondo de Cultura Económica, 1959; *Aura*, México: Era, 1962; *La muerte de Artemio Cruz*, México: Fondo de Cultura Económica, 1962; pról. de Jean Paul Borel, bibliog. y cronol. de Wilfrido H. Corral, Caracas: Biblioteca Ayacucho, 1992; *Cantar de ciegos*, México: Joaquín Mortiz, 1964; *Cambio de piel*, México: Joaquín Mortiz, 1967; *Zona sagrada*, México: Siglo XXI, 1967; *Cumpleaños*, México: Joaquín Mortiz, 1969; *Cuerpos y ofrendas* [antología de relatos], pról. de Octavio Paz, Madrid: Alianza Editorial, 1972; *Obras completas* 3 vols., pról. de Fernando Benítez, diversos estudios y documentos, México: Aguilar, 1974; *Terra nostra*, México: Joaquín Mortiz, 1975; *La cabeza de la hidra*, Barcelona: Seix Barral, 1978; *Una familia lejana*, México: Era, 1980; *Agua quemada*, México: Fondo de Cultura Económica, 1981; *Gringo viejo*, México: Fondo de Cultura Económica, 1985; *Cristóbal Nonato*, México: Fondo de Cultura Económica, 1987; *Constancia*, Madrid: Mondadori, 1989; *La campaña*, Madrid: Mondadori, 1990.

Crítica: *Anthropos*, número especial, n.º 91 (1988); Befumo Boschi, Liliana, *Nostalgia del futuro en la obra de C. F.*, Buenos Aires: García Cambeiro, 1974; Brody, Robert y Rossman, Charles, eds., *C. F. A Critical View*, Austin: University of Texas Press, 1982; Carballo, Emmanuel *, «C. F.», pp. 534-576; *C. F. Premio de Literatura en lengua castellana «Miguel de Cervantes» 1987*, Barcelona-Madrid: Anthropos-Ministerio de Cultura, 1988; *C. F, World Literature Today*, número especial, Norman, Oklahoma, 57:4 (1983); Durán, Gloria, *La magia y las brujas en la obra de C. F.* México: UNAM, 1976; Durán, Manuel, *Tríptico...* *, pp. 51-133; Faris, Wendy B., *C. F.*, Nueva York: Ungar, 1983; García Gutiérrez, Georgina, *Los disfraces: la obra mestiza de C. F.*, México: El Colegio de México, 1981; Giacoman, Helmy F., ed., *Homenaje a*

C. F., Madrid-Long Island City, Nueva York: Las Américas, 1971; Guzmán, Daniel de, *C. F.*, Nueva York: Twayne, 1972; Gyurko, Lanin A., «C. F.», en Carlos A Solé, ed. *, vol. 3, pp. 1353-1375; Loveluck, Juan e Isaac Levy, eds., *Simposio C. F. Actas, University of South Carolina Hispanic Studies*, n.º 2, 1980; Reeve, Richard, «Los cuentos de C. F.: de la fantasía al surrealismo», en Enrique Pupo-Walker, ed. *, pp. 249-263.

1

Vine porque aquella tarjeta, tan curiosa, me hizo recordar su existencia. La encontré en un libro olvidado cuyas páginas habían reproducido un espectro de la caligrafía infantil. Estaba acomodando, después de mucho tiempo de no hacerlo, mis libros. Iba de sorpresa en sorpresa, pues algunos, colocados en las estanterías más altas, no fueron leídos durante mucho tiempo. Tanto, que el filo de las hojas se había granulado, de manera que sobre mis palmas abiertas cayó una mezcla de polvo de oro y escama grisácea, evocadora del barniz que cubre ciertos cuerpos entrevistos primero en los sueños y después en la decepcionante realidad de la primera función de ballet a la que somos conducidos. Era un libro de mi infancia —acaso de la de muchos niños— y relataba una serie de historias ejemplares más o menos truculentas que poseían la virtud de arrojarnos sobre las rodillas de nuestros mayores para preguntarles, una y otra vez, ¿por qué? Los hi-

jos que son desagradecidos con sus padres, las mozas
que son raptadas por caballerangos y regresan avergon-
zadas a la casa, así como las que de buen grado abandonan el hogar, los viejos que a cambio de una hipoteca
vencida exigen la mano de la muchacha más dulce y
adolorida de la familia amenazada, ¿por qué? No recuerdo las respuestas. Sólo sé que de entre las páginas
manchadas cayó, revoloteando, una tarjeta blanca con la
letra atroz de Amilamia: *Amilamia no olbida a su amigito y
me buscas aquí como te lo divujo.*

Y detrás estaba ese plano de un sendero que partía
de la X que debía indicar, sin duda, la banca del parque donde yo, adolescente rebelde a la educación pres-
crita y tediosa, me olvidaba de los horarios de clase y
pasaba varias horas leyendo libros que, si no fueron escritos por mí, me lo parecían: ¿cómo iba a dudar que
sólo de mi imaginación podían surgir todos esos corsa-
rios, todos esos correos del zar, todos esos muchachos,
un poco más jóvenes que yo, que bogaban el día entero
sobre una barcaza a lo largo de los grandes ríos americanos? Prendido al brazo de la banca como a un arzón
milagroso, al principio no escuché los pasos ligeros que,
después de correr sobre la grava del jardín, se detenían
a mis espaldas. Era Amilamia y no supe cuánto tiempo
me habría acompañado en silencio si su espíritu tra-
vieso, cierta tarde, no hubiese optado por hacerme cos-
quillas en la oreja con los vilanos de un amargón que la
niña soplaba hacia mí con los labios hinchados y el
ceño fruncido.

Preguntó mi nombre y, después de considerarlo con
el rostro muy serio, me dijo el suyo con una sonrisa, si
no cándida, tampoco demasiado ensayada. Pronto me di
cuenta que Amilamia había encontrado, por así decirlo,
un punto intermedio de expresión entre la ingenuidad
de sus años y las formas de mímica adulta que los niños

bien educados deben conocer, sobre todo para los momentos solemnes de la presentación y la despedida. La gravedad de Amilamia, más bien, era un don de su naturaleza, al grado de que sus momentos de espontaneidad, en contraste, parecían aprendidos. Quiero recordarla, una tarde y otra, en una sucesión de imágenes fijas que acaban por sumar a Amilamia entera. Y no deja de sorprenderme que no pueda pensar en ella como realmente fue, o como en verdad se movía, ligera, interrogante, mirando de un lado a otro sin cesar. Debo recordarla detenida para siempre, como en un álbum. Amilamia a lo lejos, un punto en el lugar donde la loma caía, desde un lago de tréboles, hacia el prado llano donde yo leía sentado sobre la banca: un punto de sombra y sol fluyentes y una mano que me saludaba desde allá arriba. Amilamia, detenida en su carrera loma abajo, con la falda blanca esponjada y los calzones de florecillas apretados con ligas alrededor de los muslos, con la boca abierta y los ojos entrecerrados, porque la carrera agitaba el aire y la niña lloraba de gusto. Amilamia sentada bajo los eucaliptos, fingiendo un llanto para que yo me acercara a ella. Amilamia boca abajo con una flor entre las manos: los pétalos de un aumento que, descubrí más tarde, no crecía en este jardín, sino en otra parte, quizás en el jardín de la casa de Amilamia, pues la única bolsa de su delantal de cuadros azules venía a menudo llena de esas flores blancas. Amilamia viéndome leer, detenida con ambas manos a los barrotes de la banca verde, inquiriendo con los ojos grises: recuerdo que nunca me preguntó qué cosa leía, como si pudiese adivinar en mis ojos las imágenes nacidas de las páginas. Amilamia riendo con placer cuando yo la levantaba del talle y la hacía girar sobre mi cabeza y ella parecía descubrir otra perspectiva del mundo en ese vuelo lento. Amilamia dándome la espalda y despidiéndose con el brazo en alto y los dedos alborotados. Y Amilamia en las mil posturas que adoptaba alrededor de mi banca: colgada de cabeza, con las piernas al aire y los calzones abombados; sentada sobre la grava, con las piernas cruzadas y la barbilla apoyada en el mentón; recostada sobre el pasto, exhibiendo el ombligo al sol; tejiendo ramas de los árboles, dibujando animales en el lodo con una vara, lamiendo los barrotes de la banca, escondida bajo el asiento, quebrando sin hablar las cortezas sueltas de los troncos añosos, mirando fijamente el horizonte más allá de la colina, canturreando con los ojos cerrados, imitando las voces de pájaros, perros, gatos, gallinas, caballos. Todo para mí, y sin embargo, nada. Era su manera de estar conmigo, todo esto que recuerdo, pero también su manera de estar a solas en el parque. Sí; quizás la recuerdo fragmentariamente porque mi lectura alternaba con la contemplación de la niña mofletuda, de cabello liso y cambiante con los reflejos de la luz: ora pajizo, ora de un castaño quemado. Y sólo hoy pienso que Amilamia, en ese momento, establecía el otro punto de apoyo para mi vida, el que creaba la tesión entre mi propia infancia irresuelta y el mundo abierto, la tierra prometida que empezaba a ser mía en la lectura.

Entonces no. Entonces soñaba con las mujeres de mis libros, con las hembras —la palabra que trastornaba— que asumían el disfraz de la Reina para comprar el collar en secreto, con las invenciones mitológicas —mitad seres reconocibles, mitad salamandras de pechos blancos y vientres húmedos— que esperaban a los monarcas en sus lechos. Y así, imperceptiblemente, pasé de la indiferencia hacia mi compañía infantil a una aceptación de la gracia y gravedad de la niña, y de allí a un rechazo impensado de esa presencia inútil. Acabó por irritarme, a mí que ya tenía catorce años, esa niña de siete que no era, aún, la memoria y su nostalgia, sino el pasado y su actualidad. Me

había dejado arrastrar por una flaqueza. Juntos habíamos corrido, tomados de la mano, por el prado. Juntos
habíamos sacudido los pinos y recogido las piñas que
Amilamia guardaba con celo en la bolsa del delantal.
Juntos habíamos fabricado barcos de papel para seguir-
los, alborozados, al borde de la acequia. Y esa tarde,
cuando juntos rodamos por la colina, en medio de gritos de alegría, y al pie de ella caímos juntos. Amilamia
sobre mi pecho, yo con el cabello de la niña en mis labios, y sentí su jadeo en mi oreja y sus bracitos pegajo-
sos de dulce alrededor de mi cuello, le retiré con enojo
los brazos y la dejé caer. Amilamia lloró, acariciándose
la rodilla y el codo heridos, y yo regresé a mi banca.
Luego Amilamia se fue y al día siguiente regresó, me
entregó el papel sin decir palabra y se perdió, canturreando, en el bosque. Dudé entre rasgar la tarjeta o
guardarla en las páginas del libro. *Las tardes de la granja*.
Hasta mis lecturas se estaban infantilizando al lado de
Amilamia. Ella no regresó al parque. Yo, a los pocos
días, salí de vacaciones y después regresé a los deberes
del primer año de bachillerato. Nunca la volví a ver.

                                   2

    Y ahora, casi rechazando la imagen, que es des-
acostumbrada sin ser fantástica y por ser real es más dolorosa, regreso a ese parque olvidado y, detenido ante la
alameda de pinos y eucaliptos, me doy cuenta de la pe-
queñez del recinto boscoso, que mi recuerdo se ha em-
peñado en dibujar con una amplitud que pudiera dar
cabida al oleaje de la imaginación. Pues aquí habían nacido, hablado y muerto Strogoff y Huckleberry, Milady
de Winter y Genoveva de Brabante: en un pequeño jardín rodeado de rejas mohosas, plantado de escasos árboles viejos y descuidados, adornado apenas con una

banca de cemento que imita la madera y que me obliga
a pensar que mi hermosa banca de hierro forjado, pintada de verde, nunca existió o era parte de mi orde-
nado delirio retrospectivo. Y la colina... ¿Cómo pude
creer que era eso, el promontorio que Amilamia bajaba
y subía durante sus diarios paseos, la ladera empinada
por donde rodábamos juntos? Apenas una elevación de
zacate pardo sin más relieve que el que mi memoria se
empeñaba en darle.

Me buscas aquí como te lo divujo. Entonces habría que
cruzar el jardín, dejar atrás el bosque, descender en tres
zancadas la elevación, atravesar ese breve campo de avella-
nos —era aquí, seguramente, donde la niña recogía los pétalos blancos—, abrir la reja rechinante del parque y súbitamente recordar, saber, encontrarse en la calle, darse
cuenta de que todas aquellas tardes de la adolescencia,
como por milagro, habían logrado suspender los latidos de
la ciudad circundante, anular esa marea de pitazos, campa-
nadas, voces, llantos, motores, radios, imprecaciones: ¿cuál
era el verdadero imán: el jardín silencioso o la ciudad febril? Espero el cambio de luces y paso a la otra acera sin
dejar de mirar el iris rojo que detiene el tránsito. Consulto
el papelito de Amilamia. Al fin y al cabo, ese plano rudi-
mentario es el verdadero imán del momento que vivo, y
sólo pensarlo me sobresalta. Mi vida, después de las tardes
perdidas de los catorce años, se vio obligada a tomar los
cauces de la disciplina y ahora, a los veintinueve, debida-
mente diplomado, dueño de un despacho, asegurado de
un ingreso módico, soltero aún, sin familia que mantener,
ligeramente aburrido de acostarme con secretarias, apenas
excitado por alguna salida eventual al campo o a la playa,
carecía de una atracción central como las que antes me
ofrecieron mis libros, mi parque y Amilamia. Recorro la
calle de este suburbio chato y gris. Las casas de un piso se
suceden monótonamente, con sus largas ventanas enreja-

das y sus portones de pintura descascarada. Apenas el rumor de ciertos oficios rompe la uniformidad del conjunto. El chirreo de un afilador aquí, el martilleo de un zapatero allá. En las cerradas laterales, juegan los niños del barrio. La música de un organillo llega a mis oídos, mezclada con las voces de las rondas. Me detengo un instante a verlos, con la sensación, también fugaz, de que entre esos grupos de niños estaría Amilamia, mostrando impúdicamente sus calzones floreados, colgada de las piernas desde un balcón, afecta siempre a sus extravagancias acrobáticas, con la bolsa del delantal llena de pétalos blancos. Sonrío y por vez primera quiero imaginar a la señorita de veintidós años que, si aún vive en la dirección apuntada, se reirá de mis recuerdos o acaso habrá olvidado las tardes pasadas en el jardín.

La casa es idéntica a las demás. El portón, dos ventanas enrejadas, con los batientes cerrados. Un solo piso coronado por un falso barandal neoclásico que debe ocultar los menesteres de la azotea: la ropa tendida, los tinacos de agua, el cuarto de criados, el corral. Antes de tocar el timbre, quiero desprenderme de cualquier ilusión. Amilamia ya no vive aquí. ¿Por qué iba a permanecer quince años en la misma casa? Además, pese a su independencia y soledad prematuras, parecía una niña bien educada, bien arreglada, y este barrio ya no es elegante; los padres de Amilamia, sin duda, se han mudado. Pero quizás los nuevos inquilinos saben a dónde.

Aprieto el timbre y espero. Vuelvo a tocar. Esa es otra contingencia: que nadie esté en casa. Y yo, ¿sentiré otra vez la necesidad de buscar a mi amiguita? No, porque ya no será posible abrir un libro de la adolescencia y encontrar, al azar, la tarjeta de Amilamia. Regresaría a la rutina, olvidaría el momento que sólo importaba por su sorpresa fugaz.

Vuelvo a tocar. Acerco la oreja al portón y me siento

sorprendido. Una respiración ronca y entrecortada se
deja escuchar del otro lado; el soplido trabajoso, acompañado por un olor desagradable a tabaco rancio, se fil-
tra por los tablones resquebrajados del zaguán.

—Buenas tardes. ¿Podría decirme?...

Al escuchar mi voz, la persona se retira con pasos pesados e inseguros. Aprieto de nuevo el timbre, esta vez
gritando:

—¡Oiga! ¡Abrame! ¿Qué le pasa? ¿No me oye?

No obtengo respuesta. Continúo tocando el timbre,
sin resultados. Me retiro del portón, sin alejar la mirada
de las mínimas rendijas, como si la distancia pudiese
darme perspectiva e incluso penetración. Con toda la
atención fija en esa puerta condenada, atravieso la calle
caminando hacia atrás; un grito agudo me salva a
tiempo, seguido de un pitazo prolongado y feroz, mientras yo, aturdido, busco a la persona cuya voz acaba de
salvarme, sólo veo el automóvil que se aleja por la calle
y me abrazo a un poste de luz, a un asidero que, más
que seguridad, me ofrece un punto de apoyo para el
paso súbito de la sangre helada a la piel ardiente, sudorosa. Miro hacia la casa que fue, era, debía ser la de
Amilamia. Allá, detrás de la balaustrada, como lo sabía,
se agita la ropa tendida. No sé qué es lo demás: camiso-
nes, pijamas, blusas, no sé; yo veo ese pequeño delantal
de cuadros azules, tieso, prendido con pinzas al largo
cordel que se mece entre una barra de fierro y un clavo
del muro blanco de la azotea.

3

En el Registro de la Propiedad me han dicho que
ese terreno está a nombre de un señor R. Valdivia, que
alquila la casa. ¿A quién? Eso no lo saben. ¿Quién es
Valdivia? Ha declarado ser comerciante. ¿Dónde vive?

¿Quién es usted?, me ha preguntado la señorita con una curiosidad altanera. No he sabido presentarme calmado y seguro. El sueño no me alivió de la fatiga nerviosa. Valdivia. Salgo del Registro y el sol me ofende. Asocio la repugnancia que me provoca el sol brumoso y tamizado por las nubes bajas —y por ello más intenso— con el deseo de regresar al parque sombreado y húmedo. No, no es más que el deseo de saber si Amilamia vive en esa casa y por qué se me niega la entrada. Pero lo que debo rechazar, cuanto antes, es la idea absurda que no me permitió cerrar los ojos durante la noche. Haber visto el delantal secándose en la azotea, el mismo en cuya bolsa guardaba las flores, y creer por ello que en esa casa vivía una niña de siete años que yo había conocido catorce o quince antes... Tendría una hijita. Sí, Amilamia, a los veintidós años, era madre de una niña que quizás se vestía igual, se parecía a ella, repetía los mismos juegos, ¿quién sabe?, iba al mismo parque. Y cavilando llego de nuevo hasta el portón de la casa. Toco el timbre y espero el resuello agudo del otro lado de la puerta. Me he equivocado. Abre la puerta una mujer que no tendrá más de cincuenta años. Pero envuelta en un chal, vestida de negro y con zapatos de tacón bajo, sin maquillaje, con el pelo estirado hasta la nuca, entrecano, parece haber abandonado toda ilusión o pretexto de juventud y me observa con ojos casi crueles de tan indiferentes.

—¿Deseaba?

—Me envía el señor Valdivia. —Toso y me paso una mano por el pelo. Debí recoger mi cartapacio en la oficina. Me doy cuenta de que sin él no interpretaré bien mi papel.

—¿Valdivia? —La mujer me interroga sin alarma; sin interés.

—Sí. El dueño de la casa.

Una cosa es clara: la mujer no delatará nada en el rostro. Me mira impávida.

—Ah sí. El dueño de la casa.

—¿Me permite?...

Creo que en las malas comedias el agente viajero adelanta un pie para impedir que le cierren la puerta en las narices. Yo lo hago, pero la señora se aparta y con un gesto de la mano me invita a pasar a lo que debió ser una cochera. Al lado hay una puerta de cristal y madera despintada. Camino hacia ella, sobre los azulejos amarillos del patio de entrada, y vuelvo a preguntar, dando la cara a la señora que me sigue con paso menudo:

—¿Por aquí?

La señora asiente y por primera vez observo que entre sus manos blancas lleva una camándula con la que juguetea sin cesar. No he vuelto a ver esos viejos rosarios desde mi infancia y quiero comentarlo, pero la manera brusca y decidida con que la señora abre la puerta me imide la conversación gratuita. Entramos a un aposento largo y estrecho. La señora se apresura a abrir los batientes, pero la estancia sigue ensombrecida por cuatro plantas perennes que crecen en los macetones de porcelana y vidrio incrustado. Sólo hay en la sala un viejo sofá de alto respaldo enrejado de bejuco y una mecedora. Pero no son los escasos muebles o las plantas lo que llama mi atención. La señora me invita a tomar asiento en el sofá antes de que ella lo haga en la mecedora.

A mi lado, sobre el bejuco, hay una revista abierta.

—El señor Valdivia se excusa de no haber venido personalmente.

La señora se mece sin pestañear. Miro de reojo esa revista de cartones cómicos.

—La manda saludar y...

Me detengo, esperando una reacción de la mujer.

Ella continúa meciéndose. La revista está garabateada con un lápiz rojo.

—...y me pide informarle que piensa molestarla durante unos cuantos días...

Mis ojos buscan rápidamente.

—...Debe hacerse un nuevo avalúo de la casa para el catastro. Parece que no se hace desde... ¿Ustedes llevan viviendo aquí?...

Sí; ese lápiz labial romo está tirado debajo del asiento. Y si la señora sonríe lo hace con las manos lentas que acarician la camándula: allí siento, por un instante, una burla veloz que no alcanza a turbar sus facciones. Tampoco esta vez me contesta.

—...¿por lo menos quince años, no es cierto?...

No afirma. No niega. Y en sus labios pálidos y delgados no hay la menor señal de pintura...

—...¿usted, su marido y?...

Me mira fijamente, sin variar de expresión, casi retándome a que continúe. Permanecemos un instante en silencio, ella jugueteando con el rosario, yo inclinado hacia adelante, con las manos sobre las rodillas. Me levanto.

—Entonces, regresaré esta misma tarde con mis papeles...

La señora asiente mientras, en silencio, recoge el lápiz labial, toma la revista de caricaturas y los esconde entre los pliegues del chal.

4

La escena no ha cambiado. Esta tarde, mientras yo apunto cifras imaginarias en un cuaderno y finjo interés en establecer la calidad de las tablas opacas del piso y la extensión de la estancia, la señora se mece y roza con las yemas de los dedos los tres dieces del rosario. Suspiro al terminar el supuesto inventario de la sala y le pido que pasemos a otros lugares de la casa. La señora se incorpora, apoyando los brazos largos y negros sobre el asiento de la mecedora y ajustándose el chal a las espaldas estrechas y huesudas.

Abre la puerta de vidrio opaco y entramos a un comedor apenas más amueblado. Pero la mesa con patas de tubo, acompañada de cuatro sillas de níquel y hulespuma, ni siquiera poseen el barrunto de distinción de los muebles de la sala. La otra ventana enrejada, con los batientes cerrados, debe iluminar en ciertos momentos este comedor de paredes desnudas, sin cómodas ni repisas. Sobre la mesa sólo hay un frutero de plástico con un racimo de uvas negras, dos melocotones y una corona zumbante de moscas. La señora, con los brazos cruzados y el rostro inexpresivo, se detiene detrás de mí. Me atrevo a romper el orden: es evidente que las estancias comunes de la casa nada me dirán sobre lo que deseo saber.

—¿No podríamos subir a la azotea? —pregunto—. Creo que es la mejor manera de cubrir la superficie total.

La señora me mira con un destello fino y contrastado, quizás, con la penumbra del comedor.

—¿Para qué? —dice, por fin—. La extensión la sabe bien el señor... Valdivia...

Y esas pausas, una antes y otra después del nombre del propietario, son los primeros indicios de que algo, al cabo, turba a la señora y la obliga, en defensa, a recurrir a cierta ironía.

—No sé —hago un esfuerzo por sonreír—. Quizás prefiero ir de arriba hacia abajo y no... —mi falsa sonrisa se va derritiendo— ...de abajo hacia arriba.

—Usted seguirá mis indicaciones —dice la señora

con los brazos cruzados sobre el regazo y la cruz de
plata sobre el vientre oscuro.

Antes de sonreír débilmente, me obligo a pensar que
en la penumbra mis gestos son inútiles, ni siquiera simbólicos. Abro con un crujido de la pasta el cuaderno y
sigo anotando con la mayor velocidad posible, sin apartar la mirada, los números y apreciaciones de esta tarea
cuya ficción —me lo dice el ligero rubor de las mejillas,
la definida sequedad de la lengua— no engaña a nadie.
Y al llenar la página cuadriculada de signos absurdos,
de raíces cuadradas y fórmulas algebraicas, me pregunto
qué cosa me impide ir al grano, preguntar por Amilamia
y salir de aquí con una respuesta satisfactoria. Nada. Y
sin embargo, tengo la certeza de que por ese mismo camino, si bien obtendría una respuesta, no sabría la verdad. Mi delgada y silenciosa acompañante tiene una silueta que en la calle no me detendría a contemplar,
pero que en esta casa de mobiliario ramplón y habitantes ausentes deja de ser un rostro anónimo de la ciudad
para convertirse en un lugar común del misterio. Tal es
la paradoja, y si las memorias de Amilamia han despertado otra vez mi apetito de imaginación, seguiré las reglas del juego, agotaré las apariencias y no reposaré
hasta encontrar la respuesta —quizá simple y clara, inmediata y evidente— a través de los inesperados velos
que la señora del rosario tiende en mi camino. ¿Le
otorgo a mi anfitriona renuente una extrañeza gratuita?
Si es así, sólo gozaré más en los laberintos de mi invención. Y las moscas zumban alrededor del frutero, pero
se posan sobre ese punto herido del melocotón, ese
trozo mordisqueado —me acerco con el pretexto de
mis notas— por unos dientecillos que han dejado su
huella en la piel aterciopelada a la carne ocre de la
fruta. No miro hacia donde está la señora. Finjo que
sigo anotando. La fruta parece mordida, pero no tocada.

Me agacho para verla mejor, apoyo las manos sobre la mesa, adelanto los labios como si quisiera repetir el acto de morder sin tocar. Bajo los ojos y veo otra huella cerca de mis pies: la de dos llantas que me parecen de bicicleta, dos tiras de goma impresas sobre el piso de madera despintada que llegan hasta el filo de la mesa y luego se retiran, cada vez más débiles, a lo largo del piso, hacia donde está la señora...

Cierro mi libro de notas.

—Continuemos, señora.

Al darle la cara, la encuentro de pie con las manos sobre el respaldo de una silla. Delante de ella, sentado, tose el humo de su cigarrillo negro un hombre de espaldas cargadas y mirar invisible: los ojos están escondidos por esos párpados arrugados, hinchados, gruesos y colgantes similares a un cuello de tortuga vieja, que no obstante parecen seguir mis movimientos. Las mejillas mal afeitadas, hendidas por mil surcos grises, cuelgan de los pómulos salientes y las manos verdosas están escondidas entre las axilas: viste una camisa burda, azul, y su pelo revuelto semeja, por lo rizado, un fondo de barco cubierto de caramujos. No se mueve y el signo real de su existencia es ese jadeo difícil (como si la respiración debiera vencer los obstáculos de una y otra compuerta de flema, irritación, desgaste) que ya había escuchado entre los resquicios del zaguán.

Ridículamente, murmuro: —Buenas tardes... —y me dispongo a olvidarlo todo: el misterio, Amilamia, el avalúo, las pistas. La aparición de este lobo asmático justifica una pronta huida. Repito «Buenas tardes», ahora en son de despedida. La máscara de la tortuga se desbarata en una sonrisa atroz: cada poro de esa carne parece fabricado de goma quebradiza, de hule pintado y podrido. El brazo se alarga y me detiene.

—Valdivia murió hace cuatro años —dice el hombre

con esa voz sofocada, lejana, situada en las entrañas y no en la laringe: una voz tipluda y débil.

Arrestado por esa garra fuerte, casi dolorosa, me digo que es inútil fingir. Los rostros de cera y caucho que me observan nada dicen y por eso puedo, a pesar de todo, fingir por última vez, inventar que me hablo a mí mismo cuando digo:

—Amilamia...

Sí: nadie habrá de fingir más. El puño que aprieta mi brazo afirma su fuerza sólo por un instante, en seguida afloja y al fin cae, débil y tembloroso, antes de levantarse y tomar la mano de cera que le tocaba el hombro: la señora, perpleja por primera vez, me mira con los ojos de un ave violada y llora con un gemido seco que no logra descomponer el azoro rígido de sus facciones. Los ogros de mi invención, súbitamente, son dos viejos solitarios, abandonados, heridos, que apenas pueden confortarse al unir sus manos con un estremecimiento que me llena de vergüenza. La fantasía me trajo hasta este comedor desnudo para violar la intimidad y el secreto de dos seres expulsados de la vida por algo que yo no tenía el derecho de compartir. Nunca me he despreciado tanto. Nunca me han faltado las palabras de manera tan burda. Cualquier gesto es vano: ¿voy a acercarme, voy a tocarlos, voy a acariciar la cabeza de la señora, voy a pedir excusas por mi intromisión? Me guardo el libro de notas en la bolsa del saco. Arrojo al olvido todas las pistas de mi historia policial: la revista de dibujos, el lápiz labial, la fruta mordida, las huellas de la bicicleta, el delantal de cuadros azules... Decido salir de esta casa sin decir nada. El viejo, detrás de los párpados gruesos, ha debido fijarse en mí. El resuello tipludo me dice:

—¿Usted la conoció?

Ese pasado tan natural, que ellos deben usar a diario,

acaba por destruir mis ilusiones. Allí está la respuesta.
Usted la conoció. ¿Cuántos años? ¿Cuántos años habrá
vivido el mundo sin Amilamia, asesinada primero por
mi olvido, resucitada, apenas ayer, por una triste memoria impotente? ¿Cuándo dejaron esos ojos grises y serios
de asombrarse con el deleite de un jardín siempre solitario? ¿Cuándo esos labios de hacer pucheros o de adel-
gazarse en aquella seriedad ceremoniosa con la que,
ahora me doy cuenta, Amilamia descubría y consagraba
las cosas de una vida que, acaso, intuía fugaz?

—Sí, jugamos juntos en el parque. Hace mucho.

—¿Qué edad tenía ella? —dice, con la voz aún más
apagada, el viejo.

—Tendría siete años. Sí, no más de siete.

La voz de la mujer se levanta, junto con los brazos
que parecen implorar:

—¿Cómo era, señor? Díganos cómo era, por favor...

Cierro los ojos. Amilamia también es mi recuerdo.
Sólo podría compararla a las cosas que ella tocaba, traía
y descubría en el parque. Sí. Ahora la veo, bajando por
la loma. No, no es cierto que sea apenas una elevación
de zacate. Era una colina de hierba y Amilamia había
trazado un sendero con sus idas y venidas y me saludaba desde lo alto antes de bajar, acompañada por la
música, sí, la música de mis ojos, las pinturas de mi olfato, los sabores de mi oído, los olores de mi tacto... mi
alucinación... ¿me escuchan?... bajaba saludando, vestida
de blanco, con un delantal de cuadros azules... el que
ustedes tienen tendido en la azotea...

Toman mis brazos y no abro los ojos.

—¿Cómo era, señor?

—Tenía los ojos grises y el color del pelo le cambiaba con los reflejos del sol y la sombra de los árboles...

Me conducen suavemente, los dos; escucho el resue-

llo del hombre, el golpe de la cruz del rosario contra el
cuerpo de la mujer...

—Díganos, por favor...

—El aire la hacía llorar cuando corría; llegaba hasta mi
banca con las mejillas plateadas por un llanto alegre...

No abro los ojos. Ahora subimos. Dos, cinco, ocho,
nueve, doce peldaños. Cuatro manos guían mi cuerpo.

—¿Cómo era, cómo era?

—Se sentaba bajo los eucaliptos y hacía trenzas con
las ramas y fingía el llanto para que yo dejara mi lectura
y me acercara a ella...

Los goznes rechinan. El olor lo mata todo: dispersa los
demás sentidos, toma asiento como un mogol amarillo en
el trono de mi alucinación, pesado como un cofre, insi-
nuante como el crujir de una seda drapeada, ornamen-
tado como un cetro turco, opaco como una veta honda y
perdida, brillante como una estrella muerta. Las manos
me sueltan. Más que el llanto, es el temblor de los viejos
lo que me rodea. Abro lentamente los ojos: dejo que el
mareo líquido de mi córnea primero, en seguida la red de
mis pestañas, descubran el aposento sofocado por esa
enorme batalla de perfumes, de vahos y escarchas de pétalos casi encarnados, tal es la presencia de las flores que
aquí, sin duda, poseen una piel viviente: dulzura del jara-
mago, náusea del ásaro, tumba del nardo, templo de la
gardenia: la pequeña recámara sin ventanas, iluminada
por las uñas incandescentes de los pesados cirios chispo-
rroteantes, introduce su rastro de cera y flores húmedas
hasta el centro del plexo y sólo de allí, del sol de la vida,
es posible revivir para contemplar, detrás de los cirios y
entre las flores dispersas, el cúmulo de juguetes usados,
los aros de colores y los globos arrugados sin aire, viejas
ciruelas transparentes; los caballos de madera con las crines destrozadas, los patines del diablo, las muñecas des-
pelucadas y ciegas, los osos vaciados de serrín, los patos

de hule perforado, los perros devorados por la polilla, las cuerdas de saltar roídas, los jarrones de vidrio repletos de dulces secos, los zapatitos gastados, el triciclo —¿tres ruedas?; no, dos; y no de bicicleta; dos ruedas paralelas, abajo—, los zapatitos de cuero y estambre; y al frente, al alcance de mi mano, el pequeño féretro levantado sobre cajones azules decorados con flores de papel, esta vez flores de la vida, claveles y girasoles, amapolas y tulipanes, pero como aquéllas, las de la muerte, parte de un asativo que cocía todos los elementos de este invernadero funeral en el que reposa, dentro del féretro plateado y entre las sábanas de seda negra y junto al acolchado de raso blanco, ese rostro inmóvil y sereno, enmarcado por una cofia de encaje, dibujado con tintes de color de rosa: cejas que el más leve pincel trazó, párpados cerrados, pestañas reales, gruesas, que arrojan una sombra tenue sobre las mejillas tan saludables como en los días del parque. Labios serios, rojos, casi en el puchero de Amilamia cuando fingía un enojo para que yo me acercara a jugar. Manos unidas sobre el pecho. Una camándula, idéntica a la de la madre, estrangulando ese cuello de pasta. Mortaja blanca y pequeña del cuerpo impúber, limpio, dócil.

Los viejos se han hincado, sollozando.

Yo alargo la mano y rozo con los dedos el rostro de porcelana de mi amiga. Siento el frío de esas facciones dibujadas, de la muñeca-reina que preside los fastos de esta cámara real de la muerte. Porcelana, pasta y algodón. *Amilamia no olbida a si amigito y me buscas aquí como te lo divujo.*

Aparto los dedos del falso cadáver. Mis huellas digitales quedan sobre la tez de la muñeca.

Y la náusea se insinúa en mi estómago, depósito del humo de los cirios y la peste del ásaro en el cuarto encerrado. Doy la espalda al túmulo de Amilamia. La

mano de la señora toca mi brazo. Sus ojos desorbitados
no hacen temblar la voz apagada:

—No vuelva, señor. Si de veras la quiso, no vuelva
más.

Toco la mano de la madre de Amilamia, veo con los
ojos mareados la cabeza del viejo, hundida entre sus rodillas, y salgo del aposento a la escalera, a la sala, al patio, a la calle.

5

Si no un año, sí han pasado nueve o diez meses. La
memoria de aquella idolatría ha dejado de espantarme.
He perdido el olor de las flores y la imagen de la muñeca helada. La verdadera Amilamia ya regresó a mi recuerdo y me he sentido, si no contento, sano otra vez:
el parque, la niña viva, mis horas de lectura adolescente,
han vencido a los espectros de un culto enfermo. La
imagen de la vida es más poderosa que la otra. Me digo
que viviré para siempre con mi verdadera Amilamia,
vencedora de la caricatura de la muerte. Y un día me
atrevo a repasar aquel cuaderno de hojas cuadriculadas
donde apunté los datos falsos del avalúo. Y de sus páginas, otra vez, cae la tarjeta de Amilamia con su terrible
caligrafía infantil y su plano para ir del parque a la casa.
Sonrío al recogerla. Muerdo uno de los bordes, pensando que los pobres viejos, a pesar de todo, aceptarían
este regalo.

Me pongo el saco y me anudo la corbata, chiflando.
¿Por qué no visitarlos y ofrecerles ese papel con la letra
de la niña?

Me acerco corriendo a la casa de un piso. La lluvia
comienza a caer en gotones aislados que hacen surgir
de la·tierra, con una inmediatez mágica, ese olor de

bendición mojada que parece remover los humus y precipitar las fermentaciones de todo lo que existe con una raíz en el polvo.

Toco el timbre. El aguacero arrecia e insisto. Una voz chillona grita: ¡Voy!, y espero que la figura de la madre, con su eterno rosario, me reciba. Me levanto las solapas del saco. También mi ropa, mi cuerpo, transforman su olor al contacto con la lluvia. La puerta se abre.

—¿Qué quiere usted? ¡Qué bueno que vino!

Sobre la silla de ruedas, esa muchacha contrahecha detiene una mano sobre la perilla y me sonríe con una mueca inasible. La joroba del pecho convierte el vestido en una cortina del cuerpo: un trapo blanco al que, sin embargo, da un aire de coquetería el delantal de cuadros azules. La pequeña mujer extrae de la bolsa del delantal una cajetilla de cigarros y enciende uno con rapidez, manchando el cabo con los labios pintados de color naranja. El humo le hace guiñar los hermosos ojos grises. Se arregla el pelo cobrizo, apajado, peinado a la permanente, sin dejar de mirarme con un aire inquisitivo y desolado, pero también anhelante, ahora miedoso.

—No, Carlos. Vete. No vuelvas más.

Y desde la casa escucho, al mismo tiempo, el resuello tipludo del viejo, cada vez más cerca:

—¿Dónde estás? ¿No sabes que no debes contestar las llamadas? ¡Regresa! ¡Engendro del demonio! ¿Quieres que te azote otra vez?

Y el agua de la lluvia me escurre por la frente, por las mejillas, por la boca, y las pequeñas manos asustadas dejan caer sobre las losas húmedas la revista de historietas.

GABRIEL GARCÍA MÁRQUEZ

(Aracataca, Colombia, 1928-)

*La obra de García Márquez se divide claramente en dos
partes: antes y después de Cien años de soledad. Igual puede
decirse de la novelística hispanoamericana, que, desde entonces, ya no volvió a ser la misma. No sólo era una auténtica
obra maestra, una novela-síntesis de todos los niveles y mati-
ces que pueden darse en la realidad y en la imaginación, sino
que era también una novela popular en el mejor sentido de la
palabra: todos podían acceder a ella sin mayores dificultades y
todos hallaban en sus episodios una distinta forma de revelación que los impulsaba a seguir leyendo. Cambió además el
destino personal de su autor, que se convirtió en una leyenda
viva, la encarnación misma del grado más hipnótico y aéreo
que había alcanzado la estética de lo real-maravilloso, definida por Carpentier (véase). Cien años... es un libro representa-
tivo de una época que hoy, a la distancia, sigue ejerciendo la
misma fascinación. Inventó un lugar, Macondo, que, siendo
imaginario, ha resultado tan real que todos parecemos haberlo
visitado.*

Pero la cronología externa, que nos dice que ésta era la cuarta novela publicada por García Márquez, es engañosa. En su caso, la publicación y la génesis novelística de sus primeros libros no coinciden: en realidad, el autor escribió tres distintas novelas mientras trataba de escribir, sin conseguirlo, Cien años... *Es decir, el libro que fue* concebido *primero (y postergado por varios años) es la famosa novela de 1967. Hay que entender, por lo tanto, que aquellas tres novelas son, en distinto grado, acercamientos, rodeos o desprendimientos de ese núcleo de experiencia que se resistía (mientras lo tentaba) a ser convertida en relato. Esa imposibilidad marca los esfuerzos narrativos del autor durante los años arduos y oscuros, en los que escribió con tenacidad pero sin mayores estímulos. Desechar, sin embargo, esos primeros intentos como obras menores o fallidas sería un error: como acercamientos al mundo macondino que retrataría su gran novela, pueden considerarse fracasos, pero se trata, sin duda, de espléndicos fracasos en los que hay claros indicios de virtudes narrativas que, siendo ya notables, iban pronto a convertirse en excepcionales. Es importante recordar que cuando el autor empieza a publicar sus primeros cuentos, artículos y crónicas de cine en periódicos colombianos, el marco histórico-cultural era particularmente agitado: a raíz del «bogotazo» de 1948 se había iniciado una larga etapa en la política de su país que se conoce como «la violencia» y que se convertirá en uno de los mayores temas literarios de su generación. Aunque de modo muy diferente al de las novelas de éstos, el clima de terror e intolerancia que el país vivía entonces se reflejará sobre todo en la fase inicial del autor.*

*Sus primeros libros son tres novelas (*La hojarasca, El coronel no tiene quien le escriba *y* La mala hora*) y la colección de cuentos* Los funerales de la Mamá Grande. *Hay una oscilación estilística en este grupo, entre la estructura elaborada y el lenguaje barroquizante de* La hojarasca *o del relato que da título al volumen de cuentos (que reflejan el* *influjo dominante de Faulkner), y el tono despojado, lacónico y directo de los otros libros que más bien parecen mostrar la huella de Hemingway y Graham Greene. Esos distintos lenguajes narrativos se corresponden con dos territorios imaginarios: por un lado, Macondo, una tierra donde la realidad no tiene fronteras y todo es posible; por otro, el anónimo «pueblo», un lugar polvoriento y abandonado donde los personajes meramente sobreviven más allá de toda esperanza. En ambos casos, revelan a un joven escritor que se emancipaba estéticamente respecto de los consabidos modelos del realismo de la «violencia»; una nueva etapa en la historia de la novela estaba comenzando con esos libros. Desde entonces, hay en él una profunda fidelidad a la experiencia personal y social, a la vez que al rigor literario, que lo alejan del tremendismo y el simplismo ideológico habituales en la novela política. Su enfoque era más elíptico y sutil, como puede verse en* La hojarasca, *que es la inicial prefiguración literaria del mítico Macondo, un territorio prodigioso pero sin duda marcado por las huellas de la historia trágica del subdesarrollo, las guerras civiles y el imperialismo. Es una novela «bananera» cuyas diferencias con las de Asturias (véase) son ilustrativas.*

Tanto El coronel... *como* La mala hora *(ambas escritas en París, donde había llegado como corresponsal periodístico) ocurren en «el pueblo», pero el hecho de que algunos personajes, situaciones e imágenes de procedencia macondina se infiltren en sus páginas, revela cuál era el verdadero foco de su visión narrtiva. Particularmente,* El coronel... *es una pequeña obra maestra del estilo condensado de su autor. La breve novela es el paradigma de un lenguaje estrictamente funcional: no sobra ni falta una línea y cada una resuena en el lector con un eco imborrable. Todo es simple y directo, pero cargado con oblicuas sugerencias, elevada tensión dramática y un seco humor que hace verosímil una situación intolerable.*

Así como era necesario llamar la atención sobre esta porción de su obra y su relación con Cien años..., *abundar en* ésta y en las que la siguen, parece redundante: la crítica las ha observado, estudiado y repasado hasta sus más pequeños detalles. Baste decir que la magia de Cien años... (que tiene el carácter recurrente e inclusivo de los relatos bíblicos y de Las mil y una noches) quizá resida en la forma rigurosa en que está manejado el tempo narrativo: su historia se regula por un preciso reloj que comprime y expande los ritmos de la novela en los momentos precisos, lo que crea un efecto de temporalidad cíclica y porosa. La estructura es envolvente como un rizo que lentamente se va abriendo y haciéndonos sentir que lo que pasó volverá a pasar una vez más, como anuncia la famosa primera línea del libro. La obra posterior, escrita en Barcelona y México, es dignísima secuela de ese libro capital, sobre todo porque el autor se negó a repetir el modelo con el que había tenido éxito y se propuso empresas de muy diversa naturaleza; aun es posible discutir si en algún caso no ha escrito un libro que supere Cien años... Quizá eso ocurra con El otoño del patriarca, su obra más intrincada, estilísticamente más radical y un aporte mayor a una rica vertiente de la novela hispanoamericana: la novela del dictador, en la que lo precedieron, entre otros, Asturias y Carpentier (véanse). El libro es ante todo una larga metáfora sobre la soledad, la monstruosidad, la vana gloria y la miseria del poder absoluto. Muy distintas de ésta son su Crónica de una muerte anunciada, en la que usa y desafía las reglas del thriller; El amor en los tiempos del cólera, deliciosa parodia de la novela romántica en la que los amantes sólo consuman su pasión cuando son unos ancianos; y El general en su laberinto, recuento de los últimos días de la vida de Simón Bolívar, que se aparta de los moldes comunes de la biografía novelesca y presenta la imagen más humana que tengamos de una venerada figura histórica. En 1982 García Márquez obtuvo el Premio Nobel de Literatura.

Aparte del temprano Los funerales..., ha escrito sólo otro libro de cuentos: La increíble y triste historia de la cándida Eréndira y de su abuela desalmada; los textos aquí seleccionados, «Un día de estos» y «Un señor muy viejo con unas alas enormes» pertenecen respectivamente a esos libros. (Ojos de perro azul *también figura en su bibliografía, pero es una publicación que el escritor se vio obligado a hacer cuando sus cuentos juveniles fueron exhumados y difundidos sin su autorización.) El primero es uno de los mejores ejemplos de su estilo realista: un modelo de precisión verbal, tono perfectamente calibrado e impecable creación de atmósfera. Lo que aparentemente tenemos es una situación corriente: el alcalde va a ver al dentista del «pueblo» con un terrible dolor de muelas, y el dentista hace la extracción; pero lo que hay debajo de esa simple historia es una lección moral sobre cómo la violencia política infecta hasta la más insignificante relación humana. El alcalde es la autoridad y el dentista es su enemigo político; en una pequeña sociedad silenciada, esta visita en su consultorio es la única posibilidad de hacerle conocer su opinión. Al comienzo, esa relación está amortiguada, con una pizca de humor negro, por la mediación del niño que transmite inocentemente al dentista lo que el alcalde le pide; luego, esa misma inocencia nos hace ver que la relación dentista-paciente enmascara la verdadera: el poderoso frente a un modesto hombre de pueblo a quien aquél necesita ahora desesperadamente. Hay un contrapunto entre la creciente tensión y las lentas operaciones que realiza el dentista con sus instrumentos; como suele ocurrir en los relatos del autor, los objetos reales son símbolos de vidas para las cuales las posibilidades de cambio no existen: están deteriorados por el uso continuo y resignado. Cuando el dentista le dice al alcalde que tendrá que sacarle la muela sin anestesia «porque tiene un absceso», no sabemos si miente o si dice la verdad (su consultorio es paupérrimo), pero lo cierto es que tiene una íntima sensación de justicia restaurada (el narrador la llama «una amarga ternura») cuando le dice: «Aquí nos paga veinte muertos, teniente». Así, de paso, nos enteramos que se trata de una autoridad militar, impuesta por un gobierno de facto. La extracción se convierte entonces en un acto de reparación y cada uno cumple su papel del modo más digno posible. El irónico final subraya que el abuso de la ley, en ese contexto, está sobreentendido. Difícil decir de modo más sucinto, discreto y memorable lo que es la dictadura.

«Un señor...» fue publicado originalmente (con un ligero cambio en el título) en Casa de las Américas, en 1968. Es completamente distinto del anterior: estamos ante la florescencia tropical del estilo macondino y de lo sobrenatural descrito con el estudiado candor de un cuento de hadas o de un cuadro de Botero. Como resultado de unas lluvias torrenciales (una ocurrencia endémica en García Márquez), un hombre viejo y alado aparece en el patio de una casa. A pesar de su aspecto derrengado y lastimoso, la gente concluye, tras algunos debates de vecindario, que se trata de un ángel caído del cielo. Tras el asombro, sobrevienen el hábito, las molestias y luego la explotación económica del insólito visitante: lo exhiben, con éxito, como un espectáculo de feria. El tono burlesco y de doméstica confianza con que está tratado un personaje celestial lo convierte en algo no sólo plausible sino familiar. El mecanismo clave de esa operación narrativa es retórico: la hipérbole (otra marca reconocible del autor), o más bien el apilamiento de hipérbole sobre hipérbole en series cada vez más delirantes. La inesperada aparición de otra criatura extraña («la mujer que se había convertido en araña por desobedecer a sus padres») es la hipérbole mayor, precisamente porque resulta un fenómeno más cautivante y simpático que el del ángel caído. La mezcla exacta de elementos sobrenaturales y cotidianos (el niño y el ángel contraen «la varicela al mismo tiempo»; las alas de éste revuelven «estiércol de gallinero y polvo lunar») crea un efecto de encantamiento irresistible que nos seduce y nos hace sonreír. El sistema de metaforización es también hiperbólico porque se apoya en una desorbitada traslación de nivel: «murciélago sideral», «ruidos en los riñones», «la lógica de sus alas», etc. La idea detrás del cuento es que, ante lo extraordinario, *cualquier explicación es buena. Como en los clásicos cuentos de hadas, la fábula está asociada con una vieja creencia que, en este caso, puede ser la de considerar el nacimiento de un niño como una bendición y, por lo tanto, asociada con el advenimiento de un ángel.*

Obra narrativa: *La hojarasca*, Bogotá: Ediciones S. L. B., 1955; *El coronel no tiene quien le escriba*, Medellín, Colombia: Aguirre Editor, 1961; *Los funerales de la Mamá Grande*, Xalapa, México: Universidad Veracruzana, 1962; *La mala hora*, Madrid: Talleres Gráficos Luis Pérez, 1962 [ed. mutilada y rechazada por el autor, que reconoce como primera la ed.: México: Era, 1966]; *Cien años de soledad*, Buenos Aires: Sudamericana, 1967; ed. de Jacques Joset, Madrid: Cátedra, 1984; *La increíble y triste historia de la cándida Eréndira y de su abuela desalmada*, Barcelona/Caracas: Monte Avila, 1972; *Ojos de perro azul*, Barcelona: Plaza & Janés, 1974; *El otoño del patriarca*, Barcelona: Plaza & Janés, 1975; *Todos los cuentos de G. G. M. (1947-1972)*, Barcelona: Plaza & Janés, 1975; *Crónica de una muerte anunciada*, Bogotá: La Oveja Negra, 1981; *El amor en los tiempos del cólera*, Bruguera: Barcelona, 1985; *El verano feliz de la señora Forbes*, Madrid: Almarabú, 1986; *El general en su laberinto*, Buenos Aires: Sudamericana, 1989.

Crítica (selección mínima): Bloom, Harold, ed., *G. G. M.*, Nueva York-Filadelfia: Chelsea House, 1989; *Books Abroad*, número especial, Norman, Oklahoma, 43:3 (1973); Earle, Peter G., ed., *G. G. M.*, Madrid: Taurus, 1981; Fau, Margaret Eustella, *G. G. M. An Annotated Bibliography. 1947-1979*, Westport, Connecticut-Londres: Greenwood, 1980; Giacoman, Helmy F., ed., *Homenaje a G. G. M.*, Long Island City, Nueva York: Las Américas, 1972; Gullón, Ricardo, *G. G. M. o el olvidado arte de con tar*, Madrid: Taurus, 1970; Janés, Regina, *G. G. M. Revolutions in Wonderland*, Columbia, Londres: University of Missouri Press, 1981; Lastra, Pedro, ed., *Nueve asedios a G. M.*, Santiago: Editorial Universitaria, 1969; Ludmer, Josefina, *Cien años de soledad: una interpretación*, Buenos Aires: Tiempo Contemporáneo, 1972; Martínez, Pedro Simón, ed., *Recopilación de textos sobre G. G. M.*, La Habana: Casa de las Américas, 1969; McMurray, George R., *G. G. M.*, Nueva York: Ungar, 1977; McNerney, Kathleen, *Understanding G. M.*, Columbia: University of South Carolina Press, 1989; Oberhelman, Harley O., *G. G. M. A Study of the Short Fiction*, Boston: Twayne, 1991; Oviedo, José Miguel, *Escrito al margen* *, pp. 25-53; Palencia Roth, Michael, *G. G. M.: la línea, el círculo y las metamorfosis del mito*, Madrid: Gredos, 1983; Paoli, Roberto, *Invito alla lettura di G. M.*, Milán: Mursia, 1987; Rama, Angel, *Primeros cuentos...* *, pp. 233-245; Sorela, Pedro, *G. M.: los años difíciles*, Madrid: Mondadori, 1988; Vargas Llosa, *G. M.: historia de un deicidio*, Barcelona: Barral Editores, 1971; Williams, Raymond L., *G. G. M.*, Boston: Twayne, 1984.

El lunes amaneció tibio y sin lluvia. Don Aurelio Escovar, dentista sin título y buen madrugador, abrió su gabinete a la seis. Sacó de la vidriera una dentadura postiza montada aún en el molde de yeso y puso sobre la mesa un puñado de instrumentos que ordenó de mayor a menor, como en una exposición. Llevaba una camisa a rayas, sin cuello, cerrada arriba con un botón dorado, y los pantalones sostenidos con cargadores elásticos. Era rígido, enjuto, con una mirada que raras veces correspondía a la situación, como la mirada de los sordos.

Cuando tuvo las cosas dispuestas sobre la mesa rodó la fresa hacia el sillón de resortes y se sentó a pulir la dentadura postiza. Parecía no pensar en lo que hacía, pero trabajaba con obstinación, pedaleando en la fresa incluso cuando no se servía de ella.

Después de las ocho hizo una pausa para mirar el cielo por la ventana y vio dos gallinazos pensativos que se secaban al sol en el caballete de la casa vecina. Siguió trabajando con la idea de que antes del almuerzo volvería a llover. La voz destemplada de su hijo de once años lo sacó de su abstracción.

—Papá.

—Qué.

—Dice el Alcalde que si le sacas una muela.

—Díle que no estoy aquí.

Estaba puliendo un diente de oro. Lo retiró a la distancia del brazo y lo examinó con los ojos a medio cerrar. En la salita de espera volvió a gritar su hijo.

—Dice que sí estás porque te está oyendo.

El dentista siguió examinando el diente. Solo cuando lo puso en la mesa con los trabajos terminados, dijo:

—Mejor.

Volvió a operar la fresa. De una cajita de cartón donde guardaba las cosas por hacer, sacó un puente de varias piezas y empezó a pulir el oro.

—Papá.

—Qué.

Aún no había cambiado de expresión.

—Dice que si no le sacas la muela te pega un tiro.

Sin apresurarse, con un movimiento extremadamente tranquilo, dejó de pedalear en la fresa, la retiró del sillón y abrió por completo la gaveta inferior de la mesa. Allí estaba el revólver.

—Bueno —dijo—. Dile que venga a pegármelo.

Hizo girar el sillón hasta quedar de frente a la puerta, la mano apoyada en el borde de la gaveta. El Alcalde apareció en el umbral. Se había afeitado la mejilla izquierda, pero en la otra, hinchada y dolorida, tenía una barba de cinco días. El dentista vio en sus ojos marchitos muchas noches de desesperación. Cerró la gaveta con la punta de los dedos y dijo suavemente:

—Siéntese.

—Buenos días, dijo el Alcalde.

—Buenos, dijo el dentista.

Mientras hervían los instrumentos, el Alcalde apoyó el cráneo en el cabezal de la silla y se sintió mejor. Respiraba un olor glacial. Era un gabinete pobre: una vieja silla de madera, la fresa de pedal y una vidriera con pomos de loza. Frente a la silla, una ventana con un cancel de tela hasta la altura de un hombre. Cuando sintió que el dentista se acercaba, el Alcalde afirmó los talones y abrió la boca.

Don Aurelio Escovar le movió la cara hacia la luz. Después de observar la muela dañada, ajustó la mandíbula con una cautelosa presión de los dedos.

—Tiene que ser sin anestesia, dijo.

—¿Por qué?

—Porque tiene un absceso.

El Alcalde lo miró a los ojos. «Está bien», dijo, y trató de sonreír. El dentista no le correspondió. Llevó a la mesa de trabajo la cacerola con los instrumentos hervidos y los sacó del agua con unas pinzas frías, todavía sin apresurarse. Después rodó la escupidera con la punta del zapato y fue a lavarse las manos en el aguamanil. Hizo todo sin mirar al Alcalde. Pero el Alcalde no lo perdió de vista.

Era una cordal inferior. El dentista abrió las piernas y apretó la muela con el gatillo caliente. El Alcalde se aferró a las barras de la silla, descargó toda su fuerza en los pies y sintió un vacío helado en los riñones, pero no soltó un suspiro. El dentista solo movió la muñeca. Sin rencor, más bien con una amarga ternura, dijo:

—Aquí nos paga veinte muertos, teniente.

El Alcalde sintió un crujido de huesos en la mandíbula y sus ojos se llenaron de lágrimas. Pero no suspiró hasta que no sintió salir la muela. Entonces la vio a través de las lágrimas. Le pareció tan extraña a su dolor, que no pudo entender la tortura de sus cinco noches anteriores.

Inclinado sobre la escupidera, sudoroso, jadeante, se desabotonó la guerrera y buscó a tientas el pañuelo en el bolsillo del pantalón. El dentista le dio un trapo limpio.

—Séquese las lágrimas, dijo.

El Alcalde lo hizo. Estaba temblando. Mientras el dentista se lavaba las manos, vio el cielo raso desfondado y una telaraña polvorienta con huevos de araña e insectos muertos. El dentista regresó secándose las manos. «Acuéstese dijo —y haga buches de agua de sal.» El Alcalde se puso de pie, se despidió con un displicente saludo militar, y se dirigió a la puerta estirando las piernas, sin abotonarse la guerrera.

—Me pasa la cuenta, dijo.

—¿A usted o al municipio?

El Alcalde no lo miró. Cerró la puerta, y dijo, a través de la red metálica.

—Es la misma vaina.

- Forma de narrar: Muy natural, casual; "se le cayeron las alas como si fuera algo común y corriente.
- Visión oximorónica: a través d' lo fliar: narra algo poco fliar.
Lo degrada: lo describe como 1 angel "caído". Pierde atributos naturales.
- El humor nos separa de lo q' nos podría prod. 1 rechazo d' lo fantás.
- La q' no lo explica co' algo sobrenatural conserva la ambigüedad d' saber

Al tercer día de lluvia habían matado tantos cangrejos dentro de la casa, que Pelayo tuvo que atravesar su patio anegado para tirarlos en el mar, pues el niño recién nacido había pasado la noche con calenturas y se pensaba que era a causa de la pestilencia. El mundo estaba triste desde el martes. El cielo y el mar eran una misma cosa de ceniza, y las arenas de la playa, que en marzo fulguraban como polvo de lumbre, se habían convertido en un caldo de lodo y mariscos podridos. La luz era tan mansa al mediodía, que cuando Pelayo regresaba a la casa después de haber tirado los cangrejos, le costó trabajo ver qué era lo que se movía y se quejaba en el fondo del patio. Tuvo que acercarse mucho para descubrir que era un hombre viejo, que estaba tumbado boca abajo en el lodazal, y a pesar de sus grandes esfuerzos no podía levantarse, porque se lo impedían sus enormes alas.

Asustado por aquella pesadilla, Pelayo corrió en

si es un angel o no.

busca de Elisenda, su mujer, que estaba poniéndole compresas al niño enfermo, y la llevó hasta el fondo del patio. Ambos observaron el cuerpo caído con un callado estupor. Estaba vestido como un trapero. Le quedaban apenas unas hilachas descoloridas en el cráneo pelado y muy pocos dientes en la boca, y su lastimosa condición de bisabuelo ensopado la había desprovisto de toda grandeza. Sus alas de gallinazo grande, sucias y medio desplumadas, estaban encalladas para siempre en el lodazal. Tanto lo observaron, y con tanta atención, que Pelayo y Elisenda se sobrepusieron muy pronto del asombro y acabaron por encontrarlo familiar. Entonces se atrevieron a hablarle, y él les contestó en un dialecto incomprensible pero con una buena voz de navegante. Fue así como pasaron por alto el inconveniente de las alas, y concluyeron con muy buen juicio que era un náufrago solitario de alguna nave extranjera abatida por el temporal. Sin embargo, llamaron para que lo viera a una vecina que sabía todas las cosas de la vida y la muerte, y a ella le bastó con una mirada para sacarlos del error.

—Es un ángel —les dijo—. Seguro que venía por el niño, pero el pobre está tan viejo que lo ha tumbado la lluvia.

Al día siguiente todo el mundo sabía que en casa de Pelayo tenían cautivo un ángel de carne y hueso. Contra el criterio de la vecina sabia, para quien los ángeles de estos tiempos eran sobrevivientes fugitivos de una conspiración celestial, no habían tenido corazón para matarlo a palos. Pelayo estuvo vigilándolo toda la tarde desde la cocina, armado con su garrote de alguacil, y antes de acostarse lo sacó a rastras del lodazal y lo encerró con las gallinas en el gallinero alambrado. A media noche, cuando terminó la lluvia, Pelayo y Elisenda seguían matando cangrejos. Poco después el niño despertó sin fiebre y con deseos de comer. Entonces se sintieron magnánimos y decidieron poner al ángel en una balsa con agua dulce y provisiones para tres días, y abandonarlo a su suerte en altamar. Pero cuando salieron al patio con las primeras luces, encontraron a todo el vecindario frente al gallinero, retozando con el ángel sin la menor devoción y echándole cosas de comer por los huecos de las alambradas, como si no fuera una criatura sobrenatural sino un animal de circo.

El padre Gonzaga llegó antes de las siete alarmado por la desproporsión de la noticia. A esta hora ya habían acudido curiosos menos frívolos que los del amanecer, y habían hecho toda clase de conjeturas sobre el porvenir del cautivo. Los más simples pensaban que sería nombrado alcalde del mundo. Otros, de espíritu más áspero, suponían que sería ascendido a general de cinco estrellas para que ganara todas las guerras. Algunos visionarios esperaban que fuera conservado como semental para implantar en la tierra una estirpe de hombres alados y sabios que se hicieran cargo del universo. Pero el padre Gonzaga, antes de ser cura, había sido leñador macizo. Asomado a las alambradas repasó en un instante su catecismo, y todavía pidió que le abrieran la puerta para examinar de cerca a aquel varón de lástima que más bien parecía una enorme gallina decrépita entre las gallinas absortas. Estaba echado en un rincón, secándose al sol las alas extendidas, entre las cáscaras de frutas y las sobras de desayunos que le habían tirado los madrugadores. Ajeno a las impertinencias del mundo, apenas si levantó sus ojos de anticuario y murmuró algo en su dialecto cuando el padre Gonzaga entró en el gallinero y le dio los buenos días en latín. El párroco tuvo la primera sospecha de su impostura al comprobar que no entendía la lengua de Dios ni sabía saludar a sus ministros. Luego observó que visto de cerca resultaba demasiado humano: tenía un insoportable olor de intemperie, el revés de las alas sembrado de algas parasitarias y las plumas mayores maltratadas por vientos terrestres, y nada de su naturaleza miserable estaba de acuerdo con la egregia dignidad de los ángeles. Entonces abandonó el gallinero, y con un breve sermón previno a los curiosos contra los riesgos de la ingenuidad. Les recordó que el demonio tenía la mala costumbre de recurrir a artificios de carnaval para confundir a los incautos. Argumentó que si las alas no eran el elemento esencial para determinar las diferencias entre un gavilán y un aeroplano, mucho menos podían serlo para reconocer a los ángeles. Sin embargo, prometió escribir una carta a su obispo, para que éste escribiera otra a su primado y para que éste escribiera otra al Sumo Pontífice, de modo que el veredicto final viniera de los tribunales más altos.

Su prudencia cayó en corazones estériles. La noticia del ángel cautivo se divulgó con tanta rapidez, que al cabo de pocas horas había en el patio un alboroto de mercado, y tuvieron que llevar la tropa con bayonetas para espantar el tumulto que ya estaba a punto de tumbar la casa. Elisenda, con el espinazo torcido de tanto barrer basura de feria, tuvo entonces la buena idea de tapiar el patio y cobrar cinco centavos por la entrada para ver al ángel.

Vinieron curiosos hasta de la Martinica. Vino una feria ambulante con un acróbata volador, que pasó zumbando varias veces por encima de la muchedumbre, pero nadie le hizo caso porque sus alas no eran de ángel sino de murciélago sideral. Vinieron en busca de salud los enfermos más desdichados del Caribe: una pobre mujer que desde niña estaba contando los latidos de su corazón y ya no le alcanzaban los números, un jamaiquino que no podía dormir porque lo atormentaba el ruido de las estrellas, un sonámbulo que se levantaba de noche a deshacer las cosas que había hecho despierto, y muchos otros de menor gravedad. En medio de aquel desorden de naufragio que hacía temblar la tierra, Pelayo y Elisenda estaban felices de cansancio, porque en menos de una semana atiborraban de plata los dormitorios, y todavía la fila de peregrinos que esperaban turno para entrar llegaba hasta el otro lado del horizonte.

El ángel era el único que no participaba de su propio acontecimiento. El tiempo se le iba en buscar acomodo en su nido prestado, atrudido por el calor de infierno de las lámparas de aceite y las velas de sacrificio que le arrimaban a las alambradas. Al principio trataron de que comiera cristales de alcanfor, que, de acuerdo con la sabiduría de la vecina sabia, era el alimento específico de los ángeles. Pero él los despreciaba, como despreció sin probarlos los almuerzos papales que le llevaban los penitentes, y nunca se supo si fue por ángel o por viejo que terminó comiendo nada más que papillas de berenjena. Su única virtud sobrenatural parecía ser la paciencia.

Sobre todo en los primeros tiempos, cuando lo picoteaban las gallinas en busca de los parásitos estelares que proliferaban en sus alas, y los baldados le arrancaban plumas para tocarse con ellas sus defectos, y hasta los más piadosos le tiraban piedras tratando de que se levantara para verlo de cuerpo entero. La única vez que consiguieron alterarlo fue cuando le abrasaron el costado con un hierro de marcar novillos, porque llevaba tantas horas de estar inmóvil que lo creyeron muerto. Despertó sobresaltado, despotricando en lengua hermética y con los ojos en lágrimas, y dio un par de aletazos que provocaron un remolino de estiércol de gallinero y polvo lunar, y un ventarrón de pánico que no parecía de este mundo. Aunque muchos creyeron que su reacción no había sido de rabia sino de dolor, desde entonces se cuidaron de no molestarlo, porque la mayoría entendió que su pasividad no era la de un héroe en uso de buen retiro sino la de un cataclismo en reposo.

El padre Gonzaga se enfrentó a la frivolidad de la muchedumbre con fórmulas de inspiración doméstica, mientras le llegaba un juicio terminante sobre la naturaleza del cautivo. Pero el correo de Roma había perdido la noción de la urgencia. El tiempo se les iba en averiguar si el convicto tenía ombligo, si su dialecto tenía algo que ver con el arameo, si podía caber muchas veces en la punta de un alfiler, o si no sería simplemente un noruego con alas. Aquellas cartas de parsimonia habrían ido y venido hasta el fin de los siglos, si un acontecimiento providencial no hubiera puesto término a las tribulaciones del párroco.

Sucedió que por esos días, entre muchas otras atracciones de las ferias errantes del Caribe, llevaron al pueblo el espectáculo triste de la mujer que se había convertido en araña por desobedecer a sus padres. La entrada para verla no sólo costaba menos que la entrada para ver al ángel, sino que permitían hacerle toda clase de preguntas sobre su absurda condición, y examinarla al derecho y al revés, de modo que nadie pusiera en duda la verdad del horror. Era una tarántula espantosa del tamaño de un carnero y con la cabeza de una doncella triste. Pero lo más desgarrador no era su figura de disparate, sino la sincera aflicción con que contaba los pormenores de su desgracia; siendo casi una niña se había escapado de la casa de sus padres para ir a un baile, y cuando regresaba por el bosque después de haber bailado toda la noche sin permiso, un trueno pavoroso abrió el cielo en dos mitades, y por aquella grieta salió el relámpago de azufre que la convirtió en araña.

Su único alimento eran las bolitas de carne molida que las almas caritativas quisieran echarle en la boca. Semejante espectáculo, cargado de tanta verdad humana y de tan temible escarmiento, tenía que derrotar sin proponérselo al de un ángel despectivo que apenas si se dignaba mirar a los mortales. Además los escasos milagros que se le atribuían al ángel revelaban un cierto desorden mental, como el del ciego que no recobró la visión pero le salieron tres dientes nuevos, y el del paralítico que no pudo andar pero estuvo a punto de ganarse la lotería, y el del leproso a quien le nacieron girasoles en las heridas. Aquellos milagros de consolación que más bien parecían entretenimientos de burla, habían quebrantado ya la reputación del ángel cuando la mujer convertida en araña terminó de aniquilarla. Fue así cómo el padre Gonzaga se curó para siempre del insomnio, y el patio de Pelayo volvió a quedar tan solitario como en los tiempos en que llovió tres días y los cangrejos caminaban por los dormitorios.

Los dueños de la casa no tuvieron nada que lamentar. Con el dinero recaudado construyeron una mansión de dos plantas, con balcones y jardines, y con sardineles muy altos para que no se metieran los cangrejos del invierno, y con barras de hierro en las ventanas para que no se metieran los ángeles. Pelayo estableció además un criadero de conejos muy cerca del pueblo y renunció para siempre a su mal empleo de alguacil, y Elisenda se compró unas zapatillas satinadas de tacones altos y muchos vestidos de seda tornasol, de los que usaban las señoras más codiciadas en los domingos de aquellos tiempos. El gallinero fue lo único que no mereció atención. Si alguna vez lo lavaron con creolina y quemaron las lágrimas de mirra en su interior, no fue por hacerle honor al ángel, sino por conjurar la pestilencia de muladar que ya andaba como un fantasma por todas partes y estaba volviendo vieja la casa nueva. Al principio, cuando el niño aprendió a caminar, se cuidaron de que no estuviera muy cerca del gallinero. Pero luego se fueron olvidando del temor y acostumbrándose a la peste, y antes de que el niño mudara los dientes se había metido a jugar dentro del gallinero, cuyas alambradas podridas se caían a pedazos. El ángel no fue menos displicente con él que con el resto de los mortales, pero soportaba las infamias más ingeniosas con una mansedumbre de perro sin ilusiones. Ambos contrajeron la varicela al mismo tiempo. El médico que atendió al niño no resistió a la tentación de auscultar al ángel, y le encontró tantos soplos en el corazón y tantos ruidos en los riñones, que no le pareció posible que estuviera vivo. Lo que más le asombró, sin embargo, fue la lógica de sus alas. Resultaban tan naturales en aquel organismo completamente humano, que no podía entenderse por qué no las tenían también los otros hombres.

Cuando el niño fue a la escuela, hacía mucho tiempo que el sol y la lluvia habían desbaratado el gallinero. El ángel andaba arrastrándose por acá y por allá como un moribundo sin dueño. Lo sacaban a escobazos de un dormitorio y un momento después lo encontraban en la cocina. Parecía estar en tantos lugares al mismo tiempo, que llegaron a pensar que se desdoblaba, que se repetía a sí mismo por toda la casa, y la exasperada Elisenda gritaba fuera de quicio que era una desgracia vivir en aquel infierno lleno de ángeles. Apenas si podía comer, sus ojos de anticuario se le habían vuelto tan turbios que andaba tropezando con los horcones, y ya no le quedaban sino las cánulas peladas de las últimas plumas. Pelayo le echó encima una manta y le hizo la caridad de dejarlo dormir en el cobertizo, y sólo entonces advirtieron que pasaba la noche con calenturas delirando en trabalenguas de noruego viejo. Fue ésa una de las pocas veces en que se alarmaron, porque pensaban que se iba a morir, y ni siquiera la vecina sabía había podido decirles qué se hacía con los ángeles muertos.

Sin embargo, no sólo sobrevivió a su peor invierno, sino que pareció mejor con los primeros soles. Se quedó inmóvil muchos días en el rincón más apartado del patio, donde nadie lo viera, y a principios de diciembre empezaron a nacerle en las alas unas plumas grandes y duras, plumas de pajarraco viejo, que más bien parecían un nuevo percance de la decrepitud. Pero él debía conocer la razón de esos cambios, porque se cuidaba muy bien de que nadie los notara, y de que nadie oyera las canciones de navegantes que a veces cantaba bajo las estrellas. Una mañana, Elisenda estaba cortando rebanadas de cebolla para el almuerzo, cuando un viento que parecía de altamar se metió en la cocina. Entonces se asomó por la ventana, y sorprendió al ángel en las primeras tentativas del vuelo. Eran tan torpes, que abrió con las uñas un surco de arado en las hortalizas y estuvo a punto de desbaratar el cobertizo con aquellos aletazos indignos que resbalaban en la luz y no encontraban asidero en el aire. Pero logró ganar altura. Elisenda exhaló un suspiro de descanso, por ella y por él, cuando lo vio pasar por encima de las últimas casas, sustentándose de cualquier modo con un azaroso aleteo de buitre senil. Siguió viéndolo hasta cuando ya no era posible que lo pudiera ver, porque entonces ya no era un estorbo en su vida, sino un punto imaginario en el horizonte del mar.

[Anotaciones manuscritas:] Func. del narrador: (en OyS: invierte todo). Aquí hay 1 narrador omnisciente q. se adapta al modo d' pens. d' los personajes. Toma el d' ... del pueblo. y el narrador es el + invasiv ... el pueblo. y El angel es el + confial ...

Cuando en 1963 Vargas Llosa publicó La ciudad y los perros, *su primera novela, se convirtió en el miembro más joven (tenía entonces 27 años) del grupo conocido como el «boom» y en el único cuya obra prácticamente comenzaba en esa década; resultó casi natural que su identificación entre el auge novelístico de la época y el éxito internacional que alcanzó ese libro, fuese inmediato y total. Desde esa fecha, la obra y la persona del autor han figurado permanentemente en el centro de la atención pública, gracias no sólo a sus novelas, sino a sus ensayos, trabajos periodísticos, obras teatrales y su activa presencia en el escenario de la política y las ideas sociales. Más importante que eso es destacar que su aporte básico a la novela consistió en recobrar el perdido aliento épico del género —quizá sólo presente por esos años en la obra de Carpentier (véase)—, gracias a la creación de vastos ámbitos espacio-temporales como escenarios de acciones, aventuras y otros desafíos físicos al mundo real. Su innegable pasión literaria, su rigurosa disciplina artística y su constante defensa del género novelísti-*

co como una forma mayor de expresar lo humano, contribuye-
ron a darle todavía más visibilidad en el medio intelectual.

El interés crítico que su obra ha provocado se manifiesta en
los numerosos libros, trabajos y estudios que se le han dedicado; como en el caso de otros bien conocidos escritores, eso nos
exime de entrar en detalles y concentrarnos en lo principal.
Cuando salió de Lima para estudiar en Madrid (1958), Vargas
Llosa era un escritor prácticamente desconocido; su formación,
su producción y su madurez literarias son, en gran parte, fru-
tos de su experiencia europea (París, Londres y Barcelona),
donde permanecerá hasta 1974. Pero no hay que olvidar que,
con la única gran excepción de La guerra del fin del mundo (que ocurre en Brasil), su obra es una reconstrucción imaginaria de vivencias íntimas o colectivas de la realidad peruana.

Su obra novelística es de proporciones y ambiciones poco
comunes. Dos etapas (o quizá tres, si las nuevas líneas que
aparecen en su creación presente se definen dentro del designio
general) se pueden reconocer en ella. La primera comprende
La ciudad y los perros, La casa verde y Conversación en
la Catedral. Estas obras no pueden ser más distintas en intención, asuntos y formas, pero configuran una unidad en el nivel
de complejidad del diseño y de la visión narrativa que propo-
nen. Y aun sus conexiones con el mundo de Los jefes y Los
cachorros no deben soslayarse, pues son parte del mismo orbe
ficticio. (El dominante influjo de Sartre, Flaubert y la novela
de caballerías contribuye a reforzar esa unidad.) Todos los
libros del período están poblados por la misma categoría de
figuras humanas: personajes violentos y marginales, rebeldes
que quieren llegar a ser líderes, aventureros que aspiran a un
triunfo o realización que dé sentido a su vida aun a costa de
violar las normas establecidas. Las tres novelas están marcadas
por un índice geométrico de crecimiento en el número de historias que cuentan y en la interacción de las mismas: cada vez
los espacios aumentan y se hacen más amplios; los contactos
de los planos temporales se vuelven más intrincados; el ritmo y

el grado de conflictividad dramática son más intensos; las técnicas de representación de la realidad objetiva y de las relaciones interpersonales, asumen mayor virtuosidad y riesgo. Su esfuerzo como narrador se distingue por ser a la vez inclusivo *y* centrípeta, *estimulado por el ideal inalcanzable de la* novela total, *un doble o rival ficticio del mundo real, tan completo como se pueda, pero regido por sus propias leyes. Un principio capital de ese mundo es el de la supremacía y el sistema de estrictas jerarquías que impone; tal es el reto que enfrentan los personajes desadaptados o desposeídos típicos del autor, para probar que pueden dominar un medio hostil que trata de destruirlos o domesticarlos. Los espacios donde esa lucha tiene lugar pueden ser la selva —donde la ambición y la voluntad personal son la ley verdadera—, la estructura militar o el poder político construido como una pirámide con uno o muy pocos arriba y muchos sometidos abajo.*

La segunda etapa creadora (escrita básicamente en su país o al menos desde la perspectiva de su situación presente) comienza con Pantaleón y las visitadoras *y puede extenderse hasta* Elogio de la madrastra. *Pero, en verdad, tal vez haya aquí dos series dentro del mismo período de producción. Por un lado, tenemos novelas que introducen un sesgo farsesco o paródico en su visión del mundo militar* (Pantaleón...), *de su propia experiencia de escritor* (La tía Julia y el escribidor) *y aun de ciertas formas literarias (la novela policial, el relato oral anónimo, la novela erótica). Por otro, tenemos novelas cuyo tema es esencialmente político* (La guerra... *e* Historia de mayta) *y que examinan problemas como el poder, la intolerancia, la violencia. En ambas vertientes, se nota una tendencia general hacia la reelaboración de ciertos temas y preocupaciones dominantes en la primera etapa; hacia la revisión y reflexión de las grandes cuestiones que afectan la sociedad latinoamericana; y sobre todo el replanteamiento del arte realista que había cultivado. Su adhesión a esa convicción estética parece entrar en crisis: ahora, más que mostrar las amplias posibilidades del realismo, le interesa subrayar sus limitaciones, la inevitable traición que el lenguaje de la ficción hace al mundo de la experiencia real. Propone entonces que aquélla contiene una verdad en sí misma, que niega y supera a la otra. Igualmente, su afán totalizador se ha moderado de manera considerable y lo vemos trabajar con historias menos complejas o abarcadoras, aunque sigue siendo fundamental para él el efecto de contraste que brinda el desarrollo paralelo de dos o más historias. Y si antes había un claro sesgo retrospectivo en su creación (memorias de adolescencia y juventud), este segundo grupo coloca sus preocupaciones en el flujo inmediato de la realidad presente y sus perspectivas para el futuro. Hay un acercamiento del lenguaje narrativo al del ensayo y aun al reportaje periodístico: el mundo de la acción frenética da paso al análisis y a la indagación moral. En esta porción de su obra novelística, igual que en su intensa actividad crítica y periodística del período, son visibles las huellas del pensamiento de Camus y del humanismo liberal.*

El único libro de cuentos de Vargas Llosa es Los jefes y *data de 1959; es, por lo tanto, anterior a todas sus novelas y fue conocido sólo tras el éxito de éstas. Hay que agregar que los textos mismos son parcialmente fruto de su adolescencia, pues fueron escritos entre sus 17 y 21 años, período del cual ha dado testimonio en* La tía Julia... *El volumen puede asimilarse al auge del cuento realista, preferentemente de tema urbano, que la «generación del 50» había popularizado en la Lima de entonces. Vargas Llosa no es un miembro de ese grupo, pero sí tenía contactos periféricos con él y admiraba la obra de algunos de sus integrantes, como Enrique Congrains Martin o Julio Ramón Ribeyro (véase). La afinidad realista no ocultaba, sin embargo, la ambivalencia estética del joven Vargas Llosa, que no compartía la creencia generalizada sobre el uso de «tesis» y propuestas ideológicas para subrayar el valor social de la literatura, y menos la apatía del grupo frente a las propuestas técnicas de la vanguardia. Aunque literariamente* en formación, el aporte de Vargas Llosa ya marchaba en una dirección distinta, que sus novelas revelarán de modo muy claro; esa nota personal está dada por el estilo más subjetivo y el carácter indirecto, no documental, de su enfoque crítico.

Esto puede verse en «Día domingo», quizá el relato más logrado y conocido del libro. Los personajes son típicos del autor: los mismos adolescentes miraflorinos, desadaptados. confusos y agresivos, que veremos en La ciudad y los perros. El ambiente urbano está fielmente retratado, con sus clanes de barrio («los pajarracos»), que cultivan, de modo algo inocente, los rituales del machismo y la rebeldía sin objetivo preciso. Pero el foco está interiorizado: lo que crea la tensión dramática son los dilemas sentimentales de Miguel y su odio por Rubén, su rival en la conquista de Flora. La larga escena en el bar es una insensata orgía de alcohol que Miguel provoca para evitar que su enemigo se encuentre con ella; la escena termina con el desafío de éste a «correr olas» en el encrespado mar de invierno y así decidir quién tiene derecho a la chica. El corazón del relato es la minuciosa y notable descripción de esa lucha absurda de dos muchachos contra la fuerza del mar, cada uno tratando de probar que es más valiente que el otro. El reto está a punto de volverse trágico y crea una inesperada solidaridad entre ambos; pero lo interesante es que ese lazo oculta una mentira y confirma las leyes del machismo: la hombría es una máscara que el grupo consagra y celebra como el rostro auténtico, que debe exhibirse ante los demás. El estilo realista es directo y eficaz tanto en los pasajes descriptivos como en los diálogos, que están animados por un moderado uso de la jerga juvenil limeña de entonces. El lector atento descubrirá dos rasgos estilísticos del novelista: el dramático arranque in medias res; y, en la pequeña historia que cuenta El Escolar, un primer ensayo de los diálogos telescópicos (dos diálogos en distintos tiempos pero presentados simultáneamente), que luego, en sus obras mayores, el autor usaría magistralmente.

Obra narrativa: *Los jefes*, Barcelona: Rocas, 1959; pról. de José María Castellet, Barcelona: Barral, 1972; *La ciudad y los perros*, Barcelona: Seix Barral, 1963; *La casa verde*, Barcelona: Seix Barral, 1966; *Los cachorros: Pichula Cuéllar*, pról. de Carlos Barral, Barcelona: Lumen, 1967; ed. de Guadalupe Fernández Ariza, Madrid: Cátedra, 1983; *Conversación en la Catedral*, Barcelona: Seix Barral, 1969; *Pantaleón y las visitadoras*, Barcelona: Seix Barral, 1973; *La tía Julia y el escribidor*, Barcelona: Seix Barral, 1977; *Obras escogidas*, vol. 1: *Novelas y cuentos*, pról. de Alfredo Matilla Rivas; vol. 2: *Conversación en la Catedral. La orgía perpetua. Pantaleón y las visitadoras*, México: Aguilar, 1979; *Los jefes. Los cachorros*, ed. definitiva, pról. de M. V. Ll., Barcelona: Seix Barral, 1980; Madrid: Alianza Editorial, 1978; *La guerra del fin del mundo*, Barcelona: Seix Barral, 1981; ed. de José Miguel Oviedo, Caracas: Biblioteca Ayacucho, 1992; *Historia de Mayta*, Barcelona: Seix Barral, 1984; *¿Quién mató a Palomino Molero?*, Barcelona: Seix Barral, 1986; *El hablador*, Barcelona: Seix Barral, 1987; *Elogio de la madrastra*, Barcelona: Tusquets Editores, 1990.

Crítica (selección mínima): *Asedios a la realidad: M. V. Ll.*, Las Palmas: Inventarios Provisionales, 1972; Boldori de Baldussi, Rosa, *V. Ll.: un narrador y sus demonios*, Buenos Aires: García Cambeiro, 1974; Díez, Luis Alfonso, ed., *Asedios a V. Ll.* Santiago: Editorial Universitaria, 1972; Gerdes, Dick, *M. V. Ll.*, Boston: Twayne, 1985; Giacoman, Helmy F. y José Miguel Oviedo, eds., *Homenaje a M. V. Ll.*, Madrid: Las Américas, 1972; Lichtblau, Myron I., ed., *M. V. Ll., A Writers's Reality*, Syracuse, Nueva York: Syracuse University Press, 1991; Mac Adam, Alfred J., «Epic Adumbrations: Carlyle, Hardy, Da Cunha and V. Ll.», en *Textual Confrontations* *, pp. 149-173; Martín, José Luis, *La narrativa de V. Ll. Acercamiento estilístico*. Madrid: Gredos, 1974; Oviedo, José Miguel, *M. V. Ll. la invención de una realidad*, 3.ª ed., Barcelona: Seix Barral, 1982; Oviedo, José Miguel, ed., *M. V. Ll.*. Madrid: Taurus, 1981; Rossman, Charles y Alan Warren Friedman, eds., *M. V. Ll.: estudios críticos*, Madrid: Alhambra, 1983; Williams, Raymond L., *M. V. Ll.*, Nueva York: Ungar, 1986; *World Literature Today*, número especial, Norman, Oklahoma, 52:1 (1978).

Contuvo un instante la respiración, clavó las uñas en la palma de sus manos y dijo, muy rápido: «Estoy enamorado de ti». Vio que ella enrojecía bruscamente, como si alguien hubiera golpeado sus mejillas, que eran de una palidez resplandeciente y muy suaves. Aterrado, sintió que la confusión ascendía por él y petrificaba su lengua. Deseó salir corriendo, acabar: en la taciturna mañana de invierno había surgido ese desaliento íntimo que lo abatía siempre en los momentos decisivos. Unos minutos antes, entre la multitud animada y sonriente que circulaba por el Parque Central de Miraflores, Miguel se repetía aún: «Ahora. Al llegar a la avenida Pardo. Me atreveré. ¡Ah, Rubén, si supieras cómo te odio!». Y antes todavía, en la Iglesia, mientras buscaba a Flora con los ojos, la divisaba al pie de una columna y, abriéndose paso con los codos sin pedir permiso a las señoras que empujaba, conseguía acercársele y saludarla en voz baja, volvía a decirse, tercamente, como esa madrugada, tendido en su lecho, vigilando la aparición de la luz: «No hay más remedio. Tengo que hacerlo hoy día. En la mañana. Ya me las pagarás, Rubén». Y la noche anterior había llorado, por primera vez en muchos años, al saber que se preparaba esa innoble emboscada. La gente seguía en el Parque y la avenida Pardo se hallaba desierta; caminaban por la alameda, bajo los ficus de cabelleras altas y tupidas. «Tengo que apurarme, pensaba Miguel, si no, me friego.» Miró de soslayo alrededor: no había nadie, podía intentarlo. Lentamente fue estirando su mano izquierda hasta tocar la de ella; el contacto le reveló que transpiraba. Imploró que ocurriera un milagro, que cesara aquella humillación. «Qué le digo, pensaba, qué le digo.» Ella acababa de retirar su mano y él se sentía desamparado y ridículo. Todas las frases radiantes, preparadas febrilmente la víspera, se habían disuelto como globos de espuma.

—Flora —balbuceó—, he esperado mucho tiempo este momento. Desde que te conozco sólo pienso en ti. Estoy enamorado por primera vez, créeme, nunca había conocido una muchacha como tú.

Otra vez una compacta mancha blanca en su cerebro, el vacío. Ya no podía aumentar la presión: la piel cedía como jebe y las uñas alcanzaban el hueso. Sin embargo, siguió hablando, dificultosamente, con grandes intervalos, venciendo el bochornoso tartamudeo, tratando de describir una pasión irreflexiva y total, hasta descubrir, con alivio, que llegaban al primer óvalo de la avenida Pardo, y entonces calló. Entre el segundo y el tercer ficus, pasado el óvalo, vivía Flora. Se detuvieron, se miraron: Flora estaba aún encendida y la turbación había colmado sus ojos de un brillo húmedo. Desolado, Miguel se dijo que nunca le había parecido tan hermosa: una cinta azul recogía sus cabellos y él podía ver el nacimiento de su cuello, y sus orejas, dos signos de interrogación pequeñitos y perfectos.

—Mira, Miguel —dijo Flora; su voz suave, llena de música, segura—. No puedo contestarte ahora. Pero mi mamá no quiere que ande con chicos hasta que termine el colegio.

—Todas las mamás dicen lo mismo, Flora —insistió Miguel—. ¿Cómo iba a saber ella? Nos veremos cuando tú digas, aunque sea sólo los domingos.

—Ya te contestaré, primero tengo que pensarlo —dijo Flora, bajando los ojos. Y después de unos segundos añadió—: Perdona, pero ahora tengo que irme, se hace tarde.

Miguel sintió una profunda lasitud, algo que se expandía por todo su cuerpo y lo ablandaba.

—¿No estás enojada conmigo, Flora, no? —dijo humildemente.

—No seas sonso —replicó ella, con vivacidad—. No estoy enojada.

—Esperaré todo lo que quieras —dijo Miguel—. Pero nos seguiremos viendo, ¿no? ¿Iremos al cine esta tarde, no?

—Esta tarde no puedo —dijo ella, dulcemente—. Me ha invitado a su casa Martha.

Una correntada cálida, violenta, lo invadió y se sintió herido, atontado, ante esa respuesta que esperaba y que ahora le parecía una crueldad. Era cierto lo que el Melanés había murmurado, torvamente, a su oído, el sábado en la tarde. Martha los dejaría solos, era la táctica habitual. Después, Rubén relataría a los pajarracos cómo él y su hermana habían planeado las circunstancias, el sitio y la hora. Martha habría reclamado, en pago de sus servicios, el derecho de espiar detrás de la cortina. La cólera empapó sus manos de golpe.

—No seas así, Flora. Vamos a la matiné como quedamos. No te hablaré de esto. Te prometo.

—No puedo, de veras —dijo Flora—. Tengo que ir donde Martha. Vino a mi casa para invitarme. Pero después iré con ella al Parque Salazar.

Ni siquiera vio en esas últimas palabras una esperanza. Un rato después contemplaba el lugar donde había desaparecido la frágil figurita celeste, bajo el arco majestuoso de los ficus de la avenida. Era posible competir con un simple adversario, no con Rubén. Recordó los nombres de las muchachas invitadas por Martha, una tarde de domingo. Ya no podía hacer nada, estaba derrotado. Una vez más surgió entonces esa imagen que lo salvaba siempre que sufría una frustración: desde un lejano fondo de nubes infladas de humo negro se aproximaba él, al frente de una compañía de cadetes de la Escuela Naval, a una tribuna levantada en el Parque; personajes vestidos de etiqueta, el sombrero de copa en la mano, y señoras de joyas relampagueantes lo aplaudían. Aglomerada en las veredas, una multitud en la que sobresalían los rostros de sus amigos y enemigos, lo observaba maravillada, murmurando su nombre. Vestido de paño azul, una amplia capa flotando a sus espaldas, Miguel desfilaba delante, mirando el horizonte. Levantada la espada, su cabeza describía media esfera en el aire: allí, en el corazón de la tribuna estaba Flora, sonriendo. En una esquina, haraposo, avergonzado, descubría a Rubén: se limitaba a echarle una brevísima ojeada despectiva. Seguía marchando, desaparecía entre vítores.

Como el vaho de un espejo que se frota, la imagen desapareció. Estaba en la puerta de su casa, odiaba a todo el mundo, se odiaba. Entró y subió directamente a su cuarto. Se echó de bruces en la cama; en la tibia oscuridad, entre sus pupilas y sus párpados, apareció el rostro de la muchacha —«Te quiero, Flora», dijo él en voz alta— y luego Rubén, con su mandíbula insolente y su sonrisa hostil; estaban uno al lado del otro, se acercaban, los ojos de Rubén se torcían para mirarlo burlonamente mientras su boca avanzaba hacia Flora.

Saltó de la cama. El espejo del armario le mostró un rostro ojeroso, lívido. «No la verá, decidió. No me hará esto, no permitiré que me haga esa perrada.»

La avenida Pardo continuaba solitaria. Acelerando el paso sin cesar, caminó hasta el cruce con la avenida Grau; allí vaciló. Sintió frío; había olvidado el saco en su cuarto y la sola camisa no bastaba para protegerlo del viento que venía del mar y se enredaba en el denso ramaje de los ficus con un suave murmullo. La temida imagen de Flora y Rubén juntos le dio valor, y siguió andando. Desde la puerta del bar vecino al cine Montecarlo, los vio en la mesa de costumbre, dueños del ángulo que formaban las parcelas del fondo y de la izquierda. Fracisco, el Melanés, Tobías, el Escolar lo descubrían y, después de un instante de sorpresa, se volvían hacia Rubén, los rostros maliciosos, excitados. Recuperó el aplomo de inmediato: frente a los hombres sí sabía comportarse.

—Hola —les dijo, acercándose—. ¿Qué hay de nuevo?

—Siéntate —le alcanzó una silla el Escolar—. ¿Qué milagro te ha traído por aquí?

—Hace siglos que no venías —dijo Francisco.

—Me provocó verlos —dijo Miguel, cordialmente—. Ya sabía que estaban aquí. ¿De qué se asombran? ¿O ya no soy un pajarraco?

Tomó asiento entre el Melanés y Tobías. Rubén estaba al frente.

—¡Cuncho! —gritó el Escolar—. Trae otro vaso. Que no esté muy mugriento.

Cuncho trajo el vaso y el Escolar lo llenó de cerveza. Miguel dijo «por los pajarracos» y bebió.

—Por poco te tomas el vaso también —dijo Francisco—. ¡Qué ímpetus!

—Apuesto a que fuiste a misa de una —dijo el Melanés, un párpado plegado por la satisfacción, como siempre que iniciaba algún enredo—. ¿O no?

—Fui —dijo Miguel, imperturbable—. Pero sólo para ver a una hembrita, nada más.

Miró a Rubén con ojos desafiantes, pero él no se dio por aludido; jugueteaba con los dedos sobre la mesa y, bajito, la punta de la lengua entre los dientes, silbaba *La niña Popof,* de Pérez Prado.

—¡Buena! —aplaudió el Melanés—. Buena, don Juan. Cuéntanos, ¿a qué hembrita?

—Eso es un secreto.

—Entre los pajarracos no hay secretos —recordó Tobías—. ¿Ya te has olvidado? Anda, ¿quién era?

—Qué te importa —dijo Miguel.

—Muchísimo —dijo Tobías—. Tengo que saber con quién andas para saber quién eres.

—Toma mientras —dijo el Milanés a Miguel—. Una a cero.

—¿A que adivino quién es? —dijo Francisco—. ¿Ustedes no?

—Yo ya sé —dijo Tobías.

—Y yo —dijo el Melanés. Se volvió a Rubén con ojos y voz muy inocentes—. Y tú, cuñado, ¿adivinas quién es?

—No —dijo Rubén, con frialdad—. Y tampoco me importa.

—Tengo llamitas en el estómago —dijo el Escolar—. ¿Nadie va a pedir una cerveza?

El Melanés se pasó un patético dedo por la garganta:

—*I have no money, darling* —dijo.

—Pago una botella —anunció Tobías, con ademán solemne—. A ver quién me sigue, hay que apagarle las llamitas a este baboso.

—Cuncho, bájate media docena de Cristales —dijo Miguel.

Hubo gritos de júbilo, exclamaciones.

—Eres un verdadero pajarraco —afirmó Francisco.

—Sucio, pulguiento —agregó el Melanés—, sí, señor, un pajarraco de la pitri-mitri [1].

Cuncho trajo las cervezas. Bebieron. Escucharon al Melanés referir historias sexuales, crudas, extravagantes y afiebradas y se entabló entre Tobías y Francisco una recia polémica sobre fútbol. El Escolar contó una anécdota. Venía de Lima a Miraflores en un colectivo; los demás pasajeros bajaron en la avenida Arequipa. A la altura de Javier Prado subió el cachalote Tomasso, ese albino de dos metros que sigue en Primaria, vive por la Quebrada ¿ya captan?; simulando gran interés por el automóvil comenzó a hacer preguntas al chófer, inclinado hacia el asiento de adelante, mientras rasgaba con una navaja, suavemente, el tapiz del espaldar.

—Lo hacía porque yo estaba ahí —afirmó el Escolar—. Quería lucirse.

—Es un retrasado mental —dijo Francisco—. Esas cosas se hacen a los diez años. A su edad, no tiene gracia.

—Tiene gracia lo que pasó después —rió el Escolar—. Oiga chófer, ¿no ve que este cachalote está destrozando su carro?

—¿Qué? —dijo el chófer, frenando en seco. Las orejas encarnadas, los ojos espantados, el cachalote Tomasso forcejeaba con la puerta.

---

[1] *De la pitri-mitri:* en jerga limeña, eufemismo por «de la puta madre».

—Con su navaja —dijo el Escolar—. Fíjese cómo le ha dejado el asiento.

El cachalote logró salir por fin. Echó a correr por la avenida Arequipa; el chófer iba tras él, gritando: «agarren a ese desgraciado».

—¿Lo agarró? —preguntó el Melanés.

—No sé. Yo desaparecí. Y me robé la llave del motor, de recuerdo. Aquí la tengo.

Sacó de su bolsillo una pequeña llave plateada y la arrojó sobre la mesa. Las botellas estaban vacías. Rubén miró su reloj y se puso de pie.

—Me voy —dijo—. Ya nos vemos.

—Me voy —dijo Miguel—. Estoy rico hoy día. Los invito a almorzar a todos.

Un remolino de palmadas cayó sobre él, los pajarracos le agradecieron con estruendo, lo alabaron.

—No puedo —dijo Rubén—. Tengo que hacer.

—Anda vete nomás, buen mozo —dijo Tobías—. Y salúdame a Marthita.

—Pensaremos mucho en ti, cuñado —dijo el Melanés.

—No —exclamó Miguel—. Invito a todos o a ninguno. Si se va Rubén, nada.

—Ya has oído, pajarraco Rubén —dijo Francisco—, tienes que quedarte.

—Tienes que quedarte —dijo el Melanés—, no hay tutías.

—Me voy —dijo Rubén.

—Lo que pasa es que estás borracho —dijo Miguel—. Te vas porque tienes miedo de quedar en ridículo delante de nosotros, eso es lo que pasa.

—¿Cuántas veces te he llevado a tu casa boqueando? —dijo Rubén—. ¿Cuántas te he ayudado a subir la reja para que no te pesque tu papá? Resisto diez veces más que tú.

—Resistías —dijo Miguel—. Ahora está difícil. ¿Quieres ver?

—Con mucho gusto —dijo Rubén—. ¿Nos vemos a la noche, aquí mismo?

—No. En este momento. —Miguel se volvió hacia los demás, abriendo los brazos—: Pajarracos, estoy haciendo un desafío.

Dichoso, comprobó que la antigua fórmula conservaba intacto su poder. En medio de la ruidosa alegría que había provocado, vio a Rubén sentarse, pálido.

—¡Cuncho! —gritó Tobías—. El menú. Y dos piscinas de cerveza. Un pajarraco acaba de lanzar un desafío.

Pidieron bistecs a la chorrillana y una docena de cervezas. Tobías dispuso tres botellas para cada uno de los competidores y las demás para el resto. Comieron hablando apenas. Miguel bebía después de cada bocado y procuraba mostrar animación, pero el temor de no resistir lo suficiente crecía a medida que la cerveza depositaba en su garganta un sabor ácido. Cuando acabaron las seis botellas, hacía rato que Cuncho había retirado los platos.

—Ordena tú —dijo Miguel a Rubén.

—Otras tres por cabeza.

Después del primer vaso de la nueva tanda, Miguel sintió que los oídos le zumbaban; su cabeza era una lentísima ruleta, todo se movía.

—Me hago pis —dijo—. Voy al baño.

Los pajarracos rieron.

—¿Te rindes? —preguntó Rubén.

—Voy a hacer pis —gritó Miguel—. Si quieres, que traigan más.

En el baño, vomitó. Luego se lavó la cara, detenidamente, procurando borrar toda señal reveladora. Su reloj marcaba las cuatro y media. Pese al denso malestar, se sintió feliz. Rubén ya no podía hacer nada. Regresó donde ellos.

—Salud —dijo Rubén, levantando el vaso.

«Está furioso, pensó Miguel. Pero ya lo fregué.»

—Huele a cadáver —dijo el Melanés—. Alguien se nos muere por aquí.

—Estoy nuevecito —aseguró Miguel, tratando de dominar el asco y el mareo.

—Salud —repetía Rubén.

Cuando hubieron terminado la última cerveza, su estómago parecía de plomo, las voces de los otros llegaban a sus oídos como una confusa mezcla de ruidos. Una mano apareció de pronto bajo sus ojos, era blanca y de largos dedos, lo cogía del mentón, lo obligaba a alzar la cabeza; la cara de Rubén había crecido. Estaba chistoso, tan despeinado y colérico.

—¿Te rindes, mocoso?

Miguel se incorporó de golpe y empujó a Rubén, pero antes que el simulacro prosperara, intervino el Escolar.

—Los pajarracos no pelean nunca —dijo, obligándolos a sentarse—. Los dos están borrachos. Se acabó. Votación.

El Melanés, Francisco y Tobías accedieron a otorgar el empate, de mala gana.

—Yo ya había ganado —dijo Rubén—. Este no puede ni hablar. Mírenlo.

Efectivamente, los ojos de Miguel estaban vidriosos, tenía la boca abierta y de su lengua chorreaba un hilo de saliva.

—Cállate —dijo el Escolar—. Tú no eres un campeón que digamos, tomando cerveza.

—No eres un campeón tomando cerveza —subrayó el Melanés—. Sólo eres un campeón de natación, el trome de las piscinas.

—Mejor tú no hables —dijo Rubén—; ¿no ves que la envidia te corroe?

—Viva la Esther Williams de Miraflores —dijo el Melanés.

—Tremendo vejete y ni siquiera sabes nadar —dijo Rubén—. ¿No quieres que te dé unas clases?

—Ya sabemos, maravilla —dijo el Escolar—. Has ganado un campeonato de natación. Y todas las chicas se mueren por ti. Eres un compeoncito.

—Este no es campeón de nada —dijo Miguel, con dificultad—. Es pura pose.

—Te estás muriendo —dijo Rubén—. ¿Te llevo a tu casa, niñita?

—No estoy borracho —aseguró Miguel—. Y tú eres pura pose.

—Estás picado porque le voy a caer a Flora —dijo Rubén—. Te mueres de celos. ¿Crees que no capto las cosas?

—Pura pose —dijo Miguel—. Ganaste porque tu padre es Presidente de la Federación, todo el mundo sabe que hizo trampa, descalificó al Conejo Villarán, sólo por eso ganaste.

—Por lo menos nado mejor que tú —dijo Rubén—, que ni siquiera sabes correr olas.

—Tú no nadas mejor que nadie —dijo Miguel—. Cualquiera te deja botado.

—Cualquiera —dijo el Melanés—. Hasta Miguel, que es una madre.

—Permítanme que me sonría —dijo Rubén.

—Te permitimos —dijo Tobías—. No faltaba más.

—Se me sobran [2] porque estamos en invierno —dijo Rubén—. Si no, los desafiaba a ir a la playa, a ver si en el agua son tan sobrados.

---

[2] *Se me sobran:* limeñismo por «se jactan, se ufanan».

—Ganaste el campeonato por tu padre —dijo Miguel—. Eres pura pose. Cuando quieras nadar conmigo, me avisas nomás, con toda confianza. En la playa, en el Terrazas, donde quieras.

—En la playa —dijo Rubén—. Ahora mismo.

—Eres pura pose —dijo Miguel.

El rostro de Rubén se iluminó y sus ojos, además de rencorosos, se volvieron arrogantes.

—Te apuesto a ver quién llega primero a la reventazón —dijo.

—Pura pose —dijo Miguel.

—Si ganas —dijo Rubén—, te prometo que no le caigo a Flora. Y si yo gano tú te vas con la música a otra parte.

—¿Qué te has creído? —balbuceó Miguel—. Maldita sea, ¿qué es lo que te has creído?

—Pajarracos —dijo Rubén, abriendo los brazos—, estoy haciendo un desafío.

—Miguel no está en forma ahora —dijo el Escolar—. ¿Por qué no se juegan a Flora a cara o sello?

—Y tú por qué te metes —dijo Miguel—. Acepto. Vamos a la playa.

—Están locos —dijo Francisco—. Yo no bajo a la playa con este frío. Hagan otra apuesta.

—Ha aceptado —dijo Rubén—. Vamos.

—Cuando un pajarraco hace un desafío, todos se meten la lengua al bolsillo —dijo Melanés—. Vamos a la playa. Y si no se atreven a entrar al agua, los tiramos nosotros.

—Los dos están borrachos —insistió el Escolar—. El desafío no vale.

—Cállate, Escolar —rugió Miguel—. Ya estoy grande, no necesito que me cuides.

—Bueno —dijo el Escolar, encogiendo los hombros—. Friégate, nomás.

Salieron. Afuera los esperaba una atmósfera quieta, gris. Miguel respiró hondo; se sintió mejor. Caminaban adelante Francisco, el Melanés y Rubén. Atrás, Miguel y el Escolar. En la avenida Grau había algunos transeúntes; la mayoría, sirvientas de trajes chillones en su día de salida. Hombres cenicientos, de gruesos cabellos lacios, merodeaban a su alrededor y las miraban con codicia; ellas reían mostrando sus dientes de oro. Los pajarracos no les prestaban atención. Avanzaban a grandes trancos y la excitación los iba ganando, poco a poco.

—¿Ya se te pasó? —dijo el Escolar.

—Sí —respondió Miguel—. El aire me ha hecho bien.

En la esquina de la avenida Pardo, doblaron. Marchaban desplegados como una escuadra, en una misma línea, bajo los ficus de la alameda, sobre las losetas hinchadas a trechos por las enormes raíces de los árboles que irrumpían a veces en la superficie como garfios. Al bajar por la Diagonal, cruzaron a dos muchachas. Rubén se inclinó, ceremonioso.

—Hola, Rubén —cantaron ellas, a dúo.

Tobías las imitó, aflautando la voz:

—Hola, Rubén, príncipe.

La avenida Diagonal desemboca en una pequeña quebrada que se bifurca; por un lado, serpentea el Malecón, asfaltado y lustroso; por el otro, hay una pendiente que contornea el cerro y llaga hasta el mar. Se llama «la bajada a los baños», su empedrado es parejo y brilla por el repaso de las llantas de los automóviles y los pies de los bañistas de muchísimos veranos.

—Entremos en calor, campeones —gritó el Melanés, echándose a correr. Los demás lo imitaron.

Corrían contra el viento y la delgada bruma que subían desde la playa, sumidos en un emocionante torbellino; por sus oídos, su boca y sus narices penetraba el

aire a sus pulmones y una sensación de alivio y desinto-
xicación se expandía por su cuerpo a medida que el declive se acentuaba y en un momento sus pies no obede-
cían ya sino a una fuerza misteriosa que provenía de lo
más profundo de la tierra. Los brazos como hélices, en
sus lenguas un aliento salado, los pajarracos descendieron la bajada a toda carrera, hasta la plataforma circular, suspendida sobre el edificio de las casetas. El mar
se desvanecía a unos cincuenta metros de la orilla, en
una espesa nube que parecía próxima a arremeter contra los acantilados, altas moles oscuras plantadas a lo
largo de toda la bahía.

—Regresemos —dijo Francisco—. Tengo frío.

Al borde de la plataforma hay un cerco manchado a
pedazos por el musgo. Una abertura señala el comienzo
de la escalerilla, casi vertical, que baja hasta la playa.
Los pajarracos contemplaban desde allí, a sus pies, una
breve cinta de agua libre, y la superficie inusitada, bullente, cubierta por la espuma de las olas.

—Me voy si éste se rinde —dijo Rubén.

—¿Quién habla de rendirse? —repuso Miguel—.
¿Pero qué te has creído?

Rubén bajó la escalerilla a saltos, a la vez que se des-
abotonaba la camisa.

—¡Rubén! —gritó el Escolar—. ¿Estás loco? ¡Regresa!

Pero Miguel y los otros también bajaban y el Escolar
los siguió.

En el verano, desde la baranda del largo y angosto
edificio recostado contra el cerro, donde se hallan los
cuartos de los bañistas, hasta el límite curvo del mar,
había un declive de piedras plomizas donde la gente se
asoleaba. La pequeña playa hervía de animación desde
la mañana hasta el crepúsculo. Ahora el agua ocupaba
el declive y no había sombrillas de colores vivísimos, ni
muchachas elásticas de cuerpos tostados, no resonaban

los gritos melodramáticos de los niños y de las mujeres cuando una ola conseguía salpicarlos antes de regresar arrastrando rumorosas piedras y guijarros, no se veía ni un hilo de playa, pues la corriente inundaba hasta el espacio limitado por las sombrías columnas que mantienen el edificio en vilo, y, en el momento de la resaca, apenas se descubrían los escalones de madera y los soportes de cemento, decorados por estalactitas y algas.

—La reventazón no se ve —dijo Rubén—. ¿Cómo hacemos?

Estaban en la galería de la izquierda, en el sector correspondiente a las mujeres; tenían los rostros serios.

—Esperen hasta mañana —dijo el Escolar—. Al mediodía estará despejado. Así podremos controlarlos.

—Ya que hemos venido hasta aquí que sea ahora —dijo el Melanés—. Pueden controlarse ellos mismos.

—Me parece bien —dijo Rubén—. ¿Y a ti?

—También —dijo Miguel.

Cuando estuvieron desnudos, Tobías bromeó acerca de las venas azules que escalaban el vientre liso de Miguel. Descendieron. La madera de los escalones, lamida incesantemente por el agua desde hacía meses, estaba resbaladiza y muy suave. Prendido al pasamanos de hierro para no caer, Miguel sintió un estremecimiento que subía desde la planta de sus pies al cerebro. Pensó que, en cierta forma, la neblina y el frío lo favorecían, el éxito ya no dependía de la destreza, sino sobre todo de la resistencia, y la piel de Rubén estaba también cárdena, replegada en millones de carpas pequeñísimas. Un escalón más abajo, el cuerpo armonioso de Rubén se inclinó; tenso, aguardaba el final de la resaca y la llegada de la próxima ola, que venía sin bulla, airosamente, despidiendo por delante una bandada de trocitos de espuma. Cuando la cresta de la ola estuvo a dos metros de la escalera, Rubén se arrojó: los brazos como lanzas, los cabellos alborotados por la fuerza del impulso, su cuerpo cortó el aire rectamente y cayó sin doblarse, sin bajar la cabeza ni plegar las piernas, rebotó en la espuma, se hundió apenas y, de inmediato, aprovechando la marea, se deslizó hacia dentro; sus brazos aparecían y se hundían entre un burbujeo frenético y sus pies iban trazando una estela cuidadosa y muy veloz. A su vez, Miguel bajó otro escalón y esperó la próxima ola. Sabía que el fondo allí era escaso, que debía arrojarse como una tabla, duro y rígido, sin mover un músculo, o chocaría contra las piedras. Cerró los ojos y saltó, y no encontró el fondo, pero su cuerpo fue azotado desde la frente hasta las rodillas, y surgió un vivísimo escozor mientras braceaba con todas sus fuerzas para devolver a sus miembros el calor que el agua les había arrebatado de golpe. Estaba en esa extraña sección del mar de Miraflores vecina a la orilla, donde se encuentran la resaca y las olas, y hay remolinos y corrientes encontradas, y el último verano distaba tanto que Miguel había olvidado cómo franquearla sin esfuerzo. No recordaba que es preciso aflojar el cuerpo y abandonarse, dejarse llevar sumisamente a la deriva, bracear sólo cuando se salva una ola y se está sobre la cresta, en esa plancha líquida que escolta a la espuma y flota encima de las corrientes. No recordaba que conviene soportar con paciencia y cierta malicia ese primer contacto con el mar exasperado de la orilla que tironea los miembros y avienta chorros a la boca y los ojos, no ofrecer resistencia, ser un corcho, limitarse a tomar aire cada vez que una ola se avecina, sumergirse —apenas si reventó lejos y viene sin ímpetu, o hasta el mismo fondo si el estallido es cercano—, aferrarse a alguna piedra y esperar atento el estruendo sordo de su paso, para emerger de un solo impulso y continuar avanzando disimuladamente con las manos, hasta encontrar un nuevo obstáculo y entonces

ablandarse, no combatir contra los remolinos, girar vo-
luntariamente en la espiral lentísima y escapar de
pronto, en el momento oportuno, de un solo manotazo.
Luego, surge de improviso una superficie calma, conmo-
vida por tumbos inofensivos; el agua es clara, llana, y en
algunos puntos se divisan las opacas piedras submarinas.

Después de atravesar la zona encrespada, Miguel se
detuvo, exhausto, y tomó aire. Vio a Rubén a poca distancia, mirándolo. El pelo le caía sobre la frente en cer-
quillo; tenía los dientes apretados.

—¿Vamos?

—Vamos.

A los pocos minutos de estar nadando, Miguel sintió
que el frío, momentáneamente desaparecido, lo invadía
de nuevo, y apuró el pataleo porque era en las piernas,
en las pantorrillas sobre todo, donde el agua actuaba
con mayor eficacia, insensibilizándolas primero, luego
endureciéndolas. Nadaba con la cara sumergida y, cada
vez que el brazo derecho se hallaba afuera, volvía la cabeza para arrojar el aire retenido y tomar otra provisión
con la que hundía una vez más la frente y la barbilla,
apenas, para no frenar su propio avance y, al contrario,
hendir el agua como una proa y facilitar el desliz. A
cada brazada veía con un ojo a Rubén, nadando sobre
la superficie, suavemente, sin esfuerzo, sin levantar espuma ahora, con la delicadeza y la facilidad de una ga-
viota que planea. Miguel trataba de olvidar a Rubén y
al mar y a la reventazón (que debía estar lejos aún, pues
el agua era limpia, sosegada, y sólo atravesaban tumbos
recién iniciados), quería recordar únicamente el rostro
de Flora, el vello de sus brazos que en los días de sol
centelleaba como un diminuto bosque de hilos de oro,
pero no podía evitar que, a la imagen de la muchacha,
sucediera otra, brumosa, excluyente, atronadora, que
caía sobre Flora y la ocultaba, la imagen de una mon-

taña de agua embravecida, no precisamente la reventazón (a la que había llegado una vez hacía dos veranos, y cuyo oleaje era intenso, de espuma verdosa y negruzca, porque en ese lugar, más o menos, terminaban las piedras y empezaba el fango que las olas extraían a la superficie y entreveraban con los nidos de algas y malaguas, tiñendo el mar), sino, más bien, en un verdadero océano removido por cataclismos interiores, en el que se elevaban olas descomunales, que hubieran podido abrazar a un barco entero y lo hubieran revuelto con asombrosa rapidez, despidiendo por los aires a pasajeros, lanchas, mástiles, velas, boyas, marineros, ojos de buey y banderas.

Dejó de nadar, su cuerpo se hundió hasta quedar vertical, alzó la cabeza y vio a Rubén que se alejaba. Pensó llamarlo con cualquier pretexto, decirle «por qué no descansamos un momento», pero no lo hizo. Todo el frío de su cuerpo parecía concentrarse en las pantorrillas, sentía los músculos agarrotados, la piel tirante, el corazón acelerado. Movió los pies febrilmente. Estaba en el centro de un círculo de agua oscura, amurallado por la neblina. Trató de distinguir la playa, o cuando menos la sombra de los acantilados, pero esa gasa equívoca que se iba disolviendo a su paso, no era transparente. Sólo veía una superficie breve, verde negruzca, y un manto de nubes, a ras de agua. Entonces, sintió miedo. Lo asaltó el recuerdo de la cerveza que había bebido, y pensó «fijo que eso me ha debilitado». Al instante pareció que sus brazos y piernas desaparecían. Decidió regresar, pero después de unas brazadas en dirección a la playa, dio media vuelta y nadó lo más ligero que pudo. «No llego a la orilla solo, se decía, mejor estar cerca de Rubén, si me agoto le diré me ganaste pero regresemos.» Ahora nadaba sin estilo, la cabeza en alto, golpeando el agua con los brazos tiesos, la vista clavada en el cuerpo imperturbable que lo precedía.

La agitación y el esfuerzo desentumecieron sus piernas, su cuerpo recobró algo de calor, la distancia que lo separaba de Rubén había disminuido y eso lo serenó. Poco después lo alcanzaba; estiró un brazo, cogió uno de sus pies. Instantáneamente el otro se detuvo. Rubén tenía muy enrojecidas las pupilas y la boca abierta.

—Creo que nos hemos torcido —dijo Miguel—. Me parece que estamos nadando de costado a la playa.

Sus dientes castañeteaban, pero su voz era segura. Rubén miró a todos lados. Miguel lo observaba, tenso.

—Ya no se ve la playa —dijo Rubén.

—Hace mucho rato que no se ve —dijo Miguel—. Hay mucha neblina.

—No nos hemos torcido —dijo Rubén—. Mira. Ya se ve la espuma.

En efecto, hasta ellos llegaban unos tumbos condecorados por una orla de espuma que se deshacía y, repentinamente, rehacía. Se miraron, en silencio.

—Ya estamos cerca de la reventazón, entonces —dijo, al fin, Miguel.

—Sí. Hemos nadado rápido.

—Nunca había visto tanta neblina.

—¿Estás muy cansado? —preguntó Rubén.

—¿Yo? Estás loco. Sigamos.

Inmediatamente lamentó esa frase, pero ya era tarde. Rubén había dicho «bueno, sigamos».

Llegó a contar veinte brazadas antes de decirse que no podía más: casi no avanzaba, tenía la pierna derecha semiinmovilizada por el frío, sentía los brazos torpes y pesados. Acezando, gritó «¡Rubén!». Este seguía nadando. «¡Rubén, Rubén!». Giró y comenzó a nadar hacia la playa, a chapotear más bien, con desesperación, y de pronto rogaba a Dios que lo salvara, sería bueno en el futuro, obedecería a sus padres, no faltaría a la misa del domingo y, entonces, recordó haber confesado a los pajarracos «voy a la iglesia sólo a ver a una hembrita» y tuvo una certidumbre como una puñalada: Dios iba a castigarlo, ahogándolo en esas aguas turbias que golpeaba frenético, aguas bajo las cuales lo aguardaba una muerte atroz y, después, quizás, el infierno. En su angustia surgió entonces como un eco, cierta frase pronunciada alguna vez por el padre Alberto en la clase de religión, sobre la bondad divina que no conoce límites, y mientras azotaba el mar con los brazos —sus piernas colgaban como plomadas transversales—, moviendo los labios rogó a Dios que fuera bueno con él, que era tan joven, y juró que iría al seminario si se salvaba, pero un segundo después rectificó, asustado, y prometió que en vez de hacerse sacerdote haría sacrificios y otras cosas, daría limosnas y ahí descubrió que la vacilación y el regateo en ese instante crítico podían ser fatales y entonces sintió los gritos enloquecidos de Rubén, muy próximos, y volvió la cabeza y lo vio, a unos diez metros, media cara hundida en el agua, agitando un brazo, implorando: «¡Miguel, hermanito, ven, me ahogo, no te vayas!».

Quedó perplejo, inmóvil, y fue de pronto como si la desesperación de Rubén fulminara la suya; sintió que recobraba el coraje, la rigidez de sus piernas se atenuaba.

—Tengo calambre en el estómago —chillaba Rubén—. No puedo más, Miguel. Sálvame, por lo que más quieras, no me dejes, hermanito.

Flotaba hacia Rubén, y ya iba a acercársele cuando recordó, los náufragos sólo atinan a prenderse como tenazas de sus salvadores y los hunden con ellos, y se alejó, pero los gritos lo aterraban y presintió que si Rubén se ahogaba él tampoco llegaría a la playa, y regresó.

A dos metros de Rubén, algo blanco y encogido que se
hundía y emergía, gritó: «no te muevas, Rubén, te voy a
jalar pero no trates de agarrarme, si me agarras nos hun-
dimos. Rubén, te vas a quedar quieto, hermanito, yo te
voy a jalar de la cabeza, no me toques». Se detuvo a
una distancia prudente, alargó una mano hasta alcanzar
los cabellos de Rubén. Principió a nadar con el brazo libre, esforzándose todo lo posible por ayudarse con las
piernas. El desliz era lento, muy penoso, acaparaba todos sus sentidos, apenas escuchaba a Rubén quejarse
monótonamente, lanzar de pronto terribles alaridos,
«me voy a morir, sálvame, Miguel», o estremecerse por
las arcadas. Estaba exhausto cuando se detuvo. Sostenía
a Rubén con una mano, con la otra trazaba círculos en
la superficie. Respiró hondo por la boca. Rubén tenía la
cara contraída por el dolor, los labios plegados en una
mueca insólita.

—Hermanito —susurró Miguel—, ya falta poco, haz
un esfuerzo. Contesta, Rubén. Grita. No te quedes así.

Lo abofeteó con fuerza y Rubén abrió los ojos; movió la cabeza débilmente.

—Grita, hermanito —repitió Miguel—. Trata de esti-
rarte. Voy a sobarte el estómago. Ya falta poco, no te
dejes vencer.

Su mano buscó bajo el agua, encontró una bola dura
que nacía en el ombligo de Rubén y ocupaba gran parte
del vientre. La repasó, muchas veces, primero despacio,
luego fuertemente, y Rubén gritó: «¡no quiero morirme,
Miguel, sálvame!».

Comenzó a nadar de nuevo, arrastrando a Rubén
esta vez de la barbilla. Cada vez que un tumbo los sor-
prendía, Rubén se atragantaba, Miguel le indicaba a gritos que escupiera. Y siguió nadando, sin detenerse un
momento, cerrando los ojos a veces, animado porque en
su corazón había brotado una especie de confianza, algo

caliente y orgulloso, estimulante, que lo protegía contra
el frío y la fatiga. Una piedra raspó uno de sus pies y él
dio un grito y apuró. Un momento después podía pa-
rarse y pasaba los brazos en torno a Rubén. Teniéndolo
apretado contra él, sintiendo su cabeza apoyada en uno
de sus hombros, descansó largo rato. Luego ayudó a
Rubén a extenderse de espaldas, y soportándolo en el
antebrazo, lo obligó a estirar las rodillas; le hizo masajes
en el vientre hasta que la dureza fue cediendo. Rubén
ya no giraba, hacía grandes esfuerzos por estirarse del
todo y con sus manos se frotaba también.

—¿Estás mejor?

—Sí, hermanito, ya estoy bien. Salgamos.

Una alegría inexpresable los colmaba mientras avanzaban sobre las piedras, inclinados hacia adelante para
enfrentar la resaca, insensibles a los erizos. Al poco rato
vieron las aristas de los acantilados, el edificio de los
baños y, finalmente, ya cerca de la orilla, a los pajarracos, de pie en la galería de las mujeres, mirándolos.

—Oye —dijo Rubén.

—Sí.

—No les digas nada. Por favor, no les digas que he
gritado. Hemos sido siempre muy amigos, Miguel. No
me hagas eso.

—¿Crees que soy un desgraciado? —dijo Miguel—.
No diré nada, no te preocupes.

Salieron tiritando. Se sentaron en la escalerilla, entre
el alboroto de los pajarracos.

—Ya nos íbamos a dar el pésame a las familias —decía Tobías.

—Hace más de una hora que están adentro —dijo el
Escolar—. Cuenten, ¿cómo ha sido la cosa?

Hablando con calma, mientras se secaba el cuerpo
con la camiseta, Rubén explicó:

—Nada, llegamos a la reventazón y volvimos. Así somos los pajarracos. Miguel me ganó. Apenas por una puesta de mano. Claro que si hubiera sido en una piscina, habría quedado en ridículo.

Sobre la espalda de Miguel, que se había vestido sin secarse, llovieron las palmadas de felicitación.

—Te estás haciendo un hombre —le decía el Melanés.

Miguel no respondió. Sonriendo, pensaba que esa misma noche iría al Parque Salazar; todo Miraflores sabría ya, por boca del Melanés, que había vencido esa prueba heroica y Flora lo estaría esperando con los ojos brillantes. Se abría, frente a él, un porvenir dorado.

Otras direcciones:
desde el «boom»

Una de las manifestaciones más interesantes en la literatura hispanoamericana a partir de la década del 60 es la aparición y popularización del género testimonial en varios países del continente. En México, donde ha cobrado gran fuerza, Elena Poniatowska representa de modo eminente esa tendencia. En su caso, el testimonio es algo más que eso: una alianza entre la técnica narrativa para presentar una historia, la profundidad del ensayo antropológico y la inmediatez de la crónica periodística. El resultado es un género nuevo que puede considerarse a caballo entre la historia oral y la novela documental. La trascendencia social de ese híbrido es evidente, sobre todo en un país como México, donde la «gran prensa» ha producido una endémica crisis de la información y el público está ansioso por conocer los acontecimientos fundamentales que configuran su realidad social. Poniatowska escribe lo que se calla o deforma, da voz a los que no la tienen y registra lo que la memoria debe salvar del olvido. Un claro sentido popular y democrático llena sus páginas; un nuevo heroísmo anónimo y cotidiano

—*el de sobrevivir pese a todo— anima sus imágenes. Sus crónicas pueden bien compararse, por sus vivos colores, su animación y su afán de desnudar la complicidad del silencio, con la
escuela muralista mexicana: básicas lecciones públicas para un
pueblo que no sabe bien de sí mismo. Y tampoco deben soslayarse las coincidencias de estas formas con las del* new jour-
nalism *y la novela histórica norteamericana —la llamada* fac-
tion— *que han cultivado Truman Capote, Norman Mailer y
otros.*

Nacida de padre francés de origen polaco y sangre noble, y
de madre mexicana, vivió su primera infancia en París. A los
9 años llega a México y a los 21 años entra a trabajar en el diario Excelsior *como reportera y entrevistadora; en 1955 pasó a
escribir a* Novedades *y continúa haciéndolo hasta la fecha,
aparte de colaborar con otras numerosas publicaciones. Ha
visitado numerosas universidades norteamericanas y europeas
y ha sido traducida a muchas lenguas. Recibió en 1979 el Premio Nacional de Periodismo. En esta labor fue encontran-
do sus grandes temas y su propio estilo. En su obra tenemos*
cuentos (Los cuentos de Lilus Kikus, De noche vienes),
relatos (Querido Diego, te abraza Quiela), *novelas* (Hasta
no verte, Jesús mío; La «flor de lis»), *aparte de las crónicas
propiamente dichas* (Todo empezó en domingo, La noche
de Tlatelolco, Fuerte es el silencio *o* Nada, nadie). *No
siempre es fácil deslindar esos géneros, porque en casi todo hay
una base real o documental que su tratamiento literario prefiere no borrar. Lo histórico se hace ficción y la ficción se parece
a la historia. Hay que destacar también el creciente sesgo feminista que ha ido cobrando su enfoque de la sociedad mexicana
y el aporte de la mujer a su proceso.*

Sin embargo, en «Cine Prado», *que figura en* Los cuentos
de Lilus Kikus, *prefiere adoptar el punto de vista de un
narrador masculino para contar la absurda historia de amor
entre un crítico y una actriz de cine. Lo que leemos es la
desengañada carta que él le escribe tras confirmar su impresión*

*de que ella no es la inocente mujer de sus sueños y que real-
mente vive las pasiones que le imponen sus papeles. Su ingenuidad es evidente y parece reflejar la habitual idea sobre la
sexualidad femenina. La carta refleja cómo esta relación imaginaria ha afectado su propia vida matrimonial y su vida a
secas. En el fondo, de lo que se trata aquí es de un caso de
transferencia de un sentimiento real a un plano imaginario, que
revela la confusión emocional del narrador. Cuando confiesa
«quisiera quedarme a vivir con usted en la película», pensamos en* La rosa púrpura de El Cairo *(1985), el filme de
Woody Allen que trata un tema similar, y un poco en el cuento* «Queremos tanto a Glenda», *de Cortázar (véase) en la que
un grupo de admiradores de la actriz Glenda Jackson se empe-
ñan en destruir todos los filmes que no están a la altura de sus
propias exigencias. El sorpresivo final muestra el grado de
alienación a la que el narrador ha llegado en su búsqueda de
la «mujer ideal». Un detalle interesante: el juego de palabras
con un título cinematográfico (Qué me duras/quemaduras)
parafrasea el de un poema de Xavier Villaurrutia.*

Obra narrativa y testimonial: *Lilus Kikus*, México: Los
Presentes, 1955; *Todo empezó en domingo*, México: Fondo de Cultura Económica, 1960; *Los cuentos de Lilus
Kikus*, Xalapa, México: Universidad Veracruzana, 1967;
Hasta no verte, Jesús mío, México: Era, 1969; Madrid:
Alianza Editorial, 1984; *La noche de Tlatelolco*, México:
Era, 1971; *Querido Diego, te abraza Quiela*, México: Era,
1978; [*y otros cuentos*], Madrid; Alianza Editorial/Era,
1984; *Gaby Brimmer*, México: Grijalbo, 1979; *De noche
vienes*, México: Grijalbo, 1979; *Fuerte es el silencio*, Méxi-
co: Era, 1980; *El último guajolote*, 2.ª ed. correg., México:
Cultura/SEP/Martín Casillas, 1982; *Nada, nadie*, México:
Era, 1988; *La «flor de lis»*, México: Era, 1988; Madrid,
Alianza Editorial, 1988; *Tinísima (Vida de Tina Modotti)*,
México: Era, 1992.

Crítica: Bruce Novoa, Juan, «E. P.: The Feminist Ori-
gis of Commitement», *Women's Studies Internacional
Forum*, 6:5 (1983), pp. 509-516; *Confrontaciones. El escritor
ante el público. E. P.* [diálogo con la autora], México:
UAM/Azcapotzalco, 1984; Flori, Mónica, «Vision of
Women: Symbolic Physical Portrayal as Social Com-
mentary in the Short Stories of E. P.», *Third Woman*,
11:2 (1984), pp. 77-83; Foster, David W., «Latin American Documentary Narratives», *PMLA*, 99:1 (1985), pp.
41-55; Hancock, Joel, «'E. P.'s *Hasta no verte, Jesús mío:*
The Remaking of the Image of Woman», *Hispania*, 66:3,
(1983), pp. 353-369; Jörgensen, Beth, «E. P.», en Diane
Harting, ed., *Women Writers. A Bio-Bibliographical Source-
book*, Westport, Connecticut: Greenwood Press, 1990,
pp. 472-478; Kerr, Lucille, «Gestures of Authorship:
Lying to Tell the Truth in E. P.'s *Hasta no verte, Jesús
mío*», *Modern Languages Notes*, 106 (1991), pp. 370-394;
Santucci Tavares, Filomena, «Women in Mexico: An
Analysis of Female Characterization in the Fiction of E.
P.», tesis doctoral, University of Otawa, Canadá, 1989;
Scott, Nina M., «The Fragmented Narrative Voice of E.
P.», *Discurso Literario*, 7:2 (1990), pp. 411-420; Sklodows-
ka, Elzbieta, «Hacia un tipología del testimonio hispa-
noamericano», *Siglo XX/20th Century*, Boulder, Colora-
do, 8:1-2 (1990-1991), pp. 103-120.

Señorita:

A partir de hoy, usted debe borrar mi nombre de la lista de sus admiradores. Tal vez debiera ocultarle esta deserción. Pero callándome, iría en contra de una integridad personal que jamás ha eludido los compromisos de la verdad. Al apartarme de usted, sigo un profundo viraje de mi espíritu, que se resuelve en el propósito final de no volver a contarme entre los espectadores de una película suya.

Esta tarde, más bien esta noche, me destruyó usted. Ignoro si le importa saberlo, pero soy un hombre hecho pedazos. ¿Se da usted cuenta? Soy un hombre que depende de una sombra engañosa, un hombre que persiguió su imagen en la pantalla de todos los cines de estreno y de barrio, un crítico enamorado que justificó sus peores actuaciones morales y que ahora jura separarse para siempre de usted, aunque el simple anuncio de *Fruto prohibido* haga vacilar su decisión...

Sentado en una cómoda butaca, fui uno de tantos. Un ser perdido en la anónima oscuridad, que de pronto se sintió atrapado en una tristeza individual, amarga y sin salida. Entonces fui realmente yo, el solitario que sufre y que le escribe. Porque ninguna mano fraternal se ha estendido para estrechar la mía. Mientras usted destrozaba tranquilamente mi corazón en la pantalla, todos se sentían inflamados y felices. Hasta hubo un canalla que rio descaradamente, mientras yo la veía desfallecer en brazos de ese galán abominable que la llevó a usted al último extremo de la degradación humana... Y un hombre que pierde de golpe todos sus ideales ¿no le cuenta para nada señorita?

Hágame usted el favor de ser un poco más responsable de sus actos, y antes de firmar un contrato o de aceptar un compañero estelar, piense que un hombre como yo puede contarse entre el público futuro y recibir un golpe mortal. No hablo movido por los celos, pero, créame usted: en esta película: *Esclavas del deseo* fue besada, acariciada y agredida con exceso. No sé si mi memoria exagera, pero en la escena del cabaret no tenía usted por qué entreabrir los labios, desatar sus cabellos sobre los hombros y tolerar los procaces ademanes y los contoneos de aquel marinero que sale bostezando, después de sumergirla en el lecho revuelto y abandonarla como una embarcación que hace agua... Yo sé que los actores pierden en cierto modo su libre albedrío y que se hallan a merced de los caprichos de un autor masoquista; sé también que están obligados a seguir punto por punto todas las deficiencias y las falacias del texto que deben intepretar. Pero... permítame usted, a todo mundo le queda, en el peor de los casos, un mínimo de iniciativa, una brizna de libertad, que usted no pudo o no quiso aprovechar.

Si se tomara la molestia, usted podría contestarme

que desde su primera película aparecieron algunos de los rasgos de conducta que ahora le reprocho, y es cierto; es todavía más cierto que yo no tengo derecho ni disculpa para sentirme defraudado porque la acepté entonces a usted tal como es. Perdón, tal como creí que era. Como todos los desengañados, yo maldigo el día en que uní mi vida a su destino cinematográfico... ¡Y conste que la acepté toda opaca y principiante, cuando nadie la conocía y le dieron aquel papelito de trotacalles con las medias chuecas y los tacones carcomidos, papel que ninguna mujer decente habría sido capaz de aceptar!... Y sin embargo, yo la perdoné y en aquella sala indiferente y negra de mugre saludé la aparición de una estrella. Yo fui su descubridor, el único que supo asomarse a su alma, pese a su bolsa arruinada y a sus vueltas de carnero. Por lo que más quiera, perdóneme este brusco arrebato...

Se le cayó la máscara, señorita. Me he dado cuenta de la vileza de su engaño. Usted no es la criatura de delicias, la paloma frágil y tierna a la que yo estaba acostumbrado, la golondrina de otoñales revuelos, el rostro perdido entre gorgueras de encaje que yo soñé, sino una mala mujer hecha y derecha, novelera en el peor sentido de la palabra. De ahora en adelante, muy estimada señorita, usted irá por su camino y yo por el mío...

Siga usted trotando por las calles, que yo ya me caí como una rata en la alcantarilla. Y conste que lo de señorita se lo digo solamente para guardar las apariencias. Tómelo usted, si quiere, como una desesperada ironía.

Porque yo la he visto dar y dejarse dar besos en muchas películas. Pero antes, usted no alojaba a su dichoso compañero en el espíritu. Besaba usted sencillamente como todas las buenas actrices: como se besa apasionadamente a un muñeco de cartón. Porque, sépalo usted

de una vez por todas, la única sensualidad que vale la
pena es la que se nos da envuelta en alma, porque el
alma envuelve entonces nuestro cuerpo, como la piel de
la uva que comprime la pulpa... Antes, sus escenas de
amor no me alteraban, porque siempre había en usted
un rasgo de dignidad profanada, porque yo percibía
siempre un íntimo rechazo, una falla en el último momento, que rescataba mi angustia y que me hacía feliz.
Pero en *La rabia en el cuerpo,* con los ojos húmedos de
amor, usted volvió hacia mí un rostro verdadero, ese
que no quiero ver nunca más. Dígalo de una vez, usted
está realmente enamorada de ese malvado, de ese come-
diante de quinta fila ¿no es cierto? Por lo menos todas
las palabras, todas las promesas que le hizo, eran autén-
ticas, y cada uno de sus ademanes y de sus gestos estaban respaldados por la decisión de su espíritu. ¿Por qué
me ha engañado usted como engañan todas las mujeres,
a base de máscaras sucesivas y distintas? ¿Por qué no
me mostró de una vez el rostro desatado que ahora me
atormenta?

Mi drama es casi metafísico y no le encuentro posible desenlace. Estoy solo en mi angustia... Bueno, debo
confesar que mi esposa todo lo comprende y que a veces comparte mi consternación. Estábamos recién casados cuando fuimos a ver inocentemente su primera película, ¿se acuerda usted? Aquella del buzo atlético y
estúpido que se fue al fondo del mar por culpa suya,
con todo y escafandra... Yo salí del cine completamente
trastornado, y habría sido una vana pretensión el ocul-
társelo a mi mujer. Ella, por lo demás, estuvo completamente de mi parte; y hubo de confesar que sus
deshabillés son realmente espléndidos. No tuvo inconveniente en acompañarme al cine otras seis veces,
creyendo de buena fe que la rutina iba a romper el encanto. Pero las cosas fueron empeorando a medida que

se estrenaban sus películas. Nuestro presupuesto hoga-
reño tuvo que sufrir importantes modificaciones, a fin
de permitirnos frecuentar las pantallas unas tres veces
por semana. Está por demás decir que después de cada
sesión cinematográfica nos pasábamos el resto de la noche discutiendo... Al fin y al cabo, usted no era más que
una sombra indefensa, una silueta de dos dimensiones,
sujeta a las deficiencias de la luz. Y mi mujer aceptó
buenamente tener como rival a un fantasma cuyas apari-
ciones podían controlarse a voluntad. Pero no desapro-
vechaba la oportunidad de reírse a costa de usted y de
mí. Recuerdo su regocijo aquella noche fatal en que, debido a un desajuste fotoeléctrico, usted habló durante
diez minutos con una voz inhumana, de robot casi, que
iba del falsete al bajo profundo... A propósito de su voz,
sepa usted que me puse a estudiar el francés porque no
podía conformarme con el resumen de los títulos en español, aberrantes y desabridos. Aprendí a descifrar el
sonido melodioso de su voz, pero no pude evitar la
comprensión de ciertas palabras atroces, que puestas en
sus labios o aplicadas a usted me resultaron intolera-
bles. Deploré aquellos tiempos en que llegaban a mí
atenuadas por pudibundas traducciones; ahora, las recibo como bofetadas.

Lo más grave de todo es que mi mujer me está
dando inquietantes muestras de mal humor. Las alusiones a usted, y a su conducta en la pantalla, son cada
vez más frecuentes y feroces. Ultimamente ha concentrado sus ataques en la ropa interior y dice que estoy
hablándole en balde a una mujer sin fondo. Y hablando
sinceramente, aquí entre nosotros, ¿a qué sale toda esa
profusión de infames transparencias de tenebroso ace-
tato, ese derroche de íntimas prendas negras? Si yo lo
único que quiero hallar en usted es esa chispita triste y
amarga que hay en sus ojos... Pero volvamos a mi mujer.

Hace mohínes y la imita. Me arremeda también. Repite burlona algunas de mis quejas más lastimeras: «Los besos que me duelen en *Qué me duras,* me están ardiendo como quemaduras»... Desechando toda ocasión de afrontar el problema desde un ángulo puramente sentimental, echa mano de argumentos absurdos pero contundentes. Alega, nada menos, que usted es irreal y que ella es una mujer concreta. Y a fuerza de demostrármelo está acabando con todas mis ilusiones... No sé qué es lo que va a suceder si resulta cierto lo que aquí se rumorea, eso de que va usted a venir a filmar una película. ¡Por amor de Dios, quédese en su patria, señorita!

Sí, no quiero volver a verla, aunque cada vez que la música cede poco a poco y los hechos se van borrando en la pantalla, yo soy un hombre anonadado. Me refiero a esas tres letras crueles que ponen fin a la modesta felicidad de mis noches de amor, a dos pesos la luneta. Quisiera quedarme a vivir con usted en la película, pero siempre salgo remolcado del cine por mi mujer, que tiene la mala costumbre de ponerse de pie al primer síntoma de que el último rollo se está acabando...

Señorita, la dejo. No le pido siquiera un autógrafo, porque si llegara a mandármelo yo sería tal vez capaz de olvidar su traición imperdonable. Reciba esta carta como el homenaje final de un espíritu arruinado y perdóneme por haberla incluido entre mis sueños. Sí, he soñado con usted más de una noche, y nada tengo que envidiar a esos galanes de ocasión que cobran un sueldo por estrecharla en sus brazos, y que la seducen con palabras prestadas.

Créame sinceramente su servidor.

P.S.—Se me olvidó decirle que le escribo desde la cárcel. Esta carta no habría llegado nunca a sus manos si yo no tuviera el temor de que le dieran noticias erróneas acerca de mí. Porque los periódicos están abusando aquí de este suceso ridículo: «Ayer por la noche, un desconocido, tal vez loco, tal vez borracho, fue corriendo hasta la pantalla del cine Prado y clavó un cuchillo en el pecho de Françoise Arnoul...».

Ya sé que es imposible, señorita, pero yo daría lo que no tengo con tal de que usted conservara en su pecho, para siempre, el recuerdo de esa certera puñalada.

José Emilio Pacheco

(México, 1939-)

Pacheco es uno de los más cabales hommes de lettres que existan hoy en el continente. No sólo porque su obra cultiva —con pareja habilidad— todos los géneros (poesía, cuento, novela, teatro, ensayo, crítica literaria...), sino porque es un lector voraz y omnívoro, un gran periodista, un espléndido traductor y, en general, un hombre cuya vida se consume en el ejercicio intelectual y en la devoción por la literatura de cualquier época o en cualquier lengua. Concibe su tarea, con ejemplar modestia, como la de un simple mediador entre la tradición recibida y la renovación que le corresponde introducir en ella como un escritor de este tiempo. Así, lo que lee, lo que escribe y las obras de otros que da a conocer, constituyen una cadena de estímulos, variantes y respuestas que ha enriquecido la cultura de su país y ha orientado ya a más de una generación. Su vida se caracteriza por su constante trabajo y por su disciplina. Aunque concentrado en lo suyo, no es ajeno a los sucesos de la historia nacional y mundial. Ha colaborado en diversos suplementos literarios, revistas y periódicos. Ha viaja-

do intensamente por América y Europa. Desde 1985 divide su tiempo entre México y Estados Unidos, como profesor en la Universidad de Maryland. Ha ganado, entre otros, el Premio Magda Donato (1967), el Premio Villaurrutia (1973) y el Premio Nacional de Periodismo (1980) y, por sus ensayos, el Malcolm Lowry (1992). Su obra ha sido traducida a varias lenguas.

De su poesía, recopilada bajo el título general de Tarde o tempravo *(1980), baste decir aquí que es un esfuerzo por incorporar al lenguaje poético las palabras de todos los días, con un sesgo irónico y crítico que nos revela el horror y la belleza de nuestra época, de la historia y la naturaleza que repiten incansablemente sus ciclos de grandeza y decadencia. Su narrativa cubre un amplio espectro de tonos, formas e intenciones, que van del realismo tradicional al experimentalismo más innovador (como ocurre en su novela* Morirás lejos*), pasando por la alegoría política o moral, el cuento policial, el cuento fantástico o de horror, el micro-relato, el testimonio de actualidad, la crónica sentimental, etc. Sus narraciones tienden a entrecruzarse con sus textos periodísticos, en cuanto ambos son una fusión de acontecimientos reales y elaboración imaginaria. Considerada en conjunto, su cuentística demuestra que es uno de los narradores más completos y versátiles hoy en América. Quien quiera comprobarlo debe revisar sus volúmenes* El viento distante *y* El principio del placer*, pero sobre todo la edición ampliada de* La sangre de Medusa y otros cuentos marginales*, que reúne piezas escritas entre 1956 y 1984 y ofrece una variada gama de ficciones. Debajo de esa variedad de tonos y formas, el lector descubrirá la misma voz, las mismas preocupaciones e imágenes con las que el autor trata de descifrar el mundo en el que vive. Y esa voz es siempre serena y reflexiva, pese a la complejidad o dramática urgencia de los temas que a veces lo conmueven.*

En su brevedad «El viento distante» —que incluimos en la versión corregida por el autor para esta edición— da una idea de cómo trabaja la imaginación del autor: jugando con elementos muy simples de la realidad ordinaria, introduce una súbita distorsión que los proyecta a una dimensión fantástica que es, a la vez, plausible y absurda. Hay un contraste muy notorio entre los fragmentos, en tercera persona y en el presente, que abren y cierran el texto con un tono de triste lirismo, y el relato, en primera persona y en pretérito, sobre la experiencia de una pareja en una feria popular, cuyo tono es más directo y objetivo. Hay dolor e intensidad en el comienzo y el final; hay escepticismo y frialdad en la sección central del texto. Entre las truculentas atracciones que ve la pareja en la feria está el espectáculo de Madreselva, «la desdichada niña que un castigo del cielo convirtió en tortuga por desobedecer a sus mayores». Hay una interesante coincidencia entre esta rareza —rostro humano en un cuerpo animal— y la desventurada mujer-araña que aparece en «Un señor muy viejo con unas alas enormes» de García Márquez (véase), castigada por una falta semejante. El efecto que la monstruosa figura produce está subrayado por su conmovedor relato y la posibilidad de que quien la explota sea su propio padre. Pero el narrador denuncia todo como un barato truco de feria, un juego de espejos y voces. El párrafo final revela que la verdad es otra, una verdad que, siendo inconcebible, es difícil de aceptar: no hay truco, salvo el de la falsa cabeza humana; la tortuga realmente habla y el hombre la ama, tal vez porque antes fue una muchacha.

Tenemos así una inversión de la función habitual del elemento fantástico o monstruoso: lo que se oculta es más asombroso que lo que se revela. Pero no sabemos bien cómo entender esa desconcertante revelación, y el autor no nos da ninguna pista segura. Sólo cabe conjeturar que la historia del «castigo» de la niña por su «desobediencia» sea en realidad la consecuencia del amor incestuoso con su padre; o que Pacheco está reelaborando el viejo mito de la Esfinge y su terrible verdad; o evocando (como señala Julie Jones) ciertas leyendas

*mayas, según las cuales el Sol, enamorado de la Luna, la cap-
tura con una caparazón de tortuga. Si fuese así, habría que dar
mayor importancia al motivo de las dos formas de amor —el
lícito de la pareja, el transgresor de los personajes de la feria—
que el texto presenta. La ambigua relación entre lo real y lo
fantástico como componentes de la vida misma, la circularidad
del relato y el relevo de voces narrativas (la última línea dice:
«La tortuga comienza su relato»), generan un elemento enig-
mático y secreto que parece encerrar la moral de la historia.*

Obra narrativa: *La sangre de Medusa*, México: Cuadernos del Unicornio, 1958; *[y otros cuentos marginales*,
México: Era, 1990; *El viento distante y otros relatos*, México: Joaquín Mortiz, 1963; *Morirás lejos*, México: Joaquín
Mortiz, 1967; Barcelona: Montesinos, 1980; *El principio
del placer*, México: Joaquín Mortiz, 1972; *Las batallas en
el desierto*, México: Era, 1981.

Crítica: Borinsky, Alicia, «J. E. P.: relecturas e historia», *Revista Iberoamericana*, 51:150 (1990), pp. 267-273;
Cluff, Russell M., ed., *Siete acercamientos al relato mexicano actual*, México: UNAM, 1987, pp. 35-98; Díaz, Nancy
Gray, «El mexicano naufragado y la literatura "pop": "La
fiesta brava" de J. E. P.», *Hispanic Journal*, 6:1 (1984), pp.
131-139; Díez, Luis Alfonso, «La narrativa fantasmática
de J. E. P.», *Texto crítico*, 2:5 (1976), pp. 103-114; Duncan,
Cynthia, «The Fantastic as a Vehicle of Social Criticism
in J. E. P.'s "La fiesta brava"», *Chasqui*, 14:2-3 (1985), pp.
3-13; «Detecting the Fantastic in J. E. P.'s "Tenga para
que se entretenga"», *Inti*, n.º 32-33 (1991), pp. 41-52;
Giordano, Jaime, «Transformaciones narrativas actuales:
Morirás lejos de J. E. P.», *Cuadernos Americanos*, 44:1
(1985), pp. 133-140; Graniela-Rodríguez, Magda, *El papel
del lector en la novela mexicana contemporánea: J. E. P. y
Salvador Elizondo*, Potomac, Maryland: Scripta Humanis-

tica, 1991, pp. 79-124; Hancock, Joel, «Is it really the beginning? J. E. P.: *El principio del placer*», *Chasqui*, 3:2 (1974), pp. 80-83; Jiménez de Boise, Ivette, Diana Morán y Edith Negrín, *Ficción e historia: la narrativa de J. E. P.*, México: El Colegio de México, 1979; Jones, Julie, «"El viento distante" de J. E. P.: un cuento de transformación», en Merlin H. Foster y Julio Ortega, eds., *De la crónica a la nueva narrativa mexicana. Coloquio sobre literatura mexicana*, México: Oasis, 1986, pp. 443-452; *Homenaje a J. E. P. A veinte años de «Morirás lejos»*. Michoacán, México: Instituto Michoacano de Cultura, [1988]; Oviedo, José Miguel, «J. E. P., cuentista», *Insula*, n.º 535 (1991), pp. 23-24; Torres, Daniel, *J. E. P.: Poesía y poética del prosaísmo*, Madrid: Pliegos, 1990; Verani, Hugo J., *J. E. P. ante la crítica*, México: UNAM, 1987. [inc. bibliog.]

En un extremo de la barraca el hombre fuma mirán-
dose al espejo. La luz se apaga. El ya no siente el humo.
Está cubierto de sudor. El aire se adensa en la barraca.
Todo es silencio en la feria ambulante. El hombre va
hasta el acuario, enciende un fósforo y mira lo que yace
sobre el limo. Piensa en otra noche que se llevó un
viento distante, en otro tiempo que los divide y los
aparta.

Para olvidarnos de nosotros mismos Adriana y yo va-
gábamos por las calles desiertas de la aldea. En una
plaza hallamos una feria ambulante. Adriana se empeñó
en que subiéramos a algunos aparatos. Al bajar de la
rueda de la fortuna, el látigo, las sillas voladoras, aún
tuve puntería para derribar figuritas de plomo, enlazar
objetos de barro, resistir toques eléctricos y obtener de
un canario amaestrado papelitos de China que esboza-
ban nuestro porvenir.

Esa precaria vuelta a la niñez era un momento de felicidad para Adriana. Hastiados del amor y las palabras, encontramos aquella tarde de domingo un lugar de otra época, un mundo a punto de desaparecer que sin embargo concedía por algunos instantes la ilusión de la dicha y la inocencia. Cuando me negué a entrar en la casa de los espejos, Adriana vio a orillas de la feria una barraca aislada y miserable.

Nos acercamos. El hombre que estaba a las puertas recitó:

—Pasen, señores. Vean a Madreselva, la desdichada niña que un castigo del cielo convirtió en tortuga por desobedecer a sus mayores y no asistir a misa los domingos. Vean a Madreselva. Escuchen cómo narra su tragedia.

Pagamos la entrada. En un acuario estaba Madreselva con cuerpo de tortuga y cara de niña. Nos dio vergüenza encontrarnos allí, divertirnos con el ridículo del hombre y de la niña que acaso era su hija. Terminado el relato de la tortuga nos miró a través del acuario, como un animal que desangra bajo los pies del cazador.

—Esto es horrible. Me parece una infamia —dijo Adriana cuando salimos de la barraca.

—No tiene nada de horrible. Un simple truco: el hombre es un ventrílocuo. La niña se arrodilla tras el acuario. La ilusión óptica te hace creer que en realidad tiene caparazón y patas de tortuga. Si no me crees, te invito a descubrir el verdadero juego.

Regresamos. Busqué una hendidura entre las tablas. Un minuto después Adriana me pidió que la apartara. Nunca hemos vuelto a hablar del domingo en la feria.

El hombre toma en brazos a la tortuga para sacarla del acuario. Ya en el suelo, la tortuga se despoja de la falsa cabeza. Su verdadera boca dice algo que no puede escucharse fuera del agua. El hombre se arrodilla, la besa y la atrae a su pecho. Llora sobre el caparazón húmedo. Nadie comprendería que está solo, nadie entendería cuánto la quiere. Le pone otra vez la cabeza de plástico. Vuelve a depositarla sobre el limo. El hombre oculta los sollozos. Sale a la puerta. Vende otras entradas. Se ilumina el acuario. Ascienden las burbujas. La tortuga comienza su relato.

ALFREDO BRYCE ECHENIQUE

(Lima, 1939-)

No es fácil clasificar la obra narrativa de este escritor
peruano, pero tal vez no sea inexacto hablar en su caso de un
«realismo burlesco», con un toque de romántica nostalgia por
un mundo de alegres aventuras y placeres cosmopolitas. La
obra de Scott Fitzgerald viene inmediatamente a la memoria
como uno de los modelos estéticos de su ficción, que ha proba-
do ser sumamente popular tanto en su país como en España.
Hay un innato vitalismo en ella, un joie de vivre que se
expresa mediante un estilo expansivo y espontáneo, de sabor
casi oral, que sigue los caprichos e impulsos cambiantes del
narrador, más que las leyes de una forma preestablecida. Pero
debajo de la entretenida superficie de sus relatos, se percibe
una suave melancolía, una resignada elegía por tantos bienes
perdidos: la infancia ya desaparecida, el amor siempre fugitivo,
la seguridad del ambiente de la alta burguesía y los dorados
sueños que prometía. Esa fusión agridulce entre el humor y el
lamento da un perfil propio al mundo imaginario de Bryce.

Nacido en el seno de una familia acomodada y de apellido

aristocrático (un Echenique fue Presidente del Perú el siglo pasado), Bryce escribe sobre un mundo que conoce desde dentro y que puede criticar sin amargura y añorar sin indulgencia. Eso puede apreciarse plenamente en Un mundo para Julius, *su primera y quizá su más lograda novela (en 1972 ganó el Premio a la Mejor Novela Extranjera en Francia), pues es su propia búsqueda del tiempo perdido, escrita con la exacta dosis de ironía y comprensión. Después de seguir estudios de letras y derecho en la Universidad de San Marcos de Lima, se doctoró en La Sorbonne; desde 1975 enseñó por varios años en esa universidad y en Vincennes, y luego en Montpellier. En 1968 ganó el Premio Casa de las Américas por su volumen de cuentos* Huerto cerrado. *En sus novelas más recientes, como* Tantas veces Pedro *o* La vida exagerada de Martín Romaña, *se nota una creciente interrelación entre el acto de narrar y el tragicómico dilema de personajes que tratan de inventarse a sí mismos como héroes de novela; es decir, hay un doble drama —el del narrador y el de sus criaturas— que se corresponde con la* mise en abysme *de la estructura novelística. Sin renunciar a su estilo de vida aventurera y errante, Bryce vive desde hace un tiempo en Madrid, donde hace también periodismo y escribe sus memorias.*

«Con Jimmy en Paracas» fue publicado por primera vez en 1967 en una revista de Lima e incluido después en Huerto cerrado; *muchos lo consideran uno de sus mejores cuentos. Aunque aparece como protagonista en otras historias del libro, ésta es la única narrada por Manolo, un* alter ego *favorito del autor. La sutil relación entre el narrador y Jimmy está planteada desde el principio, pues Manolo nos dice —con una frase que se repetirá como un* leit-motiv— *que evocarlo «es como si lo estuviera viendo» y que, pese a que estaban sentados en la misma mesa, «me parece que lo estuviera observando desde la puerta de ese comedor». Su narración tiene dos focos simultáneos que, en realidad, corresponden a «dos» Manolos: el muchacho que vive la aventura y la persona más madura que*

la cuenta. Igualmente son dos distintas relaciones las que Manolo narra: primero, la de él con su padre; luego, la de él con Jimmy. De la primera da un testimonio finamente irónico y muy detallado («era muy observador», dice de sí mismo); así conocemos cómo las creencias, los valores y la conducta de una familia de la clase alta limeña, se adaptan a ciertos códigos no escritos pero cuidadosamente respetados —una mezcla de cinismo y buenas maneras— para no desentonar en un medio donde todos parecen más poderosos y adinerados. En el fondo, ésta es la verdadera educación que el niño recibe: hay que ocultar los sentimientos personales y jugar según las reglas del mundo al que uno aspira a pertenecer. En la segunda parte, esa educación se completa con Jimmy, el rubio hijo del jefe de su padre, especialmente cuando el amigo de Manolo trata de hacerlo objeto de sus impulsos homosexuales. Nada es como parece, podría ser la conclusión que el muchacho saca del doble episodio. La distancia precisa entre el narrador y lo narrado, el tono afectuoso con el padre y el humor crítico con el mundo que lo rodea, son dignos de destacarse.

Obra narrativa: *Huerto cerrado*, La Habana: Casa de las Américas, 1968; Barcelona: Barral, 1972; *Un mundo para Julius*, Barcelona: Barral, 1970; *Muerte de Sevilla en Madrid*, Lima: Mosca Azul, 1972; *La felicidad ja ja*, Barcelona: Barral, 1974; *La pasión según San Pedro Balbuena que fue tantas veces Pedro, y que nunca pudo negar a nadie*, Lima: Libre-1, 1977; [bajo el título *Tantas veces Pedro*] Barcelona: Plaza & Janés, 1986; *Todos los cuentos*, Lima: Mosca Azul, 1979; *Cuentos completos*, Madrid: Alianza Editorial, 1981; *La vida exagerada de Martín Romaña*, Barcelona: Argos Vergara, 1981; *El hombre que hablaba de Octavia de Cádiz*, Barcelona: Plaza & Janés, 1985; *Magdalena peruana*, Barcelona: Plaza & Janés, 1986; *La última mudanza de Felipe Carrillo*, Barcelona: Plaza & Janés, 1988; *Dos señoras conversan*, Barcelona: Plaza & Janés, 1990.

Crítica: Allen, R. F., [reseña de *Huerto cerrado*], *Books Abroad*, 44, 1970, p. 283; Barrios, Alba Lía, *Lectura de un cuento: teoría y práctica del análisis del relato* («¡Al agua patos! de A. B. E.*), Caracas: Academia Nacional de la Historia, 1986; Flores, Angel *, *Narrativa hispanoamericana*, «A. B. E.», vol. 7, pp. 21-22; Hegstrom Oakey, Valerie, «Initiation and *Bildung* in A. B. E.'s *Huerto cerrado*», tesis de maestría, Bringham Young University, 1986; Heiser, Sarah Lesley, «Estructuras narrativas de *Tantas veces Pedro*, de A. B. E.», tesis de maestría, Edmonton, Canadá: University of Alberta, 1983; Luchting, Wolfgang A., *A. B. Humores y malhumores*, Lima: Milla Batres, 1975; Oquendo, «B., un nuevo escritor peruano», *Amaru*, Lima, n.º 1, 1969, pp. 94-95; Scholz Lazlo, «Realidad e irrealidad en *Tantas veces Pedro* de A. B. E.», *Revista Iberoamericana*, 67: 155-156 (1991), pp. 533-542.

Lo estoy viendo realmente; es como si lo estuviera viendo; allí está sentado, en el amplio comedor veraniego, de espaldas a ese mar donde había rayas, tal vez tiburones. Yo estaba sentado al frente suyo, en la misma mesa, y, sin embargo, me parece que lo estuviera observando desde la puerta de ese comedor, de donde ya todos se habían marchado, ya sólo quedábamos él y yo, habíamos llegado los últimos, habíamos alcanzado con las justas el almuerzo.

Esta vez me había traído; lo habían mandado sólo por el fin de semana, Paracas no estaba tan lejos: estaría de regreso a tiempo para el colegio, el lunes. Mi madre no había podido venir; por eso me había traído. Me llevaba siempre a sus viajes cuando ella no podía acompañarlo, y cuando podía volver a tiempo para el colegio. Yo escuchaba cuando le decía a mamá que era una pena que no pudiera venir, la compañía le pagaba la estadía, le pagaba hotel de lujo para dos personas. «Lo llevaré», decía, refiriéndose a mí. Creo que yo le gustaba para esos viajes.

Y a mí, ¡cómo me gustaban esos viajes! Esta vez era a Paracas. Yo no conocía Paracas, y cuando mi padre empezó a arreglar la maleta, el viernes por la noche, ya sabía que no dormiría muy bien esa noche, y que me despertaría antes de sonar el despertador.

Partimos ese sábado muy temprano, pero tuvimos que perder mucho tiempo en la oficina, antes de entrar en la carretera al sur. Parece que mi padre tenía todavía cosas que ver allí, tal vez recibir las últimas instrucciones de su jefe. No sé; yo me quedé esperándolo afuera, en el auto, y empecé a temer que llegaríamos mucho más tarde de lo que habíamos calculado.

Una vez en la carretera, eran otras mis preocupaciones. Mi padre manejaba, como siempre, despacísimo; más despacio de lo que mamá le había pedido que manejara. Uno tras otro, los automóviles nos iban dejando atrás, y yo no miraba a mi padre para que no se fuera a dar cuenta de que eso me fastidiaba un poco, en realidad me avergonzaba bastante. Pero nada había que hacer, y el viejo Pontiac, ya muy viejo el pobre, avanzaba lentísimo, anchísimo, negro e inmenso, balanceándose como una lancha sobre la carretera recién asfaltada.

A eso de la mitad del camino, mi padre decidió encender la radio. Yo no sé qué le pasó; bueno, siempre sucedía lo mismo, pero sólo probó una estación, estaban tocando una guaracha, y apagó inmediatamente sin hacer ningún comentario. Me hubiera gustado escuchar un poco de música, pero no le dije nada. Creo que por eso le gustaba llevarme en sus viajes; yo no era un muchachillo preguntón; me gustaba ser dócil; estaba consciente de mi docilidad. Pero eso sí, era muy observador.

Y por eso lo miraba de reojo, y ahora lo estoy viendo manejar. Lo veo jalarse un poquito el pantalón desde las rodillas, dejando aparecer las medias blancas, impecables, mejores que las mías, porque estamos yendo a Paracas, hotel de lujo, lugar de veraneo, mucha plata y todas esas cosas. Su saco es el mismo de todos los viajes fuera de Lima, gris, muy claro, sport; es norteamericano y le va a durar toda la vida. El pantalón es gris, un poco más oscuro que el saco, y la camisa es la camisa vieja más nueva del mundo; a mí nunca me va a durar una camisa como le dura a mi padre.

Y la boina; la boina es vasca; él dice que es vasca de pura cepa. Es para los viajes; para el aire, para la calvicie. Porque mi padre es calvo, calvísimo, y ahora que lo estoy viendo ya no es un hombre alto. Ya aprendí que mi padre no es un hombre alto, sino más bien bajo. Es bajo y muy flaco. Bajo, calvo y flaco, pero yo entonces tal vez no lo veía aún así, ahora ya sé que sólo es el hombre más bueno de la tierra, dócil como yo, en realidad se muere de miedo de sus jefes; esos jefes que lo quieren tanto porque hace siete millones de años que no llega tarde ni se enferma ni falta a la oficina; esos jefes que yo he visto cómo le dan palmazos en la espalda y se pasan la vida felicitándolo en la puerta de la iglesia los domingos; pero a mí hasta ahora no me saludan, y mi padre se pasa la vida diciéndole a mi madre, en la puerta de la iglesia los domingos, que las mujeres de sus jefes son distraídas o no la han visto, porque a mi madre tampoco la saludan, aunque a él, a mi padre, no se olvidaron de mandarle sus saludos y felicitaciones cuando cumplió un millón de años más sin enfermarse ni llegar tarde a la oficina, la vez aquella en que trajo esas fotos en que estoy seguro, un jefe acababa de palmearle la espalda, y otro estaba a punto de palmeársela; y esa otra foto en que ya los jefes se habían marchado del cocktail, pero habían asistido, te decía mi padre, y volvía a mostrarte la primera fotografía.

Pero todo esto es ahora en que lo estoy viendo, no entonces en que lo estaba mirando mientras llegábamos a Paracas en el Pontiac. Yo me había olvidado un poco del Pontiac, pero las paredes blancas del hotel me hicieron verlo negro, ya, ya muy viejo el pobre, y tan ancho. «Adónde va a acabar esta mole», me preguntaba, y estoy seguro de que mi padre se moría de miedo al ver esos carrazos, no lo digo por grandes, sino por la pinta. Si les daba un topetón, entonces habría que ver de quién era ese carrazo, porque mi padre era muy señor, y entonces aparecería el dueño, veraneando en Paracas con sus amigos, y tal vez conocía a los jefes de mi padre, había oído hablar de él, «no ha pasado nada, Juanito» (así se llamaba, se llama mi padre), y lo iban a llenar de palmazos en la espalda, luego vendrían los aperitivos, y a mí no me iban a saludar, pero yo actuaría de acuerdo a las circunstancias y de tal manera que mi padre no se diera cuenta de que no me habían saludado. Era mejor que mi madre no hubiera venido.

Pero no pasó nada. Encontramos un sitio anchísimo para el Pontiac negro, y al bajar, así sí que lo vi viejísimo. Ya estábamos en el hotel de Paracas, hotel de lujo y todo lo demás. Un muchacho vino hasta el carro por la maleta. Fue la primera persona que saludamos. Nos llevó a la recepción y allí mi padre firmó los papeles de reglamento, y luego preguntó si todavía podíamos «almorzar algo» (recuerdo que así dijo). El hombre de la recepción, muy distinguido, mucho más alto que mi padre, le respondió afirmativamente: «Claro que sí, señor. El muchacho lo va a acompañar hasta su "bungalow", para que usted pueda lavarse las manos, si lo desea. Tiene usted tiempo, señor; el comedor cierra dentro de unos minutos, y su "bungalow" no está muy alejado.» No sé si mi papá, pero yo todo eso de «bungalow» lo entendí muy bien, porque estudio en colegio inglés y eso no lo debo olvidar en mi vida y cada vez que mi papá estalla, cada mil años, luego nos invita al cine, grita que hace siete millones de años que trabaja enfermo y sin llegar tarde para darle a sus hijos lo mejor, lo mismo que a los hijos de sus jefes.

El muchacho que nos llevó hasta el «bungalow» no se sonrió mucho cuando mi padre le dio la propina, pero ya yo sabía que cuando se viaja con dinero de la compañía no se puede andar derrochando, si no, pobres jefes, nunca ganarían un céntimo y la compañía quebraría en la mente respetuosa de mi padre, que se estaba lavando las manos mientras yo abría la maleta y sacaba alborotado mi ropa de baño. Fue entonces que me enteré, él me lo dijo, que nada de acercarme al mar, que estaba plagado de rayas, hasta había tiburones. Corrí a lavarme las manos, por eso de que dentro de unos minutos cierran el comedor, y dejé mi ropa de baño tirada sobre la cama. Cerramos la puerta del «bungalow» y fuimos avanzando hacia el comedor. Mi padre también, aunque menos, creo que era observador; me señaló la piscina, tal vez por eso de la ropa de baño. Era hermoso Paracas; tenía de desierto, de oasis, de balneario; arena, palmeras, flores, veredas y caminos por donde chicas que yo no me atrevía a mirar, pocas ya, las últimas, las más atrasadas, se iban perezosas a dormir esa siesta de quien ya se acostumbró al hotel de lujo. Tímidos y curiosos, mi padre y yo entramos al comedor.

Y es allí, sentado de espaldas al mar, a las rayas y a los tiburones, es allí donde lo estoy viendo, como si yo estuviera en la puerta del comedor, y es que en realidad yo también me estoy viendo sentado allí, en la misma mesa, cara a cara a mi padre y esperando al mozo ese, que a duras penas contestó a nuestro saludo, que había ido a traer el menú (mi padre pidió la carta y él dijo que iba por el menú) y que según papá debería haber-

nos cambiado de mantel, pero era mejor no decir nada
porque, a pesar de que ése era un hotel de lujo, habíamos llegado con las justas para almorzar. Yo casi vuelvo
a saludar al mozo cuando regresó y le entregó el menú
a mi padre que entró en dificultades y pidió, finalmente, corvina a la no sé cuántos, porque el mozo ya
llevaba horas esperando. Se largó con el pedido y mi
padre, sonriéndome, puso la carta sobre la mesa, de tal
manera que yo podía leer los nombres de algunos platos, un montón de nombres franceses en realidad, y entonces pensé, aliviándome, que algo terrible hubiera podido pasar, como aquella vez en ese restaurante de tipo
moderno, con un menú que parecía para norteamerica-
nos, cuando mi padre me pasó la carta para que yo pidiera, y empezó a contarle al mozo que él no sabía inglés, pero que a su hijo lo estaba educando en colegio
inglés, a sus otros hijos también, costara lo que costara,
y el mozo no le prestaba ninguna atención, y movía la
pierna porque ya se quería largar.

Fue entonces que mi padre estuvo realmente triunfal.
Mientras el mozo venía con las corvinas a la no sé
cuántos, mi padre empezó a hablar de darnos un lujo,
de que el ambiente lo pedía, y de que la compañía no
iba a quebrar si él pedía una botellita de vino blanco
para acompañar esas corvinas. Decía que esa noche a
las siete era la reunión con esos agricultores, y que le
comprarían los tractores que le habían encargado vender; él nunca le había fallado a la compañía. En esas estaba cuando el mozo apareció complicándose la vida en
cargar los platos de la manera más difícil, eso parecía
un circo, y mi padre lo miraba como si fuera a aplaudir,
pero gracias a Dios reaccionó y tomó una actitud bastante forzada, aunque digna, cuando el mozo jugaba a
casi tirarnos los platos por la cara, en realidad era que
los estaba poniendo elegantemente sobre la mesa y que

nosotros no estábamos acostumbrados a tanta cosa. «Un blanco no sé cuántos», dijo mi padre. Yo casi lo abrazo por esa palabra en francés que acababa de pronunciar, esa marca de vino, ni siquiera había pedido la carta para consultar, no, nada de eso; la había pedido así no más, triunfal, conocedor, y el mozo no tuvo más remedio que tomar nota y largarse a buscar.

Todo marchaba perfecto. Nos habían traído el vino y ahora recuerdo ese momento de feliz equilibrio: mi padre sentado de espaldas al mar, no era que el comedor estuviera al borde del mar, pero el muro que sostenía esos ventanales me impedía ver la piscina y la playa, y ahora lo que estoy viendo es la cabeza, la cara de mi padre, sus hombros, el mar allá atrás, azul en ese día de sol, las palmeras por aquí y por allá, la mano delgada y fina de mi padre sobre la botella fresca de vino, sirviéndome media copa, llenando su copa, «bebe despacio, hijo», ya algo quemado por el sol, listo a acceder, extrañando a mi madre, buenísima, y yo ahí, casi chorreándome con el jugo ese que bañaba la corvina, hasta que vi a Jimmy. Me chorreé cuando lo vi. Nunca sabré por qué mi dio miedo verlo. Pronto lo supe.

Me sonreía desde la puerta del comedor, y yo lo saludé, mirando luego a mi padre para explicarle quién era, que estaba en mi clase, etc.; pero mi padre, al escuchar su apellido, volvió a mirarlo sonriente, mi dijo que lo llamara, y mientras cruzaba el comedor, que conocía a su padre, amigo de sus jefes, uno de los directores de la compañía, muchas tierras en esa región...

—Jimmy, papá. —Y se dieron la mano.

—Siéntate, muchacho —dijo mi padre, y ahora recién me saludó a mí.

Era muy bello; Jimmy era de una belleza extraordinaria: rubio, el pelo en anillos de oro, los ojos azules achinados, y esa piel bronceada todo el año, invierno y ve-

rano, tal vez porque venía siempre a Paracas. No bien
se había sentado, noté algo que me pareció extraño: el
mismo mozo que nos odiaba a mi padre y a mí, se acercaba ahora sonriente, servicial, humilde, y saludaba a
Jimmy con todo respeto; pero éste, a duras penas le
contestó con una mueca. Y el mozo no se iba, seguía
ahí, parado, esperando órdenes, buscándolas, yo casi le
pido a Jimmy que lo mandara matarse. De los cuatro
que estábamos ahí, Jimmy era el único sereno.

Y ahí empezó la cosa. Estoy viendo a mi padre ofrecerle a Jimmy un poquito de vino en una copa. Ahí empezó mi terror.

—No, gracias —dijo Jimmy—. Tomé vino con el almuerzo. —Y sin mirar al mozo, le pidió un whisky.

Miré a mi padre: los ojos fijos en el plato, sonreía y
se atragantaba un bocado de corvina que podía tener
millones de espinas. Mi padre no impidió que Jimmy
pidiera ese whisky, y ahí venía el mozo casi bailando
con el vaso en una bandeja de plata, había que verle
sonreírse al hijo de puta. Y luego Jimmy sacó un paquete de Chesterfield, lo puso sobre la mesa, encendió
uno, y sopló todo el humo sobre la calva de mi padre,
claro que no lo hizo por mal, lo hizo simplemente, y
luego continuó bellísimo, sonriente, mirando hacia el
mar, pero mi padre ni yo queríamos ya postres.

—¿Desde cuándo fumas? —le preguntó mi padre,
con voz temblorosa.

—No sé; no me acuerdo —dijo Jimmy, ofreciéndome
un cigarrillo.

—No, no, Jimmy; no...

—Fuma no más, hijito; no desprecies a tu amigo.

Estoy viendo a mi padre decir esas palabras, y luego
recoger una servilleta que no se le había caído, casi recoge el pie del mozo que seguía ahí parado. Jimmy y yo
fumábamos, mientras mi padre nos contaba que a él

nunca le había atraído eso de fumar, y luego de una afección a los bronquios que tuvo no sé cuándo, pero Jimmy empezó a hablar de automóviles, mientras yo observaba la ropa que llevaba puesta, parecía toda de seda, y la camisa de mi padre empezó a envejecer lastimosamente, ni su saco norteamericano le iba a durar toda la vida.

—¿Tú manejas, Jimmy? —preguntó mi padre.

—Hace tiempo. Ahora estoy en el carro de mi hermana; el otro día estrellé mi carro, pero ya le va a llegar otro a mi papá. En la hacienda tenemos varios carros.

Y yo muerto de miedo, pensando en el Pontiac; tal vez Jimmy se iba a enterar que ése era el de mi padre, se iba a burlar tal vez, lo iba a ver más viejo, más ancho, más feo que yo. «¿Para qué vinimos aquí?» Estaba recordando la compra del Pontiac, a mi padre convenciendo a mamá, «un pequeño sacrificio», y luego también los sábados por la tarde, cuando lo lavábamos, asunto de familia, todos los hermanos con latas de agua, mi padre con la manguera, mi madre en el balcón, nosotros locos por subir, por coger el timón, y mi padre autoritario: «Cuando sean grandes, cuando tengan brevete», y luego, sentimental: «Me ha costado años de esfuerzo.»

—¿Tienes brevete, Jimmy?

—No; no importa; aquí todos me conocen.

Y entonces fue que mi padre le preguntó que cuántos años tenía y fingió creerle cuando dijo que dieciséis, y yo también, casi le digo que era un mentiroso, pero para qué, todo el mundo sabía que Jimmy estaba en mi clase y que yo no había cumplido aún los catorce años.

—Manolo se va conmigo —dijo Jimmy—; vamos a pasear en el carro de mi hermana.

Y mi padre cedió una vez más, nuevamente sonrió, y le encargó a Jimmy saludar a su padre.

—Son casi las cuatro —dijo—, voy a descansar un poco, porque a las siete tengo una reunión de negocios. —Se despidió de Jimmy, y se marchó sin decirme a qué hora debía regresar, yo casi le digo que no se preocupara, que no nos íbamos a estrellar.

Jimmy no me preguntó cuál era mi carro. No tuve por qué decirle que el Pontiac ese negro, el único que había ahí, era el carro de mi padre. Ahora sí se lo diría y luego, cuando se riera sarcásticamente le escupiría en la cara, aunque todos esos mozos que lo habían saludado mientras salíamos, todos esos que a mí no me hacían caso, se me vinieran encima a matarme por haber ensuciado esa maravillosa cara de monedita de oro, esas manos de primer enamorado que estaban abriendo la puerta de un carro del jefe de mi padre.

A un millón de kilómetros por hora, estuvimos en Pisco, y allí Jimmy casi atropella a una mujer en la Plaza de Armas; a no sé cuantos millones de kilómetros por hora, con una cuarta velocidad especial, estuvimos en una de sus haciendas, y allí Jimmy tomó una Coca-Cola, le pellizcó la nalga a una prima y no me presentó a sus hermanas; a no sé cuantos miles de millones de kilómetros por hora, estuvimos camino de Ica, y por allí Jimmy, me mostró el lugar en que había estrellado su carro, carro de mierda ese, dijo, no servía para nada.

Eran las nueve de la noche cuando regresamos a Paracas. No sé cómo, pero Jimmy me llevó hasta una salita en que estaba mi padre bebiendo con un montón de hombres. Ahí estaba sentado, la cara satisfecha, ya yo sabía que haría muy bien su trabajo. Todos esos hombres conocían a Jimmy; eran agricultores de por ahí, y acababan de comprar los tractores de la compañía. Algunos le tocaban el pelo a Jimmy y otros se dedicaban al whisky que mi padre estaba invitando en nombre de la compañía. En ese momento mi padre empezó a con-

tar un chiste, pero Jimmy lo interrumpió para decirle
que me invitaba a comer. «Bien, bien; dijo mi padre.
Vayan nomás.»

Y esa noche bebí los primeros whiskies de mi vida,
la primera copa llena de vino de mi vida, en una mesa
impecable, con un mozo que bailaba sonriente y constante alrededor de nosotros. Todo el mundo andaba
elegantísimo en ese comedor lleno de luces y de carcajadas de mujeres muy bonitas, hombres grandes y colo-
rados que deslizaban sus manos sobre los anillos de oro
de Jimmy, cuando pasaban hacia sus mesas. Fue entonces que me pareció escuchar el final del chiste que había estado contando mi padre, le puse cara de malo, y
como que lo encerré en su silla con esos burdos agricultores que venían a comprar su primer tractor. Luego,
esto sí que es extraño, me deslicé hasta muy adentro en
el mar, y desde allí empecé a verme navegando en un
comedor en fiesta, mientras un mozo me servía arrodi-
llado una copa de champagne, bajo la mirada achinada
y azul de Jimmy.

Yo no le entendía muy bien al principio; en realidad
no sabía de qué estaba hablando, ni qué quería decir
con todo eso de la ropa interior. Todavía lo estaba
viendo firmar la cuenta; garabatear su nombre sobre
una cifra monstruosa y luego invitarme a pasear por la
playa. «Vamos», me había dicho, y yo lo estaba siguiendo a lo largo del malecón oscuro, sin entender
muy bien todo eso de la ropa interior. Pero Jimmy insistía, volvía a preguntarme qué calzoncillos usaba yo, y
añadía que los suyos eran así y asá, hasta que nos senta-
mos en esas escaleras que daban a la arena y al mar.
Las olas reventaban muy cerca y Jimmy estaba ahora
hablando de órganos genitales, órganos genitales mascu-
linos solamente, y yo, sentado a su lado, escuchándolo
sin saber qué responder, tratando de ver las rayas y los

tiburones de que hablaba mi padre, y de pronto corriendo hacia ellos porque Jimmy acababa de ponerme una mano sobre la pierna, «¿cómo la tienes, Manolo?», dijo, y salí disparado.

Estoy viendo a Jimmy alejarse tranquilamente; regresar hacia la luz del comedor y desaparecer al cabo de unos instantes. Desde el borde del mar, con los pies húmedos, miraba hacia el hotel lleno de luces y hacia la hilera de «bungalows», entre los cuales estaba el mío. Pensé en regresar corriendo, pero luego me convencí de que era una tontería, de que ya nada pasaría esa noche. Lo terrible sería que Jimmy continuara por allí, al día siguiente, pero por el momento, nada; sólo volver y acostarme.

Me acercaba al «bungalow» y escuché una carcajada extraña. Mi padre estaba con alguien. Un hombre inmenso y rubio zamaqueaba el brazo de mi padre, lo felicitaba, le decía algo de eficiencia, y ¡zas! le dio el palmazo en el hombro. «Buenas noches, Juanito», le dijo. «Buenas noches, don Jaime», y en ese instante me vio.

—Mírelo; ahí está. ¿Dónde está Jimmy, Manolo?

—Se fue hace un rato, papá.

—Saluda al padre de Jimmy.

—¿Cómo estás muchacho? O sea que Jimmy se fue hace rato; bueno, ya aparecerá. Estaba felicitando a tu padre; ojalá tú salgas a él. Le he acompañado hasta su «bungalow».

—Don Jaime es muy amable.

—Bueno, Juanito, buenas noches. —Y se marchó, inmenso.

Cerramos la puerta del «bungalow» detrás nuestro. Los dos habíamos bebido, él más que yo, y estábamos listos para la cama. Ahí estaba todavía mi ropa de baño, y mi padre me dijo que mañana por la mañana podría bañarme. Luego me preguntó que si había pasado un

buen día, que si Jimmy era mi amigo en el colegio, y
que si mañana lo iba a ver; y yo a todo: «Sí, papá, sí,
papá», hasta que apagó la luz y se metió en la cama,
mientras yo, ya acostado, buscaba un dolor de estómago
para quedarme en cama mañana, y pensé que ya se había dormido. Pero no. Mi padre me dijo, en la oscuridad, que el nombre de la compañía había quedado muy
bien, que él había hecho un buen trabajo, estaba contento mi padre. Más tarde volvió a hablarme; me dijo
que don Jaime había estado muy amable en acompañarlo hasta la puerta del «bungalow» y que era todo un
señor. Y como dos horas más tarde, me preguntó: «Manolo, ¿qué quiere decir "bungalow" en castellano?».

Es una de las mejores escritoras hispanoamericanas ahora en actividad. Esta afirmación corre el riesgo de ser entendida como limitada al círculo de mujeres que escriben, cuando en realidad se hace teniendo en cuenta al conjunto general a escritores, hombres o mujeres. No es que su condición femenina sea de poca importancia en su obra, ni que se ignore su orientación feminista; lo que se subraya es que esos elementos no son la razón principal que justifica la lectura de su obra, sino su intrínseca calidad y el rigor literario en que se apoya. No es fácil hallar hoy su alta conciencia artística y moral como escritora.

Perteneciente a una de las familias con poder político en Puerto Rico, descubrió pronto la literatura y con ella la rebeldía que la apartó del camino convencional que su origen y educación familiar parecían señalar. Cursó estudios universitarios en su país y en Estados Unidos, doctorándose en la Universidad de Maryland con una tesis que se publicó bajo el título Cortázar: el romántico en su observatorio *(1990). Entre*

1972 y 1975 publicó la revista Zona de carga y descarga, *órgano de un conjunto de jóvenes escritores que representaban un nuevo modo de encarar el oficio literario y que provocaron considerable conmoción en el ambiente intelectual puertorriqueño, de costumbres bastante tradicionales. Luego apareció el primero de sus libros,* Papeles de Pandora, *que reunía textos poéticos y narrativos, estableciendo entre ambos secretas asociaciones temáticas y de tono. Desde entonces, la poesía y la narración (cuento, relato, novela) han sido los vehículos esenciales de su visión, aunque también ha escrito notables libros de crítica:* Sitio a Eros *(1989) y* El coloquio de las perras *(1990); en este último intenta algo muy personal y difícil: una crítica que es al mismo tiempo una forma de ficción. Ha escrito también cuentos para niños o más bien para «todos aquellos adultos que quieran llegar a niños»:* El medio pollito, La mona que le pisaron la cola, Los cuentos de Juan Bobo. *Hace muy poco, después de vivir alternativamente entre Washington y San Juan, ha vuelvo a residir de modo permanente en la isla.*

Sus libros impresionan por el ardor (a veces febril) de su mundo interior, su lúcida visión del mundo social de su país y la continua invención del lenguaje con el que los explora. Es evidente para el lector que Ferré no escribe por placer y menos por hábito, sino por una urgente necesidad; no tanto con su razón como con sus vísceras. Sus libros son un implacable desgarramiento de la imaginación, la memoria y la palabra; es imposible leerlos con indiferencia. Incluso cuando trata temas convencionales o muy transitados por la tradición literaria femenina de Puerto Rico (en el que la «mujer escritora» ha una especie de icono matriarcal), Ferré lo hace con una gran libertad de formas y como un desafío al modo aceptado de percibir el trabajo literario femenino. Su defensa de la pasión amorosa como un ejercicio de la libertad total y de la autenticidad como la verdad suprema del arte literario, pueden resultar insólitos en un medio donde la mujer ha sido generalmente un ser incompleto, separada de sí misma por imposición ajena o por complicidad propia. Esta defensa se nota en Papeles..., en los poemas y «cartas» de Fábulas de la garza desangrada (1982) y también en la novela corta y los relatos de Maldito amor. Hay un refrescante soplo de aire nuevo en sus textos, una intensidad y gracia que convierten la experiencia más privada en una visión que todos, hombres o mujeres, pueden compartir.

«La muñeca menor», publicada primero en 1972 en Zona de carga... y luego incluida en Papeles..., cuenta una bella historia, cuyos múltiples sentidos y niveles no se excluyen sino que se imbrican unos en otros. El texto comienza como una típica crónica familiar, que describe costumbres y ritos domésticos como formas consagradas por viejas tradiciones, pero culmina con una escena sorprendente: todo se traslada a un plano de fantasía o alegoría que supone la violenta destrucción de las reglas de moralidad aceptadas sin discusión. Como está presentado con detalles perfectamente realistas, aceptamos sin dificultad que el mal que sufre la tía vieja sea producido por un animal venenoso que vive largos años dentro de la pierna de la mujer y que, alimentándose de su carne, «ha comenzado a engordar». El motivo de la alimaña ponzoñosa que se ceba en el cuerpo de una mujer aparece también en «El almohadón de plumas» (1907) de Horacio Quiroga, pero el uso que le da la autora no tiene la truculencia del texto del uruguayo. Además, la protagonista no muere físicamente por causa de la chágara, pero sí sufre una especie de muerte social: rechaza a todos sus pretendientes, se encierra a criar a sus sobrinas y a hacerles muñecas. Es evidente que su renuncia al matrimonio es una forma de penitencia impuesta por los prejuicios que ella no resiste; pero el oficio de hacer muñecas —una simbólica transferencia de la maternidad frustrada— se va convirtiendo en algo que tiene una diabólica complejidad y representa un misterioso gesto de protesta: las hace cada vez más perfectas, más grandes, más parecidas a las personas reales que representan;

está creando verdaderos dobles *y poniendo en ellos «marcas»
de sí misma. Así, los ojos de las muñecas son hechos con sus
joyas personales o previamente sumergidos en el río «para que
aprendiesen a reconocer el más leve movimiento de las antenas
de las chágaras». La historia se complica más todavía cuando
aparece el viejo médico de la tía y descubrimos que, habiendo
podido curarla, prefirió alargar el tratamiento para pagar los
estudios de medicina de su sobrino. A su vez, el sobrino se
enamora y se casa con la sobrina menor. Como marido, convierte a la muchacha, casi literalmente, en un simple objeto
que él contempla y exhibe. Cuando su codicia por el dinero lo
lleva a vender los ojos de la muñeca, completa el proceso de
identificación: muñeca y mujer permanecen ahora «con los
ojos bajos». Son esos ojos los que, al final, hacen posible la
terrible venganza de la muchacha y, a través de ella, de la tía
vieja. Las imágenes poéticas que envuelven la historia en un
clima crecientemente fabuloso y las hipérboles del tipo «Cuando la mayor cumplió diez y ocho años había ciento veintiséis
muñecas de todas las edades» recuerdan un poco el lenguaje de
García Márquez* (véase), *pero lo que la autora nos ofrece es
sustancialmente distinto: una notable parábola sobre la familia
y el matrimonio como instituciones que pueden ser, bajo la
más pacífica apariencia, los más crueles infiernos.*

Obra narrativa: *Papeles de Pandora*, México: Joaquín
Mortiz, 1976; 2.ª ed. correg. y aument., México: Joaquín
Mortiz, 1989; *El medio pollito. Siete cuentos infantiles*, Río
Piedras, Puerto Rico: Huracán, 1976; *La caja de cristal*,
México: La Máquina de Escribir, 1978; *La muñeca
menor*, Río Piedras: Huracán, 1979; *La mona que le pisa-
ron la cola*, Río Piedras: Huracán, 1981; *Los cuentos de
Juan Bobo*, Río Piedras: Huracán, 1981; *Maldito amor*,
México: Joaquín Mortiz, 1986; *Sonatinas*, Río Piedras:
Huracán, 1989; *Vecindarios excéntricos* (en prensa).

Crítica: Acosta Cruz, María I., «Historia, ser e identidad femenina en "El collar de camándulas" y *Maldito amor* de R. F.», *Chasqui* 19 (1990), pp. 23-31; Arrillaga, María, «La narrativa de la mujer puertorriqueña en la década del setenta», *Hómines*, 8 (1984), pp. 327-334; Arroyo, Elsa R., «Contracultura y parodia en cuatro cuentos de R. F. y Ana Lydia Vega», *Caribbean Studies*, 22 (1988). pp. 33-46; Escalera Ortiz, Juan. «Perspectiva del cuento "Mercedes Benz 220SL"», *Revista Interamericana*, n.º 123 (1982), pp. 407-417; Fernández Olmos, Margarite, «From a Woman's Perspective: The Short Stories of R. F.», en Doris Meyer y M. F. O., eds., *Contemporary Women Authors of Latin America: Introductory Essays*, Brooklyn: Brooklyn College, 1983, pp. 78-90; «Survival, Growth and Change in the Prose Fiction of Contemporary Puerto Rican Women Writers», en Asela Rodríguez de Laguna, ed., *The Puerto Rican in Two Worlds Contexts*, New Brunswick, New Jersey: Transaction Press, 1987, pp. 76-88; Flores, Angel, ed. *, *Narrativa hispanoamericana*, «R. F.», vol. 5, pp. 221-522; Hintz, Suzanne S., «An Annotated Bibliography of Works by and About R. F.: The First Twenty Years 1970-1990», *Revista Interamericana de Bibliografía...*; López, Ivette, «"La muñeca menor": Ceremonias y transformaciones en un cuento de R. F.», *Explicación de textos literarios*, n.º 11 (1982-83), pp. 49-58; Oviedo, José Miguel, *Escrito al margen **, pp. 310-317; Umpierre, Luz María, «Un manifiesto literario: *Papeles de Pandora* de R. F.», *The Bilingual Review/La Revista Bilingüe*, Binghamton, Nueva York, 9:2 (1981), pp. 119-125.

La muñeca menor

La tía vieja había sacado desde muy temprano el sillón al balcón que daba al cañaveral como hacía siempre que se despertaba con ganas de hacer una muñeca. De joven se bañaba a menudo en el río, pero un día en que la lluvia había recrecido la corriente en cola de dragón había sentido en el tuétano de los huesos una mullida sensación de nieve. La cabeza metida en el reverbero negro de las rocas, había creído escuchar, revolcados con el sonido del agua, los estallidos del salitre sobre la playa y pensó que sus cabellos habían llegado por fin a desembocar en el mar. En ese preciso momento sintió una mordida terrible en la pantorrilla. La sacaron del agua gritando y se la llevaron a la casa en parihuelas retorciéndose de dolor.

El médico que la examinó aseguró que no era nada, probablemente había sido mordida por una chágara [1] vi-

---

[1] *Chágara:* cangrejo de río, conocido también como *guábara.*

ciosa. Sin embargo pasaron los días y la llaga no cerraba. Al cabo de un mes el médico había llegado a la conclusión de que la cháraga se había introducido dentro de la carne blanda de la pantorrilla, donde había evidentemente comenzado a engordar. Indicó que le aplicaran un sinapismo para que el calor la obligara a salir. La tía estuvo una semana con la pierna rígida, cubierta de mostaza desde el tobillo hasta el muslo, pero al finalizar el tratamiento se descubrió que la llaga se había abultado aún más, recubriéndose de una substancia pétrea y limosa que era imposible tratar de remover sin que peligrara toda la pierna. Entonces se resignó a vivir para siempre con la chágara enroscada dentro de la gruta de su pantorrilla.

Había sido muy hermosa, pero la chágara que escondía bajo los largos pliegues de gasa de sus faldas la había despojado de toda vanidad. Se había encerrado en la casa rehusando a todos sus pretendientes. Al principio se había dedicado a la crianza de las hijas de su hermana, arrastrando por toda la casa la pierna monstruosa con bastante agilidad. Por aquella época la familia vivía rodeada de un pasado que dejaba desintegrar a su alrededor con la misma impasible musicalidad con que la lámpara de cristal del comedor se desgranaba a pedazos sobre el mantel raído de la mesa. Las niñas adoraban a la tía. Ella las peinaba, las bañaba y les daba de comer. Cuando les leía cuentos se sentaban a su alrededor y levantaban con disimulo el volante almidonado de su falda para oler el perfume de guanábana madura que supuraba la pierna en estado de quietud.

Cuando las niñas fueron creciendo la tía se dedicó a hacerles muñecas para jugar. Al principio eran sólo muñecas comunes, con carne de guata de higüera y ojos de botones perdidos. Pero con el pasar del tiempo fue refinando su arte hasta ganarse el respeto y la reverencia de toda la familia. El nacimiento de una muñeca era siempre motivo de regocijo sagrado, lo cual explicaba el que jamás se les hubiese ocurrido vender una de ellas, ni siquiera cuando las niñas eran ya grandes y la familia comenzaba a pasar necesidad. La tía había ido agrandando el tamaño de las muñecas de manera que correspondieran a la estatura y a las medidas de cada una de las niñas. Como eran nueve y la tía hacía una muñeca de cada niña por año, hubo que separar una pieza de la casa para que la habitasen exclusivamente las muñecas. Cuando la mayor cumplió diez y ocho años había ciento veintiséis muñecas de todas las edades en la habitación. Al abrir la puerta, daba la sensación de entrar en un palomar, o en el cuarto de muñecas del palacio de las tzarinas, o en un almacén donde alguien había puesto a madurar una larga hilera de hojas de tabaco. Sin embargo, la tía no entraba en la habitación por ninguno de estos placeres, sino que echaba el pestillo a la puerta e iba levantando amorosamente cada una de las muñecas canturreándoles mientras las mecía: Así eras cuando tenías un año, así cuando tenías dos, así cuando tenías tres, reviviendo la vida de cada una de ellas por la dimensión del hueco que le dejaban entre los brazos.

El día que la mayor de las niñas cumplió diez años, la tía se sentó en el sillón frente al cañaveral y no se volvió a levantar jamás. Se balconeaba días enteros observando los cambios de agua de las cañas y sólo salía de su sopor cuando la venía a visitar el doctor o cuando se despertaba con ganas de hacer una muñeca. Comenzaba entonces a clamar para que todos los habitantes de la casa viniesen a ayudarla. Podía verse ese día a los peones de la hacienda haciendo constantes relevos al pueblo como alegres mensajeros incas, a comprar cera, a comprar barro de porcelana, encajes, agujas, carretes de hilos de todos los colores. Mientras se llevaban a cabo estas diligencias, la tía llamaba a su habitación a la niña con la que había soñado esa noche y le tomaba las medidas. Luego le hacía una mascarilla de cera que cubría de yeso por ambos lados como una cara viva dentro de dos caras muertas; luego hacía salir un hilillo rubio interminable por un hoyito en la barbilla. La porcelana de las manos era siempre translúcida; tenía un ligero tinte marfileño que contrastaba con la blancura granulada de las caras de biscuit. Para hacer el cuerpo, la tía enviaba al jardín por veinte higüeras relucientes. Las cogía con una mano y con un movimiento experto de la cuchilla las iba rabanando una a una en cráneos relucientes de cuero verde. Luego las inclinaba en hilera contra la pared del balcón, para que el sol y el aire secaran los cerebros algodonosos de guano gris. Al cabo de algunos días raspaba el contenido con una cuchara y lo iba introduciendo con infinita paciencia por la boca de la muñeca.

Lo único que la tía transigía en utilizar en la creación de las muñecas sin que estuviese hecho por ella, eran las bolas de los ojos. Se los enviaban por correo desde Europa en todos los colores, pero la tía los consideraba inservibles hasta no haberlos dejado sumergidos durante un número de días en el fondo de la quebrada para que aprendiesen a reconocer el más leve movimiento de las antenas de la chágaras. Sólo entonces los lavaba con agua de amoniaco y los guardaba, relucientes como gemas, colocados sobre camas de algodón, en el fondo de una lata de galletas holandesas. El vestido de las muñecas no variaba nunca, a pesar de que las niñas iban creciendo. Vestía siempre a las más pequeñas de tira bordada y a las mayores de broderí, colocando en la cabeza de cada una el mismo lazo abullonado y trémulo de pecho de paloma.

Las niñas empezaron a casarse y a abandonar la casa.

El día de la boda la tía les regalaba a cada una la última muñeca dándoles un beso en la frente y diciéndoles con una sonrisa: «Aquí tienes tu Pascua de Resurrección.» A los novios los tranquilizaba asegurándoles que la muñeca era sólo una decoración sentimental que solía colocarse sentada, en las casas de antes, sobre la cola del piano. Desde lo alto del balcón la tía observaba a las niñas bajar por última vez las escaleras de la casa sosteniendo en una mano la modesta maleta a cuadros de cartón y pasando el otro brazo alrededor de la cintura de aquella exhuberante muñeca hecha a su imagen y semejanza, calzada con zapatillas de ante, faldas de bordados nevados y pantaletas de valenciennes. Las manos y la cara de estas muñecas, sin embargo, se notaban menos transparentes, tenían la consistencia de la leche cortada. Esta diferencia encubría otra más sutil: la muñeca de boda no estaba jamás rellena de guata, sino de miel.

Ya se habían casado todas las niñas y en la casa quedaba sólo la más joven cuando el doctor hizo a la tía la visita mensual acompañado de su hijo que acababa de regresar de sus estudios de medicina en el norte. El joven levantó el volante de la falda almidonada y se quedó mirando aquella inmensa vejiga abotagada que manaba una esperma perfumada por la punta de sus escamas verdes. Sacó su estetoscopio y la auscultó cuidadosamente. La tía pensó que auscultaba la respiración de la chágara para verificar si todavía estaba viva, y cogiéndole la mano con cariño se la puso sobre un lugar determinado para que palpara el movimiento constante de las antenas. El joven dejó caer la falda y miró fijamente al padre. Usted hubiese podido haber curado esto en sus comienzos, le dijo. Es cierto, contestó el padre, pero yo sólo quería que vinieras a ver la chágara que te había pagado los estudios durante veinte años.

En adelante fue el joven médico quien visitó mensualmente a la tía vieja. Era evidente su interés por la menor y la tía pudo comenzar su última muñeca con amplia anticipación. Se presentaba siempre con el cuello almidonado, los zapatos brillantes y el ostentoso alfiler de corbarta oriental del que no tiene donde caerse muerto. Luego de examinar a la tía se sentaba en la sala recostando su silueta de papel dentro de un marco ovalado, a la vez que le entregaba a la menor el mismo ramo de siemprevivas moradas. Ella le ofrecía galletitas de jengibre y cogía el ramo quisquillosamente con la punta de los dedos como quien coge el estómago de un erizo vuelto al revés. Decidió casarse con él porque le intrigaba su perfil dormido, y porque ya tenía ganas de saber cómo era por dentro la carne de delfín.

El día de la boda la menor se sorprendió al coger la muñeca por la cintura y encontrarla tibia, pero lo olvidó en seguida, asombrada ante su excelencia artística. Las manos y la cara estaban confeccionadas con delicadísima porcelana de Mikado. Reconoció en la sonrisa entreabierta y un poco triste la colección completa de sus dientes de leche. Había, además, otro detalle particular: la tía había incrustado en el fondo de las pupilas de los ojos sus dormilonas de brillantes.

El joven médico se la llevó a vivir al pueblo, a una casa encuadrada dentro de un bloque de cemento. La obligaba todos los días a sentarse en el balcón, para que los que pasaban por la calle supiesen que él se había casado en sociedad. Inmóvil dentro de su cubo de calor, la menor comenzó a sospechar que su marido no sólo tenía el perfil de silueta de papel sino también el alma. Confirmó sus sospechas al poco tiempo. Un día él le sacó los ojos a la muñeca con la punta del bisturí y los empeñó por un lujoso reloj de

cebolla con una larga leontina. Desde entonces la muñeca siguió sentada sobre la cola del piano, pero con
los ojos bajos.

A los pocos meses el joven médico notó la ausencia
de la muñeca y le preguntó a la menor qué había hecho
con ella. Una cofradía de señoras piadosas le había ofre-
cido una buena suma por la cara y las manos de porcelana para hacerle un retablo a la Verónica en la próxima procesión de Cuaresma. La menor le contestó que
las hormigas habían descubierto por fin que la muñeca
estaba rellena de miel y en una sola noche se la habían
devorado. «Como las manos y la cara eran de porcelana
de Mikado, dijo, seguramente las hormigas las creyeron
hechas de azúcar, y en este preciso momento deben de
estar quebrándose los dientes, royendo con furia dedos
y párpados en alguna cueva subterránea.» Esa noche el
médico cayó toda la tierra alrededor de la casa sin encontrar nada.

Pasaron los años y el médico se hizo millonario. Se
había quedado con toda la clientela del pueblo, a quienes no les importaba pagar honorarios exorbitantes para
poder ver de cerca a un miembro legítimo de la extinta
aristocracia cañera. La menor seguía sentada en el balcón, inmóvil dentro de sus gasas y encajes, siempre con
los ojos bajos. Cuando los pacientes de su marido, col-
gados de collares, plumachos y bastones, se acomoda-
ban cerca de ella removiendo los rollos de sus carnes
satisfechas con un alboroto de monedas, percibían a su
alrededor un perfume particular que les hacía recordar
involuntariamente la lenta supuración de una guanábana. Entonces les entraban a todos unas ganas irresisti-
bles de restregarse las manos como si fueran patas.

Una sola cosa perturbaba la felicidad del médico.
Notaba que mientras él se iba poniendo viejo, la menor
guardaba la misma piel aporcelanada y dura que tenía

cuando la iba a visitar a la casa del cañaveral. Una noche decidió entrar en su habitación para observarla durmiendo. Notó que su pecho no se movía. Colocó delicadamente el estetoscopio sobre su corazón y oyó un lejano rumor de agua. Entonces la muñeca levantó los párpados y por las cuencas vacías de los ojos comenzaron a salir las antenas furibundas de las chágaras.

ALVARO MUTIS

(Bogotá, 1923-)

Quizá extrañe que se cierre la presente antología con Mutis: es el mayor de este último grupo y podría muy bien encabezarlo. El hecho es que su producción narrativa es muy tardía y desfasada no sólo de su generación, sino de los estilos predominantes ahora. Mutis ha sido considerado como uno de los grandes poetas vivos de América: es una voz original reconocible por la lucidez y el incandescente ardor de sus imágenes, los paisajes exóticos y el elegíaco tono de derrota y decadencia física. Por la lucidez recuerda un poco la poesía de Borges; por el furor alucinado, a los poetas surrealistas; por la pasión marítima y viajera, a Pessoa y Saint-John Perse; por su carácter sombrío y funeral, al Neruda de Las furias y las penas. *Su obra poética, comenzada a fines de los años 40, no tuvo real difusión hasta 1973, en que la recopiló bajo el título* Summa de Maqroll el Gaviero. *Más discretamente todavía, Mutis había iniciado una obra en prosa con* Diario de Lecumberri, *testimonio de su experiencia en una cárcel mexicana, y aunque en las décadas siguientes publicó relatos y*

algunos libros que reunían prosa y verso (como Caravansary
y Los emisarios), *sólo a partir de 1986, con* La nieve del
Almirante, *empezó a publicar una serie de novelas (él las llama «narraciones») que forman todo un ciclo protagonizado
por el ubicuo Maqroll. Hoy su novelística, que marcha a con-
tracorriente del resto por el sabor clásico de su prosa y el desen-
cantado designio narrativo, ha ganado el aprecio del público
y la crítica internacional; una prueba de eso es el Premio Mé-
dici que obtuvo en París en 1989. El propio García Márquez
(véase) ha reconocido la deuda que* El general en su laberinto *tiene con un brillante fragmento narrativo escrito tem-
pranamente por Mutis y luego abandonado.*

*Criado en Bruselas, Mutis pasó su juventud en Colombia,
donde recorrió los ámbitos que aparecerán constantemente en
su obra: la tierra caliente del trópico, las desoladas alturas de
la cordillera andina. Se exilió en los años 50 en México, donde
ha vivido desde entonces. Ha trabajado en diversas empresas
comerciales (una compañía aérea, una petrolera, una oficina
cinematográfica) mientras, al margen y de manera un tanto
secreta, escribía su obra literaria quizá como un rechazo visce-
ral del mundo de negocios al que estaba vinculado. En sus
libros y en sus comentarios críticos ha desplegado siempre una
penetrante inteligencia y una rara profundidad de pensamiento; en sus testimonios personales, además, un humor avasa-
llante.*

*Sobre su obra narrativa conviene aclarar algunas cosas. La
primera es que, en él, las fronteras entre prosa y verso han sido
siempre un poco borrosas; de hecho, hablar de* verso *para refe-
rirse a su poesía no es muy apropiado, pues lo que encontramos en ella son versículos, letanías o plegarias. Más de una
vez estos textos sirven de epílogos a sus relatos y novelas —y
éstos son como prolongaciones o desprendimientos de aquéllos.
En verdad, esa unidad está dada por la presencia constante de
Maqroll, su alter ego y su gran creación literaria: un navegante, un aventurero errante sin patria y sin destino, sin fe pero*

*tenaz, que cruza los mares y protagoniza peripecias insensatas
y siempre ruinosas, con las que entretiene sus últimos días.
Maqroll fue antes un personaje de su poesía (aparece por primera vez en* Los elementos del desastre, *1953), pero de allí
emigra a su narrativa, donde se convierte en un héroe de talla
conradiana: sus tribulaciones de marino son la otra cara de un
encuentro con el mal, con el desasosiego y la intolerable pesa-
dumbre de la vida. Otro aspecto importante es el carácter* final
y fragmentario *que tienen sus relatos. A través de ellos Maqroll se despide de la vida, de la que sólo quiere dejar unos ras-
tros o recuentos parciales que den testimonio del sinsentido y
la miseria de todo. Sus textos tienen esa calidad desesperada e
inapelable del mensaje en una botella que lanza el náufrago,
la última confesión del hedonista penitente, o del escolio a una
obra inacabada. Por los perfiles nítidos de su prosa, la pátina
antigua de su atmósfera y la morbidez gótica, muchas de sus
páginas evocan los grabados de Doré para* The Rime of the
Ancient Mariner *(1875), de Coleridge o las telas «orientalis-
tas» de Ingres.*

«Cocora» pertenece a Caravansary *(fue publicado en 1980
en una revista mexicana), y reaparece como uno de los fragmentos epilogales de* La nieve... *y es el germen que desarrolla*
Amirbar. *El narrador-protagonista es anónimo pero es el
inconfundible Maqroll («soy hombre de mar..., yo que siento
todavía en mis huesos el mecerse de la gavia», nos dice), que
nos relata otro de los avatares de su peregrinaje, esta vez como
velador en los socavones mineros de la zona tropical. El relato
es, al mismo tiempo, un registro objetivo del lugar y una
lamentación de sus desgracias. Enfermo de malaria, su recuento tiñe todo con el tono alucinatorio de la fiebre: el anacrónico
episodio del Príncipe de Viana; la máquina cuyas piezas no se
pueden mover y que podría ser Dios o «una representación
absoluta de la nada»; sus fugaces encuentros eróticos con las
mujeres campesinas con las que alivia «la soledad que me desgasta». Es éste un mundo postrero y sin redención, el último*

puerto del infatigable viajero, una cárcel o purgatorio que invita a la inercia física y estimula una imaginación enfermiza, sellada en el pensamiento de la muerte. La ecuación viaje/vida es evidente y está subrayada por el sesgo filosófico y estoico que toman sus reflexiones. La exaltada elegancia de la prosa crea un soplo lírico que recorre el texto con imágenes sentenciosas y lúgubres.

Obra narrativa: *Diario de Lecumberri*, Xalapa, México: Universidad Veracruzana, 1960; *La mansión de Araucaíma*, Buenos Aires: Sudamericana, 1973; Barcelona: Seix Barral, 1978; *Caravansary*, México: Fondo de Cultura Económica, 1981; *Poesía y prosa*, Bogotá: Instituto Colombiano de Cultura, 1981; *Los emisarios*, México: Fondo de Cultura Económica, 1984; *Prosas*, [vol. 2 de *Obra literaria*], Bogotá: Procultura, 1985; *La nieve del Almirante*, Madrid: Alianza Editorial, 1986; *La muerte del estratega. Narraciones, prosas y ensayos,* México: Fondo de Cultura Económica, 1988; *Ilona llega con la lluvia*, Madrid: Mondadori, 1988; *Un bel morir*, Madrid: Mondadori, 1988; *La última escala del Tramp Steamer*, México: Ediciones del Equilibrista, 1988; *Amirbar*, Madrid: Siruela, 1990; *Abdul Bashur, soñador de navíos,* Madrid: Siruela, 1991.

Crítica: Cobo Borda, Juan Gustavo, *A. M.*, Bogotá: Procultura, 1989; Ferdinandy, Miguel de, «Un cuento de Alvaro Mutis», en *Prosas, cit. supra*, 223-229; Mutis Durán, Santiago, ed., *Tras las rutas de Maqroll el Gaviero. 1981-1988*, Cali, Colombia: Proartes/Gobernación del Valle/Revista Literaria *Gradiva,* 1988 [inc. bibliogr.]; Oviedo, José Miguel, «*Caravansary:* hastío y fervor», en *Escrito al margen* *, pp. 269-272; «M.: viaje al corazón de las tinieblas», *Gradiva*, Bogotá, n.º 2, julio-agosto 1987, pp. 62-64.

Aquí me quedé, al cuidado de esta mina y ya he perdido la cuenta de los años que llevo en este lugar. Deben ser muchos, porque el sendero que llevaba hasta los socavones y que corría a la orilla del río, ha desaparecido ya entre rastrojos y matas de plátano. Varios árboles de guayaba crecen en medio de la senda y han producido ya muchas cosechas. Todo esto debieron olvidarlo sus dueños y explotadores y no es de extrañarse que así haya sido, porque nunca se encontró mineral alguno, por hondo que se cavara y por muchas ramificaciones que se hicieran desde los corredores principales. Y yo que soy hombre de mar, para quien los puertos apenas fueron transitorio pretexto de amores efímeros y riñas de burdel, yo que siento todavía en mis huesos el mecerse de la gavia a cuyo extremo más alto subía para mirar el horizonte y anunciar las tormentas, las costas a la vista, las manadas de ballenas y los cardúmenes vertiginosos que se acercaban como un pueblo ebrio; yo

aquí me he quedado visitando la fresca oscuridad de estos laberintos por donde transita un aire a menudo tibio y húmedo que trae voces, lamentos, interminables y
tercos trabajos de insectos, aleteos de oscuras mariposas
o el chillido de algún pájaro extraviado en el fondo de
los sacavones.

Duermo en el llamado socavón del Alférez, que es el
menos húmedo y da de lleno a un precipicio cortado a
pico sobre las turbulentas aguas del río. En las noches
de lluvia el olfato me anuncia la creciente: un aroma lo-
doso, picante, de vegetales lastimados y de animales que
bajan destrozándose contra las piedras; un olor de sangre desvaída, como el que despiden ciertas mujeres tra-
bajadas por el arduo clima de los trópicos; un olor de
mundo que se deslíe precede a la ebriedad desordenada
de las aguas que crecen con ira descomunal y arrasa-
dora.

Quisiera dejar testimonio de algunas de las cosas que
he visto en mis largos días de ocio, durante los cuales
mi familiaridad con estas profundidades me ha convertido en alguien harto diferente de lo que fuera en mis
años de errancia marinera y fluvial. Tal vez el ácido
aliento de las galerías haya mudado o aguzado mis fa-
cultades para percibir la vida secreta, impalpable, pero
riquísima que habita estas cavidades de infortunio. Co-
mencemos por la galería principal. Se penetra en ella
por una avenida de cámbulos cuyas flores anaranjadas y
pertinaces crean una alfombra que se extiende a veces
hasta las profundidades del recinto. La luz va desapari-
ciendo a medida que uno se interna, pero se demora
con intensidad inexplicable en las flores que el aire ha
barrido hasta muy adentro. Allí viví mucho tiempo y
sólo por razones que en seguida explicaré tuve que
abandonar el sitio. Hacia el comienzo de las lluvias escuchaba voces, murmullos indescifrables como de muje-

res rezando en un velorio, pero algunas risas y ciertos forcejeos, que nada tenían de fúnebres, me hicieron pensar más bien en un acto infame que se prolongaba sin término en la oquedad del recinto. Me propuse descifrar las voces y, de tanto escucharlas con atención febril, días y noches, logré, al fin, entender la palabra Viana. Por entonces caí enfermo al parecer de malaria y permanecía tendido en el jergón de tablas que había improvisado como lecho. Deliraba durante largos períodos y, gracias a esa lúcida facultad que desarrolla la fiebre por debajo del desorden exterior de sus síntomas, logré entablar un diálogo con las hembras. Su actitud meliflua, su evidente falsía, me dejaban presa de un temor sordo y humillante. Una noche, no sé obedeciendo a qué impulsos secretos avivados por el delirio, me incorporé gritando en altas voces que reverberaron largo tiempo contra las paredes de la mina: «¡A callar, hijas de puta! ¡Yo fui amigo del Príncipe de Viana, respeten la más alta miseria, la corona de los insalvables!» Un silencio, cuya densidad se fue prolongando, acallados los ecos de mis gritos, me dejó a orillas de la fiebre. Esperé la noche entera, allí tendido y bañado en los sudores de la salud recuperada. El silencio permanecía presente ahogando hasta los más leves ruidos de las humildes criaturas en sus trabajos de hojas y salivas que tejen lo impalpable. Una claridad lechosa me anunció la llegada del día y salí como pude de aquella galería que nunca más volví a visitar.

Otro socavón es el que los mineros llamaban del Venado. No es muy profundo, pero reina allí una oscuridad absoluta, debida a no sé qué artificio en el trazado de los ingenieros. Sólo merced al tacto conseguí familiarizarme con el lugar que estaba lleno de herramientas y cajones meticulosamente clavados. De ellos salía un olor imposible de ser descrito. Era como el aroma de una gelatina hecha con las más secretas substancias destiladas de un metal improbable. Pero lo que me detuvo en esa galería durante días interminables, en los que estuve a punto de perder la razón, es algo que allí se levanta, al fondo mismo del socavón, recostado en la pared en donde aquél termina. Algo que podría llamar una máquina si no fuera por la imposibilidad de mover ninguna de las piezas de que parecía componerse. Partes metálicas de las más diversas formas y tamaños, cilindros, esferas, ajustados en una rigidez inapelable, formaban la indecible estructura. Nunca pude hallar los límites, ni medir las proporciones de esta construcción desventurada, fija en la roca por todos sus costados y que levantaba su pulida y acerada urdimbre, como si se propusiera ser en este mundo una representación absoluta de la nada. Cuando mis manos se cansaron, tras semanas y semanas de recorrer las complejas conexiones, los rígidos piñones, las heladas esferas, huí un día, despavorido al sorprenderme implorándole a la indefinible presencia que me develara su secreto, su razón última y cierta. Tampoco he vuelto a visitar esa parte de la mina, pero durante ciertas noches de calor y humedad me visita en sueños la muda presencia de esos metales y el terror me deja incorporado en el lecho, con el corazón desbocado y las manos temblorosas. Ningún terremoto, ningún derrumbe, por gigantesco que sea, podrá desaparecer esta ineluctable mecánica adscrita a lo eterno.

La tercera galería es la que ya mencioné al comienzo, la llamada socavón del Alférez. En ella vivo ahora. Hay una apacible penumbra que se extiende hasta lo más profundo del túnel y el chocar de las aguas del río, allá abajo, contra las paredes de roca y las grandes piedras del cauce, da al ámbito una cierta alegría que rompe, así sea precariamente, el hastío interminable de mis funciones de velador de esta mina abandonada.

Es cierto que, muy de vez en cuando, los buscadores de oro llegan hasta esta altura del río para lavar las arenas de la orilla en las bateas de madera. El humo agrio de tabaco ordinario me anuncia el arribo de los gambusinos. Desciendo para verlos trabajar y cruzamos escasas palabras. Vienen de regiones distantes y apenas entiendo su idioma. Me asombra su paciencia sin medida en este trabajo tan minucioso y de tan pobres resultados. También vienen, una vez al año, las mujeres de los sembradores de caña de la orilla opuesta. Lavan la ropa en la corriente y golpean las prendas contra las piedras. Así me entero de su presencia. Con una que otra que ha subido conmigo hasta la mina he tenido relaciones. Han sido encuentros apresurados y anónimos en donde el placer ha estado menos presente que la necesidad de sentir otro cuerpo contra mi piel y engañar, así sea con ese fugaz contacto, la soledad que me desgasta.

Un día saldré de aquí, bajaré por la orilla del río, hasta encontrar la carretera que lleva hasta los páramos y espero entonces que el olvido me ayude a borrar el miserable tiempo aquí vivido.

1. *Bibliografías generales y nacionales*

«Antologías del cuento hispanoamericano: Notas para una bibliografía». En XIX Congreso Internacional de Literatura Iberoamericana, *Narradores Latinoamericanos. 1929-1979*, Caracas: Ediciones del Centro de Estudios Latinoamericanos Rómulo Gallegos, 1980, vol. II, pp. 287-327.

Becco, Horacio Jorge y David William Foster. *La nueva narrativa hispanoamericana*. Buenos Aires: Casa Pardo, 1976.

Díaz Acosta, América *et al.*, eds. *Panorama histórico-literario de nuestra América* [Vol. I: *1900-1943*; vol. II: *1944-1970*]. La Habana: Casa de las Américas, 1982.

Engelkirk, John E. y Margaret M. Ramos. *La narrativa uruguaya* (estudio crítico-bibliográfico). Berkeley, California: University of California Press, 1967.

Flores, Angel. *Bibliografía de escritores hispanoamericanos/ A Bibliography of Spanish American Writers. 1609-1974*. Nueva York: Gordian Press, 1975.

Foster, David William. *Mexican Literature. A Bibliography of Secondary Sources.* Metuchen, New Jersey: Scarecrow Press, 1981.

——, *Peruvian Literature. A Bibliography of Secondary Sources.* Westport, Connecticut-Londres: Greenwood Press: 1982.

Matklowsky, Bernice D. *Antologías del cuento hispanoamericano: guías bibliográficas.* Washington D. C.: Pan American Union, 1950.

Rela, Walter. *A Bibliographical Guide to Spanish American Literature. Twentieth Century Sources.* Nueva York-Westport, Connecticut-Londres: Greenwoord Press, 1988.

Rodríguez Rea, Miguel Angel. «El cuento peruano contemporáneo; índice bibliográfico». *Lexis,* Lima: I. 1900-1930: 7:2, 1983; II. 1931-1945: 8:2, 1984; III. 1946-1950: 10:2, 1986; IV. 1951-1955: 13:1, 1989; V. 1956-1960: 15:2, 1991.

Trevia Paz, Susana M. *Contribución a la bibliografía del cuento fantástico argentino en el siglo XX.* Buenos Aires: Fondo Nacional de las Artes, 1966.

Universidad Central de Caracas. *Bibliografía del cuento venezolano.* Caracas: Facultad de Humanidades y Educación, 1975.

2. *Antologías generales, regionales y temáticas*

Aguilera Malta, Demetrio y Manuel Mejía Valera, eds., *El cuento actual hispanoamericano.* México: Edic. de Andrea, 1973.

Becco, Horacio Jorge y Carlota María Espagnol, eds., *Hispanoamérica en cincuenta cuentos y autores contemporáneos.* Buenos Aires: Laltin Press, 1973.

Burgos, Fernando, ed., *Antología del cuento hispanoamericano.* México: Porrúa, 1991.

Carter E., Dale Jr., *Antología del realismo mágico.* Nueva York; Odyssey Press, 1970.

Flores, Angel, ed., *Narrativa hispanoamericana. 1816-1981.* 8 vols. México: Siglo XXI, 1981.

Gordon, Samuel, ed., *El tiempo en el cuento hispanoamericano: antología de ficción y crítica*. México: UNAM, 1989.

Hahn, Oscar, ed., *Antología del cuento fantástico hispanoamericano. Siglo XX*. Santiago: Editorial Universitaria, 1990.

Latcham, Ricardo, ed., *Antología del cuento hispanoamericano contemporáneo*. 2.ª ed., Santiago: Zig-Zag, 1962.

Menton, Seymour, ed., *El cuento hispanoamericano*. 2 vols. 2.ª ed. México: Fondo de Cultura Económica, 1972.

Ortega, Julio, ed., *El muro y la intemperie. El nuevo cuento latinoamericano*. Hanover, New Hampshire: Ediciones del Norte, 1989.

Ramírez, Sergio, ed., *Antología del cuento centroamericano*. 2 vols. 2.ª ed., San José: Editorial Universitaria Centroamericana, 1977.

Rela, Walter, *Antología del nuevo cuento hispanoamericano, 1973-1988*. Est. prelim. de David William Foster. Montevideo: Ediciones de la Plaza, 1990.

Rodríguez Fernández, Mario, ed., *Cuentos hispanoamericanos*. Santiago: Editorial Universitaria, 1970.

Rojas, Manuel *et al.*, eds., *Quince relatos de la América Latina*. La Habana: Casa de las Américas, 1970.

Varela, Benito, ed., *El cuento hispanoamericano contemporáneo*. Tarragona: Ediciones Tarraco, 1976.

Verdevoye, Paul, ed., *Antología de la narrativa hispanoamericana. 1940-1970*. 2 vols. Madrid: Gredos, 1970.

Yates, Donald A., ed., *El cuento policial latinoamericano*. México: Ediciones de Andrea, 1964.

3. *Antologías nacionales*

Baptista Gumucio, Mariano, ed., *Narradores bolivianos*. Caracas: Monte Avila, 1969.

Barradas, Efraín, ed., *Apalabramiento. Cuentos puertorriqueños de hoy*. Hanover, New Hampshire: Ediciones del Norte, 1983.

Calderón, Alfonso, Pedro Lastra y Carlos Santander, eds., *Antología del cuento chileno*. Santiago: Editorial Universitaria, 1989.

Cartagena, Aída, ed., *Narradores dominicanos.* Caracas: Monte Avila, 1969.

Cotelo, Rubén, ed., *Narradores uruguayos.* Caracas: Monte Avila, 1969.

Domínguez, Christopher, ed., *Antología de la narrativa mexicana del siglo XX.* México: Fondo de Cultura Económica, 1989.

Escobar, Alberto, ed., *Antología general de la prosa en el Perú. De 1895 a 1985.* Vol. 3. Lima: Ediciones Edubanco, 1986.

Izquierdo-Tejido, Pedro, ed., *El cuento cubano contemporáneo (Panorámica y antología).* San José, 1983.

Pachón Padilla, Eduardo, ed., *Antología del cuento colombiano.* 2 vols., Bogotá: Plaza & Janés, 1980.

Pérez-Maricevich, Francisco, ed., *Breve antología del cuento paraguayo.* Asunción: Ediciones Comuneros, 1969.

Prisco, Rafael Di, ed., *Narrativa venezolona contemporánea.* Madrid: Alianza Editorial, 1971.

Rodríguez Castelo, Hernán, ed., *Cuento ecuatoriano acontemporáneo.* 2 vols. Guayaquil-Quito: Ediciones Ariel, 1970.

Yahni, Roberto, *70 años de narrativa argentina: 1900-1970.* Madrid: Alianza Editorial, 1970.

4.   Historias, estudios y otras obras de consulta

Arroyo, Anita, *Narrativa hispanoamericana actual.* Barcelona: Universidad de Puerto Rico, 1980.

Benedetti, Mario, *Literatura uruguaya siglo XX.* 2.ª ed. Montevideo: Alfa, 1969.

Burgos, Fernando, ed., *Prosa hispánica de vanguardia.* Madrid: Discursorígenes, 1986.

Carballo, Emmanuel, *Protagonistas de la literatura mexicana.* México: Ediciones del Ermitaño-SEP, 1986.

Durán, Manuel, *Tríptico mexicano. Juan Rulfo. Carlos Fuentes. Salvador Elizondo.* México: SEP-Setentas, 1973.

Fleak, Kenneth, *The Chilean Short Story. Writers from the Generation of 1950.* Nueva York: Peter Lang, 1989.

Harss, Luis, *Los nuestros.* Buenos Aires: Sudamericana, 1966.

Leal, Luis, *Breve historia del cuento mexicano.* Tlaxclala, México: Universidad Autónoma de Tlaxclala, 1990.

——, *Historia del cuento hispanoamericano*. 2.ª ed. aument. México: Ediciones de Andrea, 1971.

Mac Adam, Alfred, *Textual Confrontations. Comparative Readings in Latin American Literature*. Chicago/Londres: The University of Chicago Press, 1987.

Mora, Gabriela, *En torno al cuento: de la teoría general y de su práctica en Hispanoamérica*. Madrid: Porrúa-Turanzas, 1985.

Morilla Ventura, Enriqueta, ed., *El relato fantástico en España e Hispanoamérica*. Madrid: Col. Encuentros-Quinto Centenario, 1991.

Orgambide, Pedro y Roberto Yahni, eds., *Enciclopedia de la literatura argentina*. Buenos Aires: Sudamericana, 1970.

Oviedo, José Miguel, *Escrito al margen*. 2.ª ed., México: Premiá, 1987.

Peralta, Jaime, *Cuentistas chilenos de la generación de 1950*. Madrid: Instituto Ibero-Americano de Gottemburgo, 1963.

Pezzoni, Enrique, *El texto y sus voces*. Buenos Aires: Sudamericana, 1986.

Pupo-Walker, Enrique, ed., *El cuento hispanoamericano ante la crítica*. Madrid: Castalia, 1973.

Rama, Angel, *La generación crítica*. Montevideo: Arca, 1972.

——, *Primeros cuentos de diez maestros latinoamericanos*. Barcelona: Planeta, 1975.

——, *La novela en América Latina. Panoramas 1920-1980*. Bogotá: Procultura/Instituto Colombiano de Cultura, 1982.

Rodríguez Monegal, Emir, *Literatura uruguaya del medio siglo*. Montevideo: Alfa, 1966.

——, *Narradores de esta América*, Montevideo: Alfa, 1962; vol. 2, Buenos Aires: Alfa Argentina, 1975.

Ruffinelli, Jorge, *El lugar de Rulfo y otros ensayos*. Xalapa, México: Instituto de Investigaciones Lingüístico-Literarias, Universidad Veracruzana, 1980.

——, *Palabras en orden*. Xalapa, México: Universidad Veracruzana, 1985.

Sayers Peden, Margaret, ed., *The Latin American Short Story: A Critical History*. Boston: Twayne, 1983.

Solé, Carlos A. y María Isabel Abreu, eds., *Latin American Writers*. Nueva York: Scribner's Sons, 1989, 3 vols.

Indice

III. La gran síntesis: hacia el «boom»

IV.   OTRAS DIRECCIONES: DESDE EL «BOOM»

El Libro de Bolsillo   Alianza Editorial   Madrid

Ultimos títulos publicados